电子商务设计师

2018至2022年试题分析与解答

计算机技术与软件专业技术资格考试研究部　主编

清华大学出版社
北　京

内 容 简 介

　　电子商务设计师考试是计算机技术与软件专业技术资格（水平）考试的中级职称考试，是历年各级考试报名的热点之一。本书汇集了2018至2022年的所有试题和权威解析，欲参加考试的考生认真读懂本书的内容后，将会更加深入理解考试的出题思路，发现自己的知识薄弱点，使学习更加有的放矢，对提升通过考试的信心会有极大的帮助。

　　本书适合参加电子商务设计师考试的考生备考使用。

图书在版编目（CIP）数据

　　电子商务设计师 2018 至 2022 年试题分析与解答/计算机技术与软件专业技术资格考试研究部主编. —北京：清华大学出版社，2024.5
　　全国计算机技术与软件专业技术资格（水平）考试指定用书
　　ISBN 978-7-302-66333-1

　　Ⅰ．①电… Ⅱ．①计… Ⅲ．①电子商务－资格考试－题解 Ⅳ．①F713.361-44

　　中国国家版本馆 CIP 数据核字(2024)第 105902 号

责任编辑：杨如林　邓甄臻
封面设计：杨玉兰
责任校对：胡伟民
责任印制：沈　露

出版发行：清华大学出版社
　　　　　网　　　址：https://www.tup.com.cn, https://www.wqxuetang.com
　　　　　地　　　址：北京清华大学学研大厦 A 座　　　邮　　编：100084
　　　　　社 总 机：010-83470000　　　　　　　　　　邮　　购：010-62786544
　　　　　投稿与读者服务：010-62776969，c-service@tup.tsinghua.edu.cn
　　　　　质量反馈：010-62772015，zhiliang@tup.tsinghua.edu.cn
印 装 者：三河市君旺印务有限公司
经　　销：全国新华书店
开　　本：185mm×230mm　　　印　　张：16.25　　　防伪页：1　　　字　　数：405 千字
版　　次：2024 年 5 月第 1 版　　　　　　　　　　　印　　次：2024 年 5 月第 1 次印刷
定　　价：59.00 元

产品编号：103157-01

前　言

根据国家有关的政策性文件，全国计算机技术与软件专业技术资格（水平）考试（以下简称"计算机软件考试"）已经成为计算机软件、计算机网络、计算机应用、信息系统、信息服务领域高级工程师、工程师、助理工程师（技术员）国家职称资格考试。而且，根据信息技术人才年轻化的特点和要求，报考这种资格考试不限学历与资历条件，以不拘一格选拔人才。现在，软件设计师、程序员、网络工程师、数据库系统工程师、系统分析师、系统架构设计师和信息系统项目管理师等资格的考试标准已经实现了中国与日本互认，程序员和软件设计师等资格的考试标准已经实现了中国和韩国互认。

计算机软件考试规模发展很快，年报考规模已超过 100 万人，至今累计报考人数超过 900 万。

计算机软件考试已经成为我国著名的 IT 考试品牌，其证书的含金量之高已得到社会的公认。计算机软件考试的有关信息见网站www.ruankao.org.cn中的资格考试栏目。

对考生来说，学习历年试题分析与解答是理解考试大纲的最有效、最具体的途径之一。

为帮助考生复习备考，计算机技术与软件专业技术资格考试研究部汇集了电子商务设计师 2018 至 2022 年的试题分析与解答，以便于考生测试自己的水平，发现自己的弱点，更有针对性、更系统地学习。

计算机软件考试的试题质量高，包括了职业岗位所需的各个方面的知识和技术，不但包括技术知识，还包括法律法规、标准、专业英语、管理等方面的知识；不但注重广度，而且还有一定的深度；不但要求考生具有扎实的基础知识，还要具有丰富的实践经验。

这些试题中，包含了一些富有创意的试题，一些与实践结合得很好的试题，一些富有启发性的试题，具有较高的社会引用率，对学校教师、培训指导者、研究工作者都是很有帮助的。

由于编者水平有限，时间仓促，书中难免有错误和疏漏之处，诚恳地期望各位专家和读者批评指正，对此，我们将深表感激。

编　者

2024 年 4 月

目　　录

第1章　2018下半年电子商务设计师上午试题分析与解答

试题（1）

在 Excel 的 A1 单元格中输入公式 "=ROUND(14.9, 0)"，按回车键后，A1 单元格中的值为___(1)___。

（1）A. 10　　　　　B. 14.9　　　　　C. 13.9　　　　　D. 15

试题（1）分析

本题考查 Excel 基础知识。

函数 ROUND 的功能是返回某个数字按指定位数取整后的数字。其语法格式如下：

ROUND(number,num_digits)

其中，参数 number 表示需要进行四舍五入的数字，参数 num_digits 表示指定的位数，按此位数进行四舍五入。如果 num_digits 大于 0，则四舍五入到指定的小数位；如果 num_digits 等于 0，则四舍五入到最接近的整数；如果 num_digits 小于 0，则在小数点左侧进行四舍五入。由于本题 number 为 14.9，num_digits 为 0，所以应对小数点左侧的 4 进行四舍五入，故正确答案为 15。

参考答案

（1）D

试题（2）

计算机系统中，CPU 对主存的访问方式属于___(2)___。

（2）A. 随机存取　　　B. 顺序存取　　　C. 索引存取　　　D. 哈希存取

试题（2）分析

本题考查计算机系统基础知识。

主存主要由 DRAM（动态随机访问存储器）构成，其内部寻址方式是随机存取，也就是 CPU 给出需要访问的存储单元地址后，存储器中的地址译码部件可以直接选中要访问的存储单元。

参考答案

（2）A

试题（3）

以下关于磁盘碎片整理程序的描述，正确的是___(3)___。

（3）A. 磁盘碎片整理程序的作用是延长磁盘的使用寿命

　　　B. 用磁盘碎片整理程序可以修复磁盘中的坏扇区，使其可以重新使用

　　　C. 用磁盘碎片整理程序可以对内存进行碎片整理，以提高访问内存速度

　　　D. 用磁盘碎片整理程序对磁盘进行碎片整理，以提高磁盘访问速度

试题（3）分析

本题考查计算机系统性能方面的基础知识。

文件在磁盘上一般是以块（或扇区）的形式存储的。磁盘文件可能存储在一个连续的区域内，或者被分割成若干个"片"存储在磁盘中不连续的多个区域。后一种情况对文件的完整性没有影响，但由于文件过于分散，将增加计算机读盘的时间，从而降低了存取效率。磁盘碎片整理程序可以在整个磁盘系统范围内对文件重新安排，将各个文件碎片在保证文件完整性的前提下转换到连续的存储区内，提高对文件的读取速度。但整理是要花费时间的，所以可以定期对磁盘进行碎片整理。

参考答案

（3）D

试题（4）

以数字表示的声音在时间上是离散的，而模拟声音在时间上是连续的。要把模拟声音转换为数字声音，就需在某些特定的时刻获取模拟声音，该过程称为 __(4)__ 。

（4）A．采样　　　　　B．量化　　　　　C．编码　　　　　D．模/数变换

试题（4）分析

本题考查计算机系统基础知识。

在某些特定的时刻获取模拟声音并转换为数字声音的过程称为采样。

参考答案

（4）A

试题（5）

以下说法中，错误的是 __(5)__ 。

（5）A．张某和王某合作完成一款软件，他们可以约定申请专利的权利只属于张某

　　　B．张某和王某共同完成了一项发明创造，在没有约定的情况下，如果张某要对其单独申请专利就必须征得王某的同意

　　　C．张某临时借调到某软件公司工作，在执行该公司交付的任务的过程中，张某完成的发明创造属于职务发明

　　　D．甲委托乙开发了一款软件，在没有约定的情况下，由于甲提供了全部的资金和设备，因此该软件著作权属于甲

试题（5）分析

本题考查知识产权基础知识。

委托开发的计算机软件著作权归属规定如下：

①属于软件开发者，即属于实际组织开发、直接进行开发，并对开发完成的软件承担责任的法人或者其他组织；或者依靠自己具有的条件独立完成软件开发，并对软件承担责任的自然人。

②合作开发的软件，其著作权的归属由合作开发者签定书面合同约定。无书面合同或者合同未作明确约定，合作开发的软件可以分割使用的，开发者对各自开发的部分可以单独享有著作权；合作开发的软件不能分割使用的，其著作权由各合作开发者共同享有。

③接受他人委托开发的软件，其著作权的归属由委托人与受托人签定书面合同约定；无书面合同或者合同未作明确约定的，其著作权由受托人享有。

④由国家机关下达任务开发的软件，著作权的归属与行使由项目任务书或者合同规定；项目任务书或者合同中未作明确规定的，软件著作权由接受任务的法人或者其他组织享有。

⑤自然人在法人或者其他组织中任职期间所开发的软件有下列情形之一的，该软件著作权由该法人或者其他组织享有：（一）针对本职工作中明确指定的开发目标所开发的软件；（二）开发的软件是从事本职工作活动所预见的结果或者自然的结果；（三）主要使用了法人或者其他组织的资金、专用设备、未公开的专门信息等物质技术条件所开发并由法人或者其他组织承担责任的软件。

委托开发计算机软件著作权的归属要根据情况而定，不同的情况软件著作权的归属也不一样。

参考答案

（5）D

试题（6）

VLAN 的主要作用不包括　　(6)　　。

（6）A．加强网络安全　　　　　　　　B．抑制广播风暴

　　　C．简化网络管理　　　　　　　　D．查杀病毒

试题（6）分析

本题考查 VLAN 的基础知识。

VLAN 的作用可以隔离冲突域和广播域，不同 VLAN 之间的成员在没有三层路由时不能互访，可以增加网络的安全性。VLAN 可以改变交换机 VLAN 的划分，将用户从一个网络迁移到另外一个网络，而不用改变交换机的硬件配置，简化了网络管理。

参考答案

（6）D

试题（7）

以用户为中心的软件设计原则不包括　　(7)　　。

（7）A．因为客户是上帝，所以客户的需求是天然合理的

　　　B．用户不仅需要软件功能，还需要良好的使用体验

　　　C．要求用户输入信息时尽量提供选项

　　　D．用户最常用的按钮应放在最明显处

试题（7）分析

本题考查软件工程基础知识。

用户往往不是 IT 专业人员，用户的需求往往很模糊，需要提炼；有些需求不现实，属于未来的需求，可以在几年后更新版本扩充功能时再考虑；有些需求可能有矛盾；有些需求很重要但被忽略了，需要启发提醒添加。总之，IT 专业人员需要深入了解用户的需求，经过加工提炼，反复征求用户意见，这才是以用户为中心的软件设计原则。

参考答案

（7）A

试题（8）

以下关于人工智能（AI）的叙述中，__(8)__ 并不正确。

（8）A．AI 不仅是基于大数据的系统，更是具有学习能力的系统

　　　B．现在流行的人脸识别和语音识别是典型的人工智能应用

　　　C．AI 技术的重点是让计算机系统更简单

　　　D．AI 有助于企业更好地进行管理和决策

试题（8）分析

本题考查新技术。

具有人工智能的计算机系统更复杂。一般来说，大部分计算功能都需要在云端进行，需要通过大数据分析处理，使企业能更快速、更准确地获得前所未有的洞察，更好地进行管理和决策。

参考答案

（8）C

试题（9）

云计算的基础是虚拟化。以下关于虚拟化的叙述中，__(9)__ 并不正确。

（9）A．虚拟化平台旨在提高系统利用率，并通过动态调度实现弹性计算

　　　B．将一台服务器虚拟成多台（分割式虚拟化），旨在提高资源利用率

　　　C．将多台服务器虚拟成一台的集群技术，旨在解决计算机能力不足问题

　　　D．构件、对象、数据和应用的虚拟化旨在解决诸多信息孤岛的整合问题

试题（9）分析

本题考查新技术。

在计算机中，虚拟化（Virtualization）是一种资源管理技术，是将计算机的各种实体资源，如服务器、网络、内存及存储等，予以抽象、转换后呈现出来，打破实体结构间的不可切割的障碍，使用户可以用比原本的组态更好的方式来应用这些资源。

虚拟化使用软件的方法重新定义划分 IT 资源，可以实现 IT 资源的动态分配、灵活调度、跨域共享，提高 IT 资源利用率，适应灵活多变的应用需求。

解决信息孤岛问题主要依靠各系统之间互联互通以及数据整合。

参考答案

（9）D

试题（10）

曾有人将圆周率 π 小数点后的百万位数字依次排列编成刊物出版作为随机数表使用，每页 100 行，每行 100 位，共 100 页。那么，π 小数点后第 12 345 位数字应在该书的 __(10)__ 。

（10）A．第 1 页第 23 行　　　　　　　　B．第 2 页第 23 行

　　　C．第 2 页第 24 行　　　　　　　　D．第 12 页第 3 行

试题（10）分析

本题考查数学应用基础知识。

显然,该随机数表每页包含 $100 \times 100 = 10\,000$ 位数字。12 345 超过了 10 000,不足 20 000,所以第 12 345 位数字应位于第 2 页。由于每行包含 100 位数字,因此该书第 2 页的前 23 行,列出了第 10 001 位到第 12 300 位数字。而下一行则列出了第 12 301 位到第 12 400 位数字。因此, π 小数点后第 12 345 位数字应在该书的第 2 页第 24 行上第 45 个数字。

参考答案

（10）C

试题（11）

某航空公司拟开发一个机票预订系统。旅客使用信用卡付款预订机票,付款通过信用卡公司的信用卡管理系统提供的接口实现。现拟用数据流图建立需求模型,则信用卡管理系统是　(11)　。

（11）A. 外部实体　　　B. 加工　　　　C. 数据流　　　　D. 数据存储

试题（11）分析

本题考查结构化分析的基础知识。

数据流图是结构化分析的重要模型,需要考生熟练掌握数据流图建模的内容、组成要素以及如何对实际问题建立数据流图。外部实体、数据存储、加工和数据流是数据流图的四要素。其中,外部实体是指存在于软件系统之外的人员、组织或其他系统。对于该系统而言,信用卡管理系统是一个外部实体。

参考答案

（11）A

试题（12）

以下叙述中,　(12)　不是一个风险。

（12）A. 由另一个小组开发的子系统可能推迟交付,导致系统不能按时交付

　　　B. 客户不清楚想要开发什么样的软件,因此开发小组开发原型帮助其确定需求

　　　C. 开发团队可能没有正确理解客户的需求

　　　D. 开发团队核心成员可能在系统开发过程中离职

试题（12）分析

本题考查软件项目管理中风险的基本概念。

风险是一种具有负面后果的、可能会发生、人们不希望发生的事件。风险具有多种类型,包括技术风险、管理风险、人员风险等。

参考答案

（12）B

试题（13）

某计算机系统中互斥资源 R 的可用数为 8,系统中有 3 个进程 P1、P2 和 P3 竞争 R,且每个进程都需要 i 个 R,该系统可能会发生死锁的最小 i 值为　(13)　。

（13）A. 1　　　　　　B. 2　　　　　　C. 3　　　　　　D. 4

试题（13）分析

本题考查操作系统进程管理信号量方面的基础知识。

选项 A 是错误的，因为每个进程都需要 1 个资源 R，系统为 P1、P2 和 P3 进程各分配 1 个，系统中资源 R 的可用数为 5，P1、P2 和 P3 进程都能得到所需资源而运行结束，故不发生死锁。

选项 B 是错误的，因为 P1、P2 和 P3 进程都需要 2 个资源 R，系统为这 3 个进程各分配 2 个，系统中资源 R 的可用数为 2，P1、P2 和 P3 进程都能得到所需资源而运行结束，故也不发生死锁。

选项 C 是错误的，因为 P1、P2 和 P3 进程都需要 3 个资源 R，假设系统可为 P1、P2 进程各分配 3 个资源 R，为 P3 进程分配 2 个资源 R，那么系统中资源 R 的可用数为 0。尽管系统中资源 R 的可用数为 0，但 P1、P2 进程能得到所需资源而运行结束，并释放资源。此时，系统可将释放的资源分配给 P3 进程，故 P3 也能运行结束。可见系统也不发生死锁。

选项 D 是正确的，因为每个进程都需要 4 个资源 R，假设系统可为 P1、P2 进程各分配 3 个资源 R，为 P3 进程分配 2 个资源 R，那么系统中资源 R 的可用数为 0。此时，P1 和 P2 各需 1 个资源、P3 需要 2 个资源，它们申请资源 R 都得不到满足，故发生死锁。

参考答案

（13）D

试题（14）

某企业拟开发一个企业信息管理系统，系统功能与多个部门的业务相关。现希望该系统能够尽快投入使用，系统功能可以在使用过程中不断改善。则最适宜采用的软件过程模型为 __(14)__ 。

(14) A．瀑布模型　　　　　　　　　　B．原型化模型
　　　C．演化（迭代）模型　　　　　　D．螺旋模型

试题（14）分析

本题考查软件开发过程模型的基础知识。

瀑布模型将开发阶段描述为从一个阶段瀑布般地转换到另一个阶段。

原型模型中，开发人员快速地构造整个系统或者系统的一部分以理解或澄清问题。

演化（迭代）模型主要针对事先不能完整定义需求的软件开发，是在快速开发一个原型的基础上，根据用户在使用原型的过程中提出的意见和建议对原型进行改进，获得原型的新版本。重复这一过程，最终可得到令用户满意的软件产品。

螺旋模型将开发活动和风险管理结合起来，以减小风险。

在这几种开发过程模型中，演化模型可以快速地提交一个可以使用的软件版本，并同时不断地改善系统的功能和性能。

参考答案

（14）C

试题（15）、（16）

在某销售系统中，客户采用扫描二维码进行支付。若采用面向对象方法开发该销售系统，

则客户类属于 __(15)__ 类，二维码类属于 __(16)__ 类。

(15) A. 接口　　　　　B. 实体　　　　　C. 控制　　　　　D. 状态

(16) A. 接口　　　　　B. 实体　　　　　C. 控制　　　　　D. 状态

试题（15）、（16）分析

本题考查面向对象技术的基础知识。

类定义了一组大体上相似的对象，一个类所包含的方法和数据描述一组对象的共同行为和属性。类可以分为实体类、接口类（边界类）和控制类三类。实体类的对象表示现实世界中真实的实体，如人、物等，销售系统中的客户类就属于实体类。接口类（边界类）的对象为用户提供一种与系统合作交互的方式，分为人和系统两大类，其中人的接口可以是显示屏、窗口、Web 窗体、对话框、菜单、列表框、其他显示控制、条形码、二维码或者用户与系统交互的其他方法，销售系统中客户通过二维码进行支付，二维码类就属于接口类。系统接口涉及将数据发送到其他系统，或者从其他系统接收数据。控制类的对象用来控制活动流，充当协调者。

参考答案

(15) B　　(16) A

试题（17）

数据库系统中的视图、存储文件和基本表分别对应数据库系统结构中的 __(17)__ 。

(17) A. 模式、内模式和外模式　　　　　B. 外模式、模式和内模式

　　　C. 模式、外模式和内模式　　　　　D. 外模式、内模式和模式

试题（17）分析

本题考查数据库的基本概念。

数据库通常采用三级模式结构，其中，视图对应外模式、基本表对应模式、存储文件对应内模式。

参考答案

(17) D

试题（18）

一个网络节点数是 100，假设网络价值系数为 2，根据麦特卡夫定律，该网络价值是 __(18)__ 。

(18) A. 10 000　　　　B. 40 000　　　　C. 20 000　　　　D. 5000

试题（18）分析

本题考查对麦特卡夫定律的理解。

麦特卡夫定律与摩尔定律、吉尔德定律合称为"IT 界的三大定律"。

鲍勃·麦特卡夫告诉我们：网络价值同网络用户数量的平方成正比，即 N 个联结能创造 N 的 2 次方效益。网络价值可用公式表示为 $K \times N^2$，其中 N 为节点数，K 为网络价值系数。如果将机器联成一个网络，在网络上，每一个人都可以看到所有其他人的内容，100 人中的每人都能看到 100 人的内容，所以效率是 K 倍的 100 的 2 次方，即 2×100^2，为 20 000。

参考答案

(18) C

试题（19）

EDI 的工作内容包含以下几项：

①生成平面文件　　②信息编辑

③传送给对方用户　④生成 EDI 标准格式文件

正确的工作流程是　(19)　。

(19) A. ②→①→④→③　　　　　　B. ②→①→③→④

　　　C. ①→②→④→③　　　　　　D. ①→③→④→②

试题（19）分析

本题考查 EDI 的工作内容。

用户进行信息编辑处理，然后通过 EDI 转换软件将原始单据格式转换为平面文件（Flat File），平面文件是用户原始资料格式与 EDI 标准格式之间的对照性文件，平面文件通过翻译软件变成 EDI 标准格式文件，然后在文件外层加上通信信封，通过通信软件发送到增值服务网络或者直接传给对方用户，对方用户则进行相反的处理，最后成为用户应用系统能够接收的文件格式，并进行收阅处理。

参考答案

（19）A

试题（20）

下列　(20)　属于电子商务的系统架构中电子商务应用层的内容。

(20) A. 网上购物　　B. EDI　　　C. 网络银行　　　D. 目录服务

试题（20）分析

本题考查电子商务系统的架构以及相关主要内容。

电子商务系统分为四个层级子系统和两个支撑条件。

自下而上四个层次分别是：网络基础设施、多媒体内容和网络出版的基础设施、报文和信息传播的基础设施、商业服务的基础设施。

两个支撑条件是指公共政策、法律及隐私问题和各种技术标准，它们构成了电子商务的社会环境。

电子商务应用层在最上层，主要内容包括在线营销与广告、在线购物、采购和购买、远程金融服务、供应链管理、其他应用等。

EDI 属于报文和信息传播的基础设施层的内容；目录服务和网络银行属于商业服务的基础设施层的内容。

参考答案

（20）A

试题（21）

网络商务信息处理分为信息存储、信息整理和信息加工三个阶段，　(21)　不属于信息整理的内容。

(21) A. 信息鉴别　　　　　　　　B. 信息形式变换

　　　C. 信息分类　　　　　　　　D. 信息筛选

试题（21）分析

本题考查网络商务信息处理的基础知识。

网络商务信息处理分为信息存储、信息整理和信息加工三个阶段。信息存储是把已经获取的信息用科学的方法保存起来，以便于进一步加工、处理和使用。收集信息后，便要对所得到的信息进行整理，常做的信息整理工作包括明确信息来源、添加文件名、信息鉴别、信息筛选、信息分类。信息整理后，进行信息加工。信息加工包括信息形式变换和信息内容处理。信息形式变换是指在信息传输的过程中，通过变换载体，使信息准确地传输给接收者。信息内容处理是指对原始信息进行加工整理，深入揭示信息的内容。

参考答案

（21）B

试题（22）

《关于积极推进"互联网+"行动的指导意见》中，"互联网+"电子商务的主要内容不包括___（22）___。

（22）A．发展农村电子商务　　　　　B．发展行业电子商务

　　　C．发展智能制造　　　　　　　D．电子商务应用创新

试题（22）分析

本题考查对《关于积极推进"互联网+"行动的指导意见》文件的理解。

根据《关于积极推进"互联网+"行动的指导意见》（国发〔2015〕40 号文件），其中，第（八）条"互联网+"电子商务的主要内容包括：①积极发展农村电子商务；②大力发展行业电子商务；③推动电子商务应用创新；④加强电子商务国际合作。

参考答案

（22）C

试题（23）

BI（Business Intelligence）是通过运用基于事实的支持系统来辅助制定商业决策，BI 的主要功能不包括___（23）___。

（23）A．数据使用方法论创建　　　　B．数据的抽取、转换和加载

　　　C．数据统计输出　　　　　　　D．数据存储和访问

试题（23）分析

本题考查商务智能（BI）的概念和主要功能。

BI（Business Intelligence），即商务智能，它是一套完整的解决方案，用来将企业中现有的数据进行有效的整合，快速准确地提供报表并提出决策依据，帮助企业做出明智的业务经营决策。BI 的主要功能有：

①高效的数据存储和访问方式。提供结构化和非结构化的数据存储，容量大，运行稳定，维护成本低，支持元数据管理，支持多种结构，例如中心式数据仓库和分布式数据仓库等。存储介质能够支持近线式和二级存储器，能够很好地支持容灾和备份方案。

②数据提取、转换和加载（Extraction-Transformation-Loading，ETL）。数据 ETL 支持多平台、多数据存储格式（多数据源、多格式数据文件、多维数据库等）的数据组织，要求能

自动地根据描述或者规则进行数据查找和理解。减少海量、复杂数据与全局决策数据之间的差距，帮助形成支撑决策要求的参考内容。

③数据统计输出（报表）。报表能快速地完成数据统计的设计和展示。其中包括了统计数据表样式和统计图展示，可以很好地输出给其他应用程序或者以 HTML 形式表现和保存。对于自定义设计部分要提供简单易用的设计方案，支持灵活的数据填报和针对非技术人员设计的解决方案。能自动地完成输出内容的发布。

④分析功能。可以通过业务规则形成分析内容，并且展示样式丰富，具有一定的交互要求，例如趋势分析等。要支持多维度的 OLAP，实现维度变化、旋转、数据切片和数据钻取等，以帮助做出正确的判断和决策。

参考答案

（23）A

试题（24）

设职工关系模型 Emp（工号，姓名，性别，部门）的主码是工号，工资关系模型 SL（工号，月份，工资）的主码为（工号，月份），若关系模型 R（工号，姓名，性别，部门，月份，工资）的主码为（工号，月份），则 R 满足　(24)　。

（24）A．1NF　　　　　　B．2NF　　　　　　C．3NF　　　　　　D．BCNF

试题（24）分析

本题考查数据库规范化基础知识。

常用的几种数据库范式定义如下：

第一范式（1NF）：要求属性值不可再分，即属性项不能由属性组合组成。

第二范式（2NF）：引入主键，如果关系模式 R 为第一范式，并且 R 中每一个非主属性完全函数依赖于 R 的某个候选键，则 R 为第二范式模式。

第三范式（3NF）：如果关系模式 R 为第二范式，并且每个非主属性都不传递依赖于 R 的候选键，则 R 为第三范式模式。

BC 范式（BCNF）：如果关系模式 R 为第一范式，并且每个非主属性都不传递依赖于 R 的候选键，则 R 为 BCNF 模式。

在关系 R 中，工号→姓名，工号→性别，工号→部门，即对主码（工号，月份）存在部分依赖，因此 R 不满足 2NF，且各种范式之间存在联系：

$$1NF \supset 2NF \supset 3NF \supset BCNF$$

因此 R 只能属于 1NF。

参考答案

（24）A

试题（25）

TCP 协议工作在 OSI 参考模型中的　(25)　。

（25）A．物理层　　　　B．传输层　　　　C．应用层　　　　D．网络层

试题（25）分析

本题考查计算机网络 OSI 参考模型的基础知识。

OSI 模型中的各层功能及对应协议如下：

①应用层：文件传输，电子邮件，文件服务，虚拟终端；主要协议有 TFTP、HTTP、SNMP、FTP、SMTP、DNS、Telnet。

②表示层：数据格式化，代码转换，数据加密；没有协议。

③会话层：解除或建立与别的接点的联系；没有协议。

④传输层：提供端对端的接口；主要协议有 TCP、UDP。

⑤网络层：为数据包选择路由；主要协议有 IP、ICMP、RIP、OSPF、BGP、IGMP。

⑥数据链路层：传输有地址的帧以及错误检测功能；主要协议有 SLIP、CSLIP、PPP、ARP、RARP、MTU。

⑦物理层：以二进制形式在物理媒体上传输数据；主要协议有 ISO 2110、IEEE 802、IEEE 802.2。

参考答案

（25）B

试题（26）

中继器的主要作用是　　(26)　　。

（26）A．连接两个局域网　　　　　　B．路由选择

　　　　C．延长网络传输距离　　　　　D．数据交换

试题（26）分析

本题考查网络设备基础知识。

中继器（repeater，RP）是工作在物理层上的连接设备。适用于完全相同的两类网络的互连，主要功能是通过对数据信号的重新发送或者转发，来扩大网络传输的距离。

参考答案

（26）C

试题（27）

以下不属于数据链路层功能的是　　(27)　　。

（27）A．流量控制　　　B．差错控制　　　C．帧同步　　　D．路由选择

试题（27）分析

本题考查 OSI 参考模型中数据链路层与网络层的功能。

数据链路层的作用包括物理地址寻址、数据的成帧、流量控制、数据的检错、重发等。该层控制网络层与物理层之间的通信，解决的是所传输数据的准确性问题。为了保证传输，从网络层接收到的数据被分割成特定的可被物理层传输的帧。帧是用来移动数据的结构包，它不仅包括原始数据，还包括发送方和接收方的物理地址以及纠错和控制的信息。其中，地址确定了帧将发送的位置，纠错和控制信息则保证帧的准确到达。如果传送数据的过程中，接收点检测到数据有错误，就通知发送方重新发送这一帧。

网络层负责建立、保持、终止通过中间设备的连接，同时负责通信子网内的路径选择和拥挤控制。

参考答案

（27）D

试题（28）、（29）

在一个 C 类网络中，有一台主机的 IP 地址为 192.168.1.204，已知该主机所在网络是将一个 C 类 IP 划分成了 4 个子网，则该 IP 的网络号为　（28）　，主机号为　（29）　。

（28）A. 192.168.1.0　　　　　　　B. 255.255.255.0

　　　 C. 192.168.1.192　　　　　　D. 192.168.1.224

（29）A. 12　　　　B. 204　　　　C. 192　　　　D. 1

试题（28）、（29）分析

本题考查 IP 地址子网划分的知识。

在 IPv4 中，默认情况下 C 类 IP 地址最后一个字节（后 8 位）表示主机号，但题目中指出划分 4 个子网，因此，需要 2 位表示网络号（$2^2 \geq 4$），那么最后一个字节只能是 2 位网络号+6 位主机号。IP 地址=IP 地址网络号+主机号，即 IP 地址的网络号=IP 地址中主机号全为零的部分，192.168.1.204 地址后 6 位全为 0，即 192.168.1.192，主机号=192.168.1.204–192.168.1.192，即 12。

参考答案

（28）C　　（29）A

试题（30）

电子商务安全体系中不包括　（30）　。

（30）A. 交易协议层　　　　　　　B. 网络服务层

　　　 C. 信息发布与传输层　　　　D. 加密技术层

试题（30）分析

本题考查电子商务安全体系与电子商务基本框架结构方面的基础知识。

电子商务安全体系主要由网络服务安全层、加密技术层、安全认证层、安全协议层、应用系统层组成；而电子商务基本框架结构主要由网络层、信息发布与传输层、电子商务服务和应用层、公共政策和法律规范、技术标准和网络协议组成。

信息发布与传输层属于电子商务基本框架结构。

参考答案

（30）C

试题（31）

　（31）　是标识网络用户身份的电子文档，该文档中包含了用户的基本数据信息及公钥信息、颁发证书的 CA 的相关信息。

（31）A. 电子钱包　　B. 数字证书　　C. 数字签名　　D. 数字信封

试题（31）分析

本题考查电子钱包、数字证书、数字签名和数字信封四个概念在电子商务安全中的作用。

电子钱包是电子商务购物活动中常用的支付工具，在电子钱包中存放的电子货币有电子现金、电子信用卡、电子零钱等。

　　数字证书是一个经证书授权中心数字签名的包含公开密钥拥有者信息以及公开密钥的文件。数字证书绑定了公钥及其持有者的真实身份，它类似于现实生活中的居民身份证，所不同的是数字证书不再是纸质的证照，而是一段含有证书持有者身份信息并经过认证中心审核签发的电子数据，可以更加方便灵活地运用在电子商务和电子政务中。

　　数字签名（又称公钥数字签名、电子签章等）是一种类似写在纸上的普通物理签名，但是使用了公钥加密领域的技术实现，是用于鉴别数字信息的方法。

　　数字信封是将对称密钥通过非对称加密（即有公钥和私钥两个）的结果分发对称密钥的方法。数字信封是实现信息完整性验证的技术。

参考答案

　　（31）B

试题（32）

　　在 DES 算法中，加密和解密使用　　（32）　　的密钥。

　　（32）A．相同　　　　　　B．不同　　　　　　C．公开　　　　　　D．私人

试题（32）分析

　　本题考查信息加密技术中 DES 算法的基础知识。

　　DES 算法是对称密钥密码体制的典型算法，其基本原理是每次取明文中的连续 64 位数据，通过 64 位密钥，对明文进行 16 轮的替代、移位和异或操作，最终得到转换后的 64 位数据（密文）。连续对明文执行上述过程，最终得到全部明文的密文。DES 算法的加密密钥与解密密钥相同，加密算法也与解密算法相同，只是解密时逆向取用加密时所用密钥顺序。

参考答案

　　（32）A

试题（33）

　　在数字信封技术中，发送方用　　（33）　　对对称密钥加密。

　　（33）A．接收方的公钥　　　　　　　　B．发送方的私钥

　　　　　C．发送方的公钥　　　　　　　　D．接收方的私钥

试题（33）分析

　　本题考查数字信封技术的基础知识。

　　数字信封是实现信息完整性验证的技术。在数字信封技术中，发送方先在本地用对称密钥对交易信息进行加密，形成密文，再用接收方的公钥将用于加密交易信息的对称密钥加密，并将加密后的对称密钥信息和密文一同传递给接收方。接收方接收信息后，先用自己的私钥解密加密的对称密钥信息，得到用于加密交易信息的对称密钥，再用其解密密文得到交易信息原文。

参考答案

　　（33）A

试题（34）

　　在 ATM（Automatic Teller Machine）上使用银行卡交易时，采用　　（34）　　身份认证方式。

（34）A. 单因素　　　　　　　　　　B. 双因素
　　　　C. 多因素　　　　　　　　　　D. 无需认证

试题（34）分析

本题结合一个应用实例考查身份认证方式的相关知识。

根据结合使用方式的个数，身份认证方式可分为单因素认证、双因素认证和多因素认证。单独使用一种方式进行的身份认证称为单因素认证，将两种方式结合使用进行的身份认证称为双因素认证，以此类推，将三种以上方式结合使用进行的身份认证称为多因素认证。

在 ATM 上使用银行卡时，用户在 ATM 上插入银行卡，需要用户输入正确的密码后方可进入系统进行相关操作，该身份认证过程同时使用了标记和口令方式进行身份认证，是一种双因素认证方式。

参考答案

（34）B

试题（35）

著名的"黑色星期五"病毒在每月固定的时间才发作，这体现了计算机病毒的 　(35)　 特征。

（35）A. 传染性　　　B. 破坏性　　　C. 非授权性　　　D. 潜伏性

试题（35）分析

本题结合一个典型病毒实例考查计算机病毒的基本特性。

计算机病毒的基本特性主要包括：传染性、非授权性、隐蔽性、潜伏性、破坏性和不可预见性。

计算机病毒潜伏特性主要表现为：大部分计算机病毒感染系统之后一般不会马上发作，可长期隐藏在系统中，只有在满足其特定条件时才启动表现（破坏）模块。而"黑色星期五"病毒在每月固定的时间才发作，体现了计算机病毒的潜伏特性。

参考答案

（35）D

试题（36）

数据备份时，需要关闭数据库才能进行文件备份的方式属于　(36)　。

（36）A. 冷备份　　　B. 热备份　　　C. 联机备份　　　D. 实时备份

试题（36）分析

本题考查数据备份的基础知识。

在数据备份分类中，根据备份的状态将数据备份分为物理备份和逻辑备份。物理备份是将实际物理数据库文件从一处复制到另一处所进行的备份。物理备份又分为冷备份和热备份。冷备份是关闭数据库并对数据库内的文件进行备份；热备份是在数据库打开和用户对数据库进行操作的状态下进行的备份。逻辑备份是将某个数据库的记录读出并将其写入一个文件中。

参考答案

（36）A

试题（37）

以下不属于防火墙功能的是___(37)___。

(37) A．控制对特殊站点的访问
B．防范病毒
C．记录和统计网络用户的访问信息
D．保护易受攻击的服务

试题（37）分析

本题考查防火墙基本功能的知识。

防火墙的基本功能表现在：保护那些易受攻击的服务，以此提高网络的安全性；控制对特殊站点（在内部网中只有 Mail 服务器、FTP 服务器和 WWW 服务器能被外部网访问，而其他访问则被主机禁止）的访问；将所有修改过的软件和附加的安全软件都放在防火墙上集中安全管理；对网络访问进行记录和统计。

防火墙不能实现的功能包括：限制有用的网络服务；不能防范内部网络用户的攻击；可以防止入侵，不能消除网络上的计算机病毒。

参考答案

(37) B

试题（38）

以下关于电子现金描述错误的___(38)___。

(38) A．电子现金是以数字化形式存在的货币
B．电子现金需与银行连接后才可使用
C．电子现金具有不可伪造性
D．电子现金可以由支付者直接控制和使用

试题（38）分析

本题考查电子现金的基础知识。

电子现金是一种以数据形式存在的现金货币。它把现金数值转换成一系列的加密序列数，通过这些序列数来表示现实中各种金额的币值。电子现金是一种储值型的支付工具，使用时与纸币类似，多用于小额支付，可实现脱机处理。

电子现金以数字签名和加密算法为基础。客户在开展电子现金业务的银行开设账户并在账户内存钱后，客户计算机上所使用的电子现金软件就会记下银行所签章的数字金钱，使用者就可以在接受电子现金的商店里购物，软件可以从所储存的电子现金中转出适当的金额进行支付。为防止电子现金的重复使用，银行需用数据库里已使用的电子现金资料来进行核查。

电子现金的传送环节以及存储环节应该充分考虑。在公共网络中，必须保证电子现金的传送是安全可靠的，即电子现金应该安全、完整地送到另一端，既不会被窃取、篡改，也不会丢失或重复接收。这些就要通过加密技术、杂凑技术以及加强的传输控制协议等来实现。电子现金的存储也是一个十分重要的问题，因为没有专门的银行账户与之对应，也不能跟踪其流通轨迹，一旦电子现金丢失（如卡丢失、毁坏、硬盘故障等），意味着用户的货币确实丢了。因此，应从技术上加强其存储保护，以尽可能减少技术故障带来的损失。

参考答案

(38) B

试题（39）

信用卡的支付方式不包括 ___（39）___ 。

(39) A．账号直接传输方式　　　　　B．专用账号方式

C．专用协议方式　　　　　　　D．IMAP 协议方式

试题（39）分析

本题考查信用卡支付方式分类的相关知识。

在电子货币支付中，信用卡支付方式主要包括：

（1）账号直接传输方式：无安全措施的信用卡支付，客户在网上购物后把信用卡号码信息加密后直接传输给商家。

（2）专用账号方式：通过第三方代理人的支付，客户在线或离线在第三方代理人处开账号，第三方代理人持有客户信用卡号和账号。

（3）专用协议方式：简单信用卡加密，在客户、商家和银行卡机构之间采用专用的加密协议（如 SHTTP、SSL 等），当信用卡信息被买方输入浏览器窗口或其他电子商务设备时，信用卡信息就被简单加密，安全地作为加密信息通过网络从买方向卖方传递。

（4）SET 协议方式：是由 MasterCard 和 Visa 联合 NetScape、Microsoft 等公司，于 1997年 6 月 1 日推出的一种新的电子支付模型，主要是为了用户、商家、银行之间通过信用卡交易而设计的，它具有保证交易数据的完整性、交易的不可抵赖性等优点，它成为目前公认的信用卡网上交易的国际标准。

IMAP（Internet Mail Access Protocol，Internet 邮件访问协议）是斯坦福大学在 1986 年开发的一种邮件获取协议，主要作用是邮件客户端可以通过该协议从邮件服务器上获取邮件的信息、下载邮件等。

参考答案

（39）D

试题（40）

在电子现金支付方式中，银行通过 ___（40）___ 来确认该现金身份的合法性。

(40) A．数字签名　　　　　　　　B．数字证书

C．数字摘要　　　　　　　　D．数字信封

试题（40）分析

本题考查电子现金支付中电子现金身份合法性验证的基础知识。

在电子现金支付方式中，电子现金（E-cash）身份合法性的验证由电子现金本身完成，银行在发放电子现金时使用数字签名，商家在每次交易中，将电子现金传送给电子现金银行，由银行验证买方支付的电子现金是否有效（伪造或使用过等）。

参考答案

（40）A

试题（41）

以下对 POS 系统下的银行支付描述错误的是 ___（41）___ 。

(41) A．POS 机的工作方式主要包含直接转账、脱机授权和联机授权

　　B．POS 机设备由主控设备、客户密码键盘、票据打印机三部分组成

　　C．在 POS 系统中，POS 机主要负责交易信息的采集

　　D．POS 机的联机方式中，直联 POS 方式直接连接到发卡中心

试题（41）分析

　　本题考查 POS 系统下银行支付的基础知识。

　　POS 机的联机方式包括直接连接发卡行处理中心（称为间联 POS）和直接连接银行卡网络服务中心（称为直联 POS）两种。在间联 POS 方式中，POS 机直接连接到发卡行处理中心，其技术业务管理均由放置该机的银行控制。在直联 POS 方式中，各银行的银行卡受理终端直接与当地的银行卡网络中心相连，无论前端受理机受理的是本行银行卡交易还是跨行交易，每一笔银行卡的交易信息都通过网络直接送至中心进行甄别，避免了像 POS 机直接连入发卡行处理中心方式的重复投资现象。

参考答案

　　（41）D

试题（42）

　　在 B2C 交易过程中，对第三方支付平台描述错误的是　(42)　。

　　（42）A．第三方支付平台收到货款后，通知商家按时发货

　　　　　B．消费者确认收到货物后，第三方支付平台将货款转入商家账户

　　　　　C．交易过程中，第三方支付平台要记录双方交易的具体内容

　　　　　D．第三方支付平台收到商家退货确认信息后，将退款划回消费者账户

试题（42）分析

　　本题考查第三方支付平台的支付流程知识。

　　在 B2C 交易过程中，第三方支付平台在商家与消费者之间建立了一个公共的、可以信任的中介，解决了买卖双方的信任问题。在交易过程中，第三方支付平台并不涉及双方交易的具体内容，相对于传统的资金划拨交易方式，第三方支付有效地保障了货物质量、交易诚信、退换要求等环节，在整个交易过程中，可以对交易双方进行约束和监督。

　　在 B2C 交易过程中，第三方支付平台支付流程为：

　　第一步，客户在电子商务网站上选购商品，最后决定购买，买卖双方在网上达成交易意向；

　　第二步，客户选择利用第三方作为交易中介，客户用信用卡将货款划到第三方账户；

　　第三步，第三方支付平台将客户已经付款的消息通知商家，并要求商家在规定时间内发货；

　　第四步，商家收到通知后按照订单发货；

　　第五步，客户收到货物并验证后通知第三方；

　　第六步，第三方将其账户上的货款划入商家账户中，交易完成；

　　第七步，如果发生退货，第三方支付平台收到商家退货确认信息后，将退款划回消费者账户。

参考答案

　　（42）C

试题（43）

企业建立物流信息系统的最终目的是 __（43）__ 。

（43）A．提高企业的核心竞争力　　　　B．为各级物流人员提供信息

　　　　C．信息传播　　　　　　　　　　D．信息存储

试题（43）分析

本题考查物流信息系统的基础知识。

物流信息系统是物流企业针对环境带来的挑战而做出的基于信息技术的解决方案，它是物流企业按照现代管理思想、理念，以信息技术为支撑所开发的信息系统。该系统充分利用数据、信息、知识等资源，实施物流业务、控制物流业务、支持物流决策、实现物流信息共享，以提高物流企业业务的效率、决策的科学性，其最终目的是提高企业的核心竞争力。

参考答案

（43）A

试题（44）

供应链管理框架由三个相互紧密联系的要素构成，其中 __（44）__ 是为客户产生价值输出的活动。

（44）A．供应链的结构　　　　　　　　B．供应链管理的组成要素

　　　　C．供应链的业务流程　　　　　　D．供应链协调

试题（44）分析

本题考查供应链管理框架的构成要素。

供应链管理框架由三个相互紧密联系的要素组成，即供应链的结构、供应链的业务流程和供应链管理。供应链的结构是由供应链成员及成员之间的联系所组成的网络；业务流程是指为客户产生价值输出的活动；管理组成要素是那些使业务流程在跨越整个供应链上得到集成和管理的变量。

参考答案

（44）C

试题（45）

配送是以 __（45）__ 为依据，在物流中心进行分货、配货工作，并将配好的货物送交收货人的过程。

（45）A．订单时间先后　　　　　　　　B．用户要求

　　　　C．路线远近　　　　　　　　　　D．配送中心

试题（45）分析

本题考查物流配送的基本概念。

配送是指按用户的订货要求，在物流中心进行分货、配货工作，并将配好的货物送交收货人的过程。在整个物流过程中，配送的重要性应与运输、储存、流通加工等并列，而形成物流的基本职能之一。

参考答案

（45）B

试题（46）

射频标识技术现已成为数据采集、标识和分析的主要工具，它具有非接触、抗干扰能力强、　__(46)__、阅读速度快等优点。

(46) A．工作距离短　　　　　　　　B．精度高
　　　C．标准兼容性强　　　　　　　D．人工干预少

试题（46）分析

本题考查电子商务物流信息技术的基础知识。

射频标识是自动标识与数据采集（AIDC）技术之一，最早出现在 20 世纪 80 年代，用于跟踪业务。射频标识技术（RFID）最重要的优点是非接触作业。它能穿透雪、雾、冰、涂料、尘垢和在条形码无法使用的恶劣环境阅读标签，具有较高的精度；阅读速度非常快，大多数情况下，可用于流程跟踪或者维修跟踪等交互式业务。RFID 的主要问题是标准的不兼容。

参考答案

(46) B

试题（47）

网站设计中，以下　__(47)__　属于常见的对搜索引擎友好的表现。

(47) A．URL 动态参数多且复杂　　　B．网站运用富媒体形式展示企业形象
　　　C．标题中包含有效的关键词　　　D．没有其他网站提供链接

试题（47）分析

本题考查网站设计对搜索引擎友好的表现。

网站设计要求对搜索引擎友好，友好是相互的。对搜索引擎友好的网站实际上也是对用户友好的网站，搜索引擎友好的网站所反馈的结果才更能吸引用户点击，网站才可以获得更多的访问量，取得理想的营销效果。网站对搜索引擎不友好表现在多个方面：企业网站用很复杂的图片，或者用 Flash 等 Rich Media（富媒体）形式来展示企业形象；URL 动态参数多且复杂；网页没有标题，或者标题中没有包含有效的关键词；没有其他网站提供链接线索进行比较等。

参考答案

(47) C

试题（48）

在服务营销中，服务产品质量难以实施标准化源于服务特性中的　__(48)__。

(48) A．无形性　　　　　　　　　　B．不可储存性
　　　C．差异性　　　　　　　　　　D．不可分离性

试题（48）分析

本题考查服务的基本特性。

服务不同于有形产品，它具有以下特性：①无形性，消费者在购买服务前无法感知到服务。②不可分离性，主要体现在三个方面：其一，服务与服务的提供者无法分离；其二，消费者要参与服务的生产过程；其三，其他消费者也要参与服务的生产和消费过程。③差异性，服务质量的好坏取决于服务的提供者和提供服务的具体场景，另外，服务的消费者在服务提

供的过程中也发挥着重要作用，所以服务很难实现标准化。④不可储存性，人们无法把服务储存起来供将来销售或者使用。

参考答案

（48）C

试题（49）

企业管理信息系统是具有网络营销功能的电子商务系统的基础，在企业管理信息系统内部不同组织层次中，__（49）__系统负责支持日常管理人员对基本活动和交易进行跟踪和记录。

（49）A．操作层　　　　　　　　　　B．知识层
　　　C．管理层　　　　　　　　　　D．策略层

试题（49）分析

本题考查企业管理信息系统内部组织层次的构成。

一个功能完整的具有网络营销功能的电子商务系统，它的基础是企业内部信息化，即企业的内部管理信息系统。企业管理信息系统最基本的系统软件是数据库管理系统（Database Management System，DBMS），它负责收集、整理和存储与企业经营相关的一切数据资料。

企业管理信息系统内部组织层次分为：操作层、知识层、管理层和策略层系统。操作层管理系统支持日常管理人员对基本活动和交易进行跟踪和记录；知识层系统用来支持知识和数据工作人员进行工作，帮助公司整理和提炼有用信息和知识，供上级进行管理和决策使用，解决的主要是结构化问题；管理层系统设计用来为中层经理的监督、控制、决策以及管理活动提供服务，主要解决半结构化问题；策略层系统主要是根据外部环境和企业内部制订和规划长期发展方向。

参考答案

（49）A

试题（50）

以下不属于网络营销职能的是__（50）__。

（50）A．物流配送　　B．信息发布　　C．网上调研　　D．顾客服务

试题（50）分析

本题考查网络营销的基本职能。

网络营销的职能主要表现为信息发布、网上调研、销售促进、网站推广、顾客服务、品牌建设、网上销售和顾客关系等八个方面。发生在电子交易过程中的网上支付和交易之后的商品配送等问题并不是网络营销所包含的内容。

参考答案

（50）A

试题（51）

以下属于网络品牌运用策略的是__（51）__。

（51）A．使用现有品牌　　　　　　　　B．创立新品牌
　　　C．联合品牌　　　　　　　　　　D．创建网上用户社区

试题（51）分析

本题考查网络营销品牌策略的基础知识。

网络营销品牌策略包括网络品牌创造策略和网络品牌运用策略。其中，网络品牌运用策略包括以下三种：①要做到网上的品牌承诺，优秀的品牌之所以优秀，是因为其提出并遵守了一系列消费者可以理解并信任的承诺；②要做到通过网络品牌给顾客带来娱乐，传统品牌的企业可以通过网上娱乐帮助它们进行品牌定位，此外，还可以提供直接与目标消费者交流的环境来增加销售；③需要创立兴趣社区。

参考答案

（51）D

试题（52）

在互联网上利用用户口碑快速传播信息的方式被称为___（52）___。

（52）A．即时信息　　　　　　　　　　B．社会化营销

　　　C．病毒性营销　　　　　　　　　D．群发信息

试题（52）分析

本题考查病毒性营销的基本概念。

病毒性营销是一种常用的网络营销方法，常用于进行网站推广、品牌推广等。病毒性营销利用的是用户口碑传播原理，在互联网上，这种"口碑传播"更为方便，可以像病毒一样迅速蔓延，因此病毒性营销成为一种高效的信息传播方式。

参考答案

（52）C

试题（53）

企业开展搜索引擎营销的最高层次目标是___（53）___。

（53）A．企业网站/网页被搜索引擎收录

　　　B．企业信息在搜索结果中排名靠前

　　　C．增加用户的点击率

　　　D．将浏览者转化为顾客

试题（53）分析

本题考查搜索引擎营销的基础知识。

一般认为，搜索引擎营销的主要目标有两个层次：被搜索引擎收录和在搜索结果中排名靠前。从实际情况来看，仅仅达到这两个层次的目标还很不够，因为取得这样的效果实际上并不一定能增加用户的点击率，更不能保证将访问者转化为顾客或者潜在的顾客，因此搜索引擎营销目标包括四个层次，即被搜索引擎收录、在搜索结果中排名靠前、增加用户的点击（点进）率、将浏览者转化为顾客。在这四个层次中，前三个可以理解为搜索引擎营销的过程目标，而只有将浏览者转化为顾客才是最终目的或最高层次目标。

参考答案

（53）D

试题（54）

企业实施微博营销首先应　　(54)　　。

(54) A．规划微博营销　　　　　　　　B．注册专属的企业微博

　　　C．寻找消费者，建立粉丝群　　　D．投放广告和搜索工具

试题（54）分析

本题考查实施微博营销的步骤。

首先，应做好准备工作，具体包括：①规划微博营销；②注册专属的企业微博；③寻找消费者，建立粉丝群；④投放广告和搜索工具；⑤开展有奖、打折等促销活动；⑥利用微博开展售后服务，帮助用户解决问题，增进与用户的情感，提高用户的忠诚度。

其次，实现和用户的互动和沟通，具体包括：①信息发布；②反馈与交流。

参考答案

(54) A

试题（55）

设计 E-mail 营销内容时，　　(55)　　直接影响 E-mail 营销的开信率，同时也体现了 E-mail 营销的专业水平。

(55) A．发件人　　　　B．邮件主题　　　　C．邮件正文　　　　D．附加信息

试题（55）分析

本题考查 E-mail 营销内容设计的基础知识。

在选择了合适的专业 E-mail 营销服务商，以及确定了目标用户之后，就需要针对营销目的进行 E-mail 内容的设计。E-mail 的内容设计需包括发件人、邮件主题、邮件正文、附加信息等基本要素。

邮件主题和邮件正文是 E-mail 营销的核心，因此邮件主题一定要明确。邮件主题直接影响 E-mail 营销的开信率，同时也体现了 E-mail 活动的专业水平，邮件主题的设计是 E-mail 营销内容设计中的重要工作。

而发件人和附加信息对用户是否信任广告内容起到重要的辅助作用。发件人信息表明该广告邮件来自何处。广告客户委托专业服务商发送邮件，那么发件人应该明确是广告客户还是代理商，因为不同的发件人对用户的信任程度有很大影响。一般来说，如果广告客户的知名度本身已经很高，以客户自己的名字来发送 E-mail 效果会更好一些。如果发件人不明确，则直接导致邮件不能回复，或者回复的地址是与广告客户和服务商完全没关系的地址。

参考答案

(55) B

试题（56）

一般采用　　(56)　　语言编写.NET 项目的配置文件。

(56) A．VB　　　　　B．C#　　　　　C．XML　　　　　D．HTML

试题（56）分析

本题考查.NET 项目的基础配置。

采用 VS.NET 平台一般可以开发控制台应用程序、窗体应用程序及 Web 应用程序等项

目，一般将项目的公共配置信息写在一个配置文件中，这些配置文件一般都是采用 XML 语言编写的。

参考答案

（56）C

试题（57）

常见的 JavaEE 框架中，不包括＿（57）＿。

（57）A．Struts2.x　　　B．Spring　　　　　C．Hibernate　　　　　D．MVC

试题（57）分析

本题考查 JavaEE 框架的基础知识。

Java 中常用的三大框架为 SSH，即 Spring、Struts、Hibernate。

Spring：轻量级的 J2EE 应用程序开源框架。它是为了解决企业应用开发的复杂性而创建的。Spring 使用基本的 JavaBean 来完成以前只可能由 EJB 完成的事情，并且 Spring 的用途并不仅限于服务器端的开发。从简单性、可测试性和松耦合的角度而言，任何 Java 应用都可以从 Spring 中受益。

Struts：功能强大的 MVC 架构。Struts 提供了一种创建 Web 应用程序的框架，对应用程序的显示、表示和数据的后台代码进行了抽象。

Hibernate：强大的 ORM 工具，将数据库记录转化为 Java 的实体实例，再保存到数据库中。

MVC（Model View Controller）是模型（model）－视图（view）－控制器（controller）的缩写，是一种软件设计典范，用一种业务逻辑、数据、界面显示分离的方法组织代码，将业务逻辑聚集到一个部件里面，在改进和个性化定制界面及用户交互的同时，不需要重新编写业务逻辑。

参考答案

（57）D

试题（58）

要将 div 的外边距设置为："上边距：10px；下边距：10px；左边距：40px；右边距：40px"，正确的 CSS 语句是＿（58）＿。

（58）A．margin:10px 10px 40px 10px　　　　B．padding: 10px 40px 10px 40px
　　　C．margin:10px 40px　　　　　　　　　D．margin-top:20px 30px 40px 50px

试题（58）分析

本题考查 CSS 中盒子模型的基础知识。

margin：设置所有外边距属性，该属性可以有 1～4 个值。

①包含 4 个值的情况，如 margin:10px 5px 15px 20px，分别代表上外边距是 10px，右外边距是 5px，下外边距是 15px，左外边距是 20px。

②包含 3 个值的情况，如 margin:10px 5px 15px，分别代表上外边距是 10px，右外边距和左外边距是 5px，下外边距是 15px。

③包含 2 个值的情况，如 margin:10px 5px，分别代表上外边距和下外边距是 10px，右

外边距和左外边距是 5px。

④包含 1 个值的情况，如 margin:10px，代表所有 4 个外边距都是 10px。

参考答案

（58）C

试题（59）

在 HTML 页面中需要创建一个图像链接，图像文件名为 education.jpg，且与网页文件位于同一目录，目标网址为 http://www.moe.gov.cn，则创建该图像链接正确的 HTML 代码是　(59)　。

(59) A．<a href="http://www.moe.gov.cn " >education.jpg</a>

　　　 B．<a href="http://www.moe.gov.cn " ><img src="education.jpg"></img >

　　　 C．<img src="education.jpg"><a href="http://www.moe.gov.cn "></a>

　　　 D．<a href="http://www.moe.gov.cn " ><img src="education.jpg"></a>

试题（59）分析

本题考查 HTML 超级链接标记的基本用法。

HTML 超级链接标记的基本格式如下：

```
<a href="网址、链接地址" target="目标" title="说明">被链接内容</a>
```

根据题意，被链接内容为图像，HTML 图像标记的基本格式如下：

```
<img src ="路径/文件名.图片格式" width ="属性值" height ="属性值" border=
"属性值" alt="属性值">
```

根据题意，创建该图像链接正确的 HTML 代码是：

```
<a href="http://www.moe.gov.cn " ><img src="education.jpg"></a>
```

参考答案

（59）D

试题（60）

在 HTML 页面中需要链入外部样式表，样式表文件名 mystyle.css，且与网页文件位于同一目录，则正确链入该样式表的代码是　(60)　。

(60) A．<script type="text/css" src="mystyle.css" >

　　　 B．<link type="text/css" rel="stylesheet" href="mystyle.css">

　　　 C．<link type="text/css" rel="stylesheet" src=" mystyle.css">

　　　 D．@import url("mystyle.css");

试题（60）分析

本题考查 HTML 页面中链入外部 CSS 文件的用法。

链入外部 CSS 文件应在 HTML 页面 head 区域添加如下格式代码：

```
<link type="text/css" rel="stylesheet" href="css 所在路径" />
```

根据题意，正确链入题目要求样式表的代码是：

```
<link type="text/css" rel="stylesheet" href="mystyle.css">
```

参考答案

（60）B

试题（61）

在 JavaScript 中要改变页面文档的背景色，需要修改 document 对象的　(61)　属性。

（61）A．BackColor　　　　B．BackgroundColor　　　　C．BgColor　　　　D．Background

试题（61）分析

本题考查 JavaScript 中 document 对象的使用方法。

JavaScript 中 document 对象常用的方法和属性如下：

对象属性：

```
document.title                //设置文档标题，等价于 HTML 的<title>标签
document.bgColor              //设置页面背景色
document.fgColor              //设置前景色(文本颜色)
document.linkColor            //未单击过的链接颜色
document.alinkColor           //激活链接(焦点在此链接上)的颜色
document.vlinkColor           //已单击过的链接颜色
document.URL                  //设置 URL 属性从而在同一窗口打开另一网页
document.fileCreatedDate      //文件建立日期，只读属性
document.fileModifiedDate     //文件修改日期，只读属性
document.fileSize             //文件大小，只读属性
document.cookie               //设置和读出 cookie
document.charset              //设置字符集简体中文:gb2312
```

常用对象方法：

```
document.write()                   //动态向页面写入内容
document.createElement(Tag)        //创建一个 HTML 标签对象
document.getElementById(ID)        //获得指定 ID 值的对象
document.getElementsByName(Name)   //获得指定 Name 值的对象
```

参考答案

（61）C

试题（62）

在 HTML 页面中包含图片<img id="mypic" src="mypic.jpg">，假设图片地址正确，则实现隐藏该图片功能的代码是　(62)　。

（62）A．document.getElementById("mypic ").style.display="visible"

　　　　B．document.getElementById("mypic ").style.display="disvisible"

　　　　C．document.getElementById("mypic ").style.display="block"

　　　　D．document.getElementById("mypic ").style.display="none"

试题（62）分析

本题考查 JavaScript 中 DOM 的基础知识。

Object.style.display 属性设置元素如何显示，其常见属性值有：

①None：此元素不会被显示。

②Block：此元素将显示为块级元素，此元素前后会带有换行符。

③Inline：默认，此元素会被显示为内联元素，元素前后没有换行符。

参考答案

（62）D

试题（63）

常见电子商务网站构件中，可以将网站信息发布给用户的是 __（63）__ 。

（63）A．目录服务器 　　　　　　　　　B．邮件和消息服务器

　　　　C．安全服务器 　　　　　　　　　D．网站服务器

试题（63）分析

本题考查常见电子商务网站构件。

在常见电子商务网站构件中有以下服务器：

①目录服务器，主要用来管理防火墙内外的用户、资源和控制安全权限，同时为用户的通信和电子商务交易提供通道。

②邮件和消息服务器，为企业员工、合作伙伴和客户提供商业级的通信架构。

③安全服务器，为了保证电子商务系统的数据安全、应用安全和交易安全。

④网站服务器，主要是为了把网站的信息发布给用户。

参考答案

（63）D

试题（64）

共享单车是一个典型的"物联网+云计算+互联网"应用，应用中的数据主要包括单车数据和用户数据，这些数据属于 __（64）__ 。

（64）A．IaaS 　　　　　　B．PaaS 　　　　　　C．SaaS 　　　　　　D．SOA

试题（64）分析

本题考查云计算的体系结构。

云计算一般包括三个层次，分别是基础设施即服务（IaaS）、平台即服务（PaaS）和软件即服务（SaaS）。

①IaaS 最主要的表现形式是存储服务和计算服务，主要服务商有亚马逊、Rackspace、Dropbox 等公司。

②PaaS 提供的是供用户实施开发的平台环境和能力，包括开发测试、能力调用、部署运行等，服务商包括微软、谷歌等公司。

③SaaS 提供实时运行软件的在线服务，服务种类多样、形式丰富，常见的应用包括客户关系管理（CRM）、社交网络、电子邮件、办公软件、OA 系统等，服务商有 Salesforce、GigaVox、谷歌等公司。

参考答案

（64）A

试题（65）

智慧交通是一种典型的大数据技术应用，实时道路交通情况查看功能最能体现大数据的　（65）　特征。

（65）A．数据量巨大　　　　　　　B．数据类型繁多

　　　　C．价值密度低　　　　　　　D．时效性高

试题（65）分析

本题考查大数据的特征。

通常用 Volume、Variety、Value、Velocity 这 4 个 V 来概括大数据的特点：

①数据体量巨大（Volume）。

②数据类型繁多（Variety）。数据可分为结构化数据、半结构化数据和非结构化数据。相对于以往便于存储的以文本为主的结构化数据，音频、视频、图片、地理位置信息等类型的非结构化数据量占比达到了 80%左右，并在逐步提升，有用信息的提取难度不断增大。

③价值密度低（Value）。价值密度的高低与数据总量的大小成反比。以视频为例，一部 1 小时的视频，在连续不间断监控过程中，可能有用的数据仅仅只有一两秒。

④时效性高（Velocity）。这是大数据区分于传统数据挖掘最显著的特征。数据的价值除了与数据规模相关，还与数据处理周期成正比关系。也就是说，数据处理的速度越快、越及时，其价值越大，发挥的效能越大。

参考答案

（65）D

试题（66）

电子商务主体有权决定是否交易、和谁交易以及如何交易，任何单位和个人利用强迫、利诱等手段进行违背当事人真实意愿的交易活动都是无效的，这体现了电子商务立法遵循的　（66）　。

（66）A．保护消费者正当权益的原则　　B．交易自治原则

　　　　C．证据平等原则　　　　　　　　D．中立原则

试题（66）分析

本题考查电子商务立法的基本原则。

在制定各类电子商务法律过程中，应遵循以下原则：

①交易自治原则：电子商务主体有权决定自己是否交易、和谁交易以及如何交易，任何单位和个人利用强迫、利诱等手段进行违背当事人真实意愿的交易活动都是无效的。

②证据平等原则：电子签名和电子文件应当与书面签名和书面文件具有同等的法律地位。

③中立原则：电子商务法的基本目标是要在电子商务活动中建立公平的交易规则，这是商法的交易安全原则在电子商务法上的必然反映。而要达到交易参与各方利益的平衡，实现公平的目标，就有必要做到以下几点：技术中立、媒介中立、实施中立和同等保护。

④保护消费者正当权益的原则。

⑤安全性原则：电子商务必须以安全为前提，它不仅需要技术上的安全措施，也离不开法律上的安全规范。

参考答案

（66）B

试题（67）

根据电子签名法对数据电文接收时间、地点的规定，以下说法不正确的是 __（67）__ 。

（67）A．数据电文进入收件人指定特定接收系统的时间为接收时间

　　　B．数据电文最后一次进入收件人任意系统的时间为接收时间

　　　C．一般情况下，数据电文应以收件人的主营业地为接收地点

　　　D．没有主营业地的，数据电文则以常居住地为接收地点

试题（67）分析

本题考查我国电子签名法的内容。

我国电子签名法对数据电文发送和收到的时间、地点进行了明确规定。

①数据电文发送和收到时间：数据电文进入发件人控制之外的某个信息系统的时间，视为该数据电文的发送时间。数据电文进入收件人指定特定接收系统的时间，视为该数据电文的接收时间；未指定特定系统的，数据电文进入收件人的任何系统的首次时间，视为该数据电文的接收时间。

②数据电文发送和接收地点：一般情况下，除非发件人与收件人另有协议，数据电文应以发件人的主营业地为数据电文发送地点，收件人的主营业地为数据电文接收地点。没有主营业地的，则以其常居住地为发送或接收地点。数据电文发送和接收地点对于确定合同成立的地点和法院管辖、法律适用具有重要意义。

参考答案

（67）B

试题（68）

设计电子商务网站第一步要完成的工作是 __（68）__ 。

（68）A．建立网站原型　　　　　　B．设计网站内容

　　　C．设计网站功能　　　　　　D．网站需求分析

试题（68）分析

本题考查设计电子商务网站的工作内容和过程。

在设计网站之前，必须先搞清楚网站建设的目的，即首先要对网站设计的需求进行分析。通过需求分析确定对目标系统的综合要求，并提出这些需求的实现条件，以及需求应达到的标准，也就是解决要求所设计的网站做什么，做到什么程度。其次才是对功能、内容、页面等进行设计。

参考答案

（68）D

试题（69）

在采用结构化方法进行系统分析时，根据分解与抽象的原则，按照系统中数据处理的流程，用　(69)　来建立系统的逻辑模型，从而完成分析工作。

（69）A．E-R 图　　　　　　　　　　B．数据流图

　　　 C．程序流程图　　　　　　　　D．软件体系结构图

试题（69）分析

本题考查结构化分析方法中图形工具的作用。

结构化方法（Structured Approach）也称新生命周期法，是生命周期法的继承与发展。结构化设计方法给出一组帮助设计人员在模块层次上区分设计质量的原理与技术。它通常与结构化分析方法衔接起来使用，以数据流图为基础得到软件的模块结构。数据流图摆脱系统的物理内容，在逻辑上描述系统的功能、输入、输出和数据存储等，是系统逻辑模型的重要组成部分。

参考答案

（69）B

试题（70）

关键成功因素法（CSF）包含 4 个步骤：①识别关键成功因素；②了解企业目标；③识别测量性能的数据；④识别性能指标和标准。其正确的顺序为　(70)　。

（70）A．①②③④　　　B．①④②③　　　C．②①④③　　　D．②④③①

试题（70）分析

本题考查电子商务系统规划方法中关键成功因素法的基础知识。

关键成功因素法源自企业目标，通过目标分解和识别、关键成功因素识别、性能指标识别，一直到产生数据字典。

关键成功因素法包含以下 4 个步骤：①了解企业目标；②识别关键成功因素；③识别性能指标和标准；④识别测量性能的数据。

参考答案

（70）C

试题（71）～（75）

Many people view the term "electronic commerce" (or e-commerce) as shopping on the part of the Internet called the　(71)　. However, electronic commerce also covers many other activities, such as businesses trading with other businesses and internal processes that companies use to support the buying, selling, hiring, planning and other activities. Some people use the term electronic business (or e-business) when they are talking about electronic commerce in this broader sense. For example, IBM defines electronic business as "the transformation of key business processes through the use of Internet technologies." Most people use the terms "electronic commerce" and "　(72)　" interchangeably. Herein, the term electronic commerce is used in its broadest sense and includes all business activities using　(73)　.

Some people categorize electronic commerce by types of entities participating in the transactions or business processes. The five general electronic commerce categories are business-to-consumer, business-to-business, business processes, consumer-to-consumer, and business-to-government, among which the following three are most commonly used:

(1) Consumer shopping on the Web, often called business-to-consumer (or B2C)

(2) Transactions conducted between businesses on the Web, often called business-to-business (or B2B)

(3) Transactions and ___（74）___ in which companies, governments, and other organizations use Internet technologies to support selling and purchasing activities.

To understand these categories better, consider a company that manufactures stereo speakers. The company might sell its finished product to consumers on the Web, which would be B2C electronic commerce. It might also purchase the materials it uses to make the speakers from other companies on the Web, which would be B2B electronic commerce. Businesses often have entire departments devoted to negotiating purchase transactions with their suppliers. These departments are usually named supply management or procurement. Thus, B2B electronic commerce is sometimes called ___（75）___.

（71）A．World Wide Web   B．Web page
     C．Internet   D．Intranet

（72）A．electronic wallet   B．e-procurement
     C．electronic business   D．e-shopping

（73）A．Internet technologies   B．GPS
     C．online banking   D．EDI

（74）A．business-to-business   B．business processes
     C．consumer-to-consumer   D．business-to-government

（75）A．e-cash   B．e-procurement
     C．e-business   D．e-commerce

参考译文

许多人把"电子商务"（e-商务）这个术语视为互联网的一部分，称之为万维网（WWW）。然而，电子商务也涵盖了许多其他活动，如与其他企业交易的企业和公司用来支持购买、销售、招聘、计划和其他活动的过程。有些人使用电子商务（或 EB）这个术语时，他们是在这个更广泛的意义上谈论电子商务。例如，IBM 将电子商务定义为"通过使用互联网技术进行关键业务流程的转换"，大多数人可以互换术语"电子商务"和"电子商业"。这里，术语"电子商务"在其最广泛的意义上使用，并且包括使用互联网技术的所有商业活动。

有时候人们通过参与交易或业务流程的实体来对电子商务进行分类。一般分为五种，分别是企业对消费者、企业对企业、业务流程、消费者对消费者和企业对政府，其中，以下三种最常见：

（1）消费者在网上购物，通常称为企业对消费者（或 B2C）。

（2）网络上的企业之间的交易，通常称为企业对企业（或 B2B）。

（3）公司、政府和其他组织利用互联网技术支持销售和购买活动的交易和业务流程。

为了更好地理解这些模式，以一家生产立体声扬声器的电子商务公司为例来说明。该公司可能将其最终产品销售给网络上的消费者，这将是 B2C 电子商务。它还可以从网络上的其他公司购买制造扬声器的材料，这将是 B2B 电子商务。企业通常有整个部门致力于与供应商谈判购买交易。这些部门通常被称为供应管理或采购。因此，B2B 电子商务有时被称为电子采购。

参考答案

（71）A　　（72）C　　（73）A　　（74）B　　（75）B

第2章　2018下半年电子商务设计师下午试题分析与解答

试题一（共15分）

阅读下列说明和图，回答问题1至问题4，将解答填入答题纸的对应栏内。

【说明】

某房产中介连锁企业欲开发一个基于 Web 的房屋中介信息系统，以有效管理房源和客户，提高成交率。该系统的主要功能是：

1. 房源采集与管理。系统自动采集外部网站的潜在房源信息，保存为潜在房源。由经纪人联系确认的潜在房源变为房源，并添加出售/出租房源的客户。由经纪人或客户登记的出售/出租房源，系统将其保存为房源。房源信息包括基本情况、配套设施、交易类型、委托方式、业主等。经纪人可以对房源进行更新等管理操作。

2. 客户管理。求租/求购客户进行注册、更新，推送客户需求给经纪人，或由经纪人对求租/求购客户进行登记、更新。客户信息包括身份证号、姓名、手机号、需求情况、委托方式等。

3. 房源推荐。根据客户的需求情况（求购/求租需求情况以及出售/出租房源信息），向已登录的客户推荐房源。

4. 交易管理。经纪人对租售客户双方进行交易信息管理，包括订单提交和取消，设置收取中介费比例。财务人员收取中介费之后，表示该订单已完成，系统更新订单状态和房源状态，向客户和经纪人发送交易反馈。

5. 信息查询。客户根据自身查询需求查询房屋供需信息。

现采用结构化方法对房屋中介信息系统进行分析与设计，获得如图1-1所示的上下文数据流图和图1-2所示的0层数据流图。

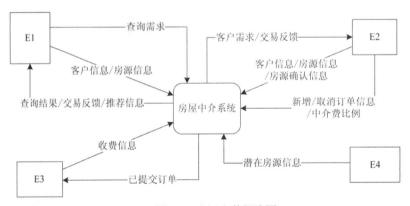

图1-1　上下文数据流图

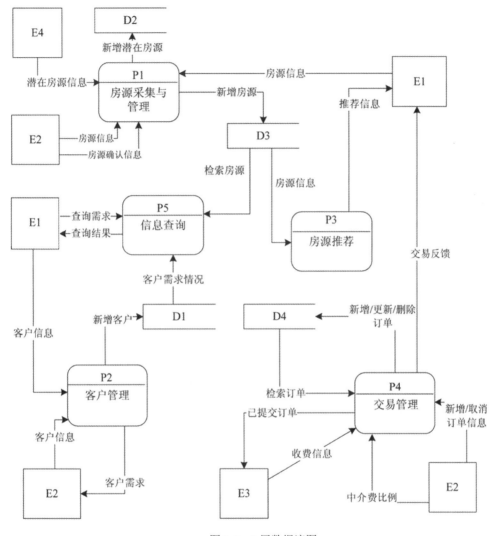

图 1-2　0 层数据流图

【问题 1】（4 分）

　　使用说明中的词语，给出图 1-1 中的实体 E1～E4 的名称。

【问题 2】（4 分）

　　使用说明中的词语，给出图 1-2 中的数据存储 D1～D4 的名称。

【问题 3】（3 分）

　　根据说明和图中术语，补充图 1-2 中缺失的数据流及其起点和终点。

【问题 4】（4 分）

　　根据说明中术语，给出图 1-1 中数据流"客户信息""房源信息"的组成。

试题一分析

　　本题考查采用结构化方法进行软件系统的分析与设计，主要考查利用数据流图（DFD）进行需求分析和建模。DFD 是面向数据流建模的工具，它将系统建模成输入、加工（处理）、输出的模型，即流入软件的数据对象，经由加工的转换，最后以结果数据对象的形式流出软件，并采用自顶向下分层建模进行逐层细化。

　　顶层 DFD（上下文数据流图）建模用于确定系统边界以及系统的输入输出数据，待开发软件系统被看作一个加工，为系统提供输入数据以及接收系统输出数据的是外部实体，外部实体和加工之间的输入输出即数据流。数据流或者由具体的数据属性（也称为数据结构）构成，或者由其他数据流构成，即组合数据流，用于在高层数据流图中组合相似的数据流。将上下文 DFD 中的加工分解成多个加工，分别识别这些加工的输入数据流以及经过加工变换后的输出数据流，建模 0 层 DFD。根据 0 层 DFD 中加工的复杂程度进一步建模加工的内容。根据需求情况可以将数据存储建模在不同层次的 DFD 中。

　　在建模分层 DFD 时，需要注意加工和数据流的正确使用，一个加工必须既有输入又有输出；数据流须和加工相关，即数据流至少有一头为加工。注意要在绘制下层数据流图时保持父图与子图平衡，即父图中某加工的输入输出数据流必须与其子图的输入输出数据流在数量和名字上相同，或者父图中的一个输入（或输出）数据流对应于子图中几个输入（或输出）数据流的组合数据流。

　　题目题干描述清晰，易于分析，要求考生细心分析题目中所描述的内容。

【问题 1】

　　本问题考查上下文 DFD，要求确定外部实体。在上下文 DFD 中，待开发系统名称"房屋中介系统"作为唯一加工的名称，为这一加工提供输入数据流或者接收其输出数据流的外部实体，涉及外部网站、经纪人、客户和财务人员，再根据描述相关信息进行对应，对照图 1-1，即可确定 E1 为"客户"实体，E2 为"经纪人"实体，E3 为"财务人员"实体，E4 为"外部网站"实体。

【问题 2】

　　本问题要求确定图 1-2 0 层数据流图中的数据存储。重点分析说明中与数据存储有关的描述。由说明 1 中"系统自动采集外部网站的潜在房源信息，保存为潜在房源"，可知加工"房源采集与管理"向存储中写入新的潜在房源信息，由此可知 D2 为"潜在房源"；再由说明 1 中"由经纪人联系确认的潜在房源变为房源"等信息，可知此加工需要向存储中写入新房源信息，由此可知 D3 为"房源"。由说明 2 中"求租/求购客户进行注册"和"或由经纪人对求租/求购客户进行登记"可知加工"客户管理"向 D1 中添加新客户信息，由此可知 D1 为"客户"。由说明 4 交易管理中"经纪人对租售客户双方进行交易信息管理，包括订单提交和取消""系统更新订单状态"等，可知 D4 为"订单"。

【问题 3】

　　本问题要求补充缺失的数据流及其起点和终点。对照图 1-1 和图 1-2 的输入、输出数据流，缺少了从加工到外部实体 E2（经纪人）的数据流——"交易反馈"，说明 4 中，交易管理需"向客户和经纪人发送交易反馈"，可知此数据流起点为 P4（交易管理），终点为 E2。

再分析题干中的说明，判定是否缺失内部的数据流，不难发现图 1-2 中缺失的数据流。根据说明 1 的描述"系统自动采集外部网站的潜在房源信息，保存为潜在房源。由经纪人联系确认的潜在房源变为房源"，可知加工"房源采集与管理（P1）"从"潜在房源（D2）"读取数据进行确认。由说明 3"根据客户的需求情况……向已登录的客户推荐房源"，可知加工"房源推荐（P3）"从"存储客户（D1）"获取"需求情况"。由说明 4"系统更新订单状态和房源状态"，可知"交易管理（P4）"需更新"房源（D3）"的状态。

【问题 4】

数据流由具体的数据属性构成，采用符号加以表示，"="表示组成（被定义为），"+"表示有多个属性（与），{}表示其中属性出现多次，()表示其中属性可选等。图 1-1 中的"客户信息"和"房源信息"来自于 E1（客户）或 E2（经纪人）。在说明 1 中给出"房源信息包括基本情况、配套设施、交易类型、委托方式、业主等"，在说明 2 中给出"客户信息包括身份证号、姓名、手机号、需求情况、委托方式等"，即采用"="和"+"将数据流及其属性表示出来。

参考答案
【问题 1】

　　E1：客户
　　E2：经纪人
　　E3：财务人员
　　E4：外部网站

【问题 2】

　　D1：客户
　　D2：潜在房源
　　D3：房源
　　D4：订单
　　（注：名称后面可以带有"文件"或"表"）

【问题 3】

数据流	起点	终点
检索潜在房源或潜在房源	D2 或潜在房源	P1 或房源采集与管理
客户需求情况	D1 或客户	P3 或房源推荐
交易反馈	P4 或交易管理	E2 或经纪人
房源状态	P4 或交易管理	D3 或房源

　　（注：数据流没有顺序要求）

【问题 4】

　　客户信息=身份证号+姓名+手机号+需求情况+委托方式
　　房源信息=基本情况+配套设施+交易类型+委托方式+业主

试题二（共 15 分）

阅读以下说明，回答问题 1 至问题 3，将解答填入答题纸的对应栏内。

【说明】

　　某公司要开发一套网络共享（租用）平台，主要包括移动端 App 和管理员服务端程序，其中管理员服务端程序采用 ASP.NET+SQL Server 技术，前端页面采用 HTML+CSS+JavaScript 技术，主要包括管理员登录、租借记录管理、用户管理、物品管理、用户计费管理、异常情况处理等功能。项目团队某成员被分配设计实现管理员登录及异常情况查看功能部分。

【问题 1】（5 分）

　　为了防止人为对网站的恶意攻击（程序暴力破解方式进行不断地登录、灌水等），可采用 JavaScript 验证码技术，验证码是将一串随机产生的数字或符号生成一个不能复制的网页元素（图片、按钮等），并加入一些干扰因素防止 OCR。假设在页面加载时就要生成验证码，且验证码长度为 4 位，验证码由数字及字母组成，生成验证码的网页元素是一个 ID 为 "myCheck" 的 Button。根据题目描述，完成以下程序。

```
var validateCode ;
window._(1)_ = function createValidate(){
validateCode = "";
var codeLength = (2) ;
varvalidateElement = document.getElementById("_(3)_");
varcharacters=newArray(0,1,2,3,4,5,6,7,8,9,'A','B','C','D','E','F',
'G','H','I','J','K','L','M','N','O','P','Q','R','S','T','U','V','W','X',
'Y','Z');
for(var  i = 0; i <_(4)_ ; i++) {
var index = Math.floor(Math.random()*36);
validateCode += characters[_(5)_];
}
validateElement.value = validateCode;
}
```

【问题 2】（4 分）

　　在 ASP.NET 连接 SQL Server 数据库时，一般是要将连接字符串写到项目的 Web.config 文件中。假设要连接的 SQL Server 数据库服务器 IP 地址为 "192.168.2.41"，服务器的身份认证采用 SQL Server 与 Windows 混合验证模式，数据库名为 "RentDB"，数据库的登录用户名为 "sa"，密码为 "@11233"，在 Web.config 文件的<configuration>标记中设置数据库连接程序。根据题目描述，完成以下程序。

```
<_(6)_>
<addname="sqlconstr"_(7)_="server=_(8)_;database=_(9)_;UID=sa;PWD=
@11233" />
</_(6)_>
```

【问题 3】（6 分）

　　以下程序实现用户异常情况查看，通过问题 2 的配置文件获取连接字符串，数据库中用户表（users）、租用记录表（rents）结构如表 2-1、表 2-2 所示。用户异常情况查看页面中包括用户名文本框（ID 为 txtusername）、数据绑定控件 GridView（ID 为 gvRents）等。为了显示效果直观，给每个字段设置对应的中文别名，通过 users 和 rents 表联合查询（根据 userid 字段关联），查询的用户名由页面文本框输入，异常情况指 rents 表中 rentStatus 属性值为"异常"的记录，采用 SQL 参数化方式实现数据库查询。根据题目描述，完成以下程序。

表 2-1　users 表结构

字段名	数据类型	说明
userid	nchar（20）	用户编号，主键
userName	nchar（20）	姓名
sex	char（10）	性别
birthday	smalldatetime	生日
phone	char（20）	手机号

表 2-2　rents 表结构

字段名	数据类型	说明
rentid	nchar（20）	租用编号，主键
userid	nchar（20）	用户编号，外键
goodsid	nchar（20）	物品编号，外键
beginTime	datetime	起始时间
endTime	datetime	结束时间
expenses	float	费用
rentStatus	nchar（10）	状态

```
public void BindData()
{
String constr=ConfigurationManager.ConnectionStrings[" (10) "].
ConnectionString;
    SqlConnectioncon = new SqlConnection(constr);
    StringBuilder sql = new StringBuilder();
    sql.Append("select userName 用户名,goodsID 物品编号,begintime 起始时间,
endtime 结束时间, (11) 费用, rentStatus 状态 from rents ");
    sql.Append(" INNER JOIN (12)  ON rents.userid = users.userid where
rentStatus=' (13) ' ");
    SqlDataAdapter da = new SqlDataAdapter(sql.ToString(), con);
    if (this.txtusername.Text != "")
    {
    sql.Append(" and username=@username");
    SqlParameter p = new SqlParameter(" (14) ", this.txtusername.Text);
    da = new SqlDataAdapter(sql.ToString(), con);
    da.SelectCommand.Parameters.Add(p);
    }
    DataSet ds = new DataSet();
    da.Fill(ds);
```

```
this.gvRents.___(15)___ = ds.Tables[0];
this.gvRents.DataBind();
    }
```

试题二分析

本题考查 JavaScript 实现验证码及 ASP.NET 连接访问数据库技术。

【问题 1】

根据题意，需要在页面加载时就要生成验证码，可以通过 JavaScript 中 window 对象的 onload 事件调用生成验证码的函数实现。另外，题目中描述验证码长度为 4 位，验证码由数字及字母组成，生成验证码的网页元素是一个 ID 为 "myCheck" 的 Button。

完整的程序代码如下：

```
var validateCode;
window.onload = function createValidate(){
validateCode = "";
var codeLength = 4;
varvalidateElement = document.getElementById("myCheck");
varcharacters=newArray(0,1,2,3,4,5,6,7,8,9,'A','B','C','D','E','F','G',
'H','I','J','K','L','M','N','O','P','Q','R','S','T','U','V','W','X','Y',
'Z');
for(var  i = 0; i < codeLength; i++) {
var index = Math.floor(Math.random()*36);
validateCode += characters[index];
}
validateElement.value = validateCode;
}
```

【问题 2】

在 ASP.NET 项目中，一般将项目的公共配置信息写到 Web.config 文件中以便项目各处使用，常见的数据库连接字符串就写在 Web.config 文件中。根据题意，数据库服务器 IP 地址为 "192.168.2.41"，服务器的身份认证采用 SQL Server 与 Windows 混合验证模式，数据库名为 "RentDB"，数据库的登录用户名为 "sa"，密码为 "@11233"，在 Web.config 配置文件中编写连接字符串的程序如下：

```
<connectionStrings>
<add name="sqlconstr" connectionString ="server=192.168.2.41;database=
RentDB;UID=sa;PWD=@11233" />
</connectionStrings>
```

【问题 3】

根据题意，Web.config 配置文件中连接字符串名为 "sqlconstr"，SQL 查询语句中字段别名可以根据数据表对应找到，异常情况指 rents 表中 rentStatus 属性值为 "异常" 的记录，通过 users 和 rents 表联合查询（根据 userid 字段关联）。用户异常情况查看页面中包括用户名文本框（ID 为 txtusername）、数据绑定控件 GridView（ID 为 gvRents）等，查询的用户名由页面文本框输入，并通过 SQL 参数化方式将输入的用户名传入 SQL 实现数据库查询。

完整的程序代码如下：

```
public void BindData()
{
    String constr = ConfigurationManager.ConnectionStrings["sqlconstr"].
ConnectionString;
    SqlConnection con = new SqlConnection(constr);
    StringBuilder sql = new StringBuilder();
    sql.Append("select userName  用户名,goodsID 物品编号,begintime 起始时间,
endtime 结束时间, expenses 费用, rentStatus 状态 from rents ");
    sql.Append(" INNER JOIN users ON rents.userid = users.userid where
rentStatus='异常' ");
    SqlDataAdapter da = new SqlDataAdapter(sql.ToString(), con);
    if (this.txtusername.Text != "")
    {
    sql.Append(" and username=@username");
    SqlParameter p = new SqlParameter("@username ",
    this.txtusername.Text);
    da = new SqlDataAdapter(sql.ToString(), con);
    da.SelectCommand.Parameters.Add(p);
    }
    DataSet ds = new DataSet();
    da.Fill(ds);
    this.gvRents. DataSource = ds.Tables[0];
    this.gvRents.DataBind();
    }
```

参考答案

【问题 1】

　　（1）onload

　　（2）4

　　（3）myCheck

　　（4）codeLength 或 4

　　（5）index

【问题 2】

　　（6）connectionStrings

　　（7）connectionString

　　（8）192.168.2.41

　　（9）RentDB

【问题 3】

　　（10）sqlconstr

（11）expenses

（12）users

（13）异常

（14）@username

（15）DataSource

试题三（共 15 分）

阅读以下说明，回答问题 1 至问题 4，将解答填入答题纸的对应栏内。

【说明】

在开发某大型电子商务系统的过程中，为保证项目的开发质量，需要进行软件测试，某测试员被分配完成人事管理模块及某函数的测试任务。

【问题 1】（4 分）

在人事管理模块中，对加班员工奖励制度：

（1）年薪制：月加班超过 15 小时（包括 15 小时），奖励月薪资的 2%，少于 15 小时，奖励月薪资的 1%；

（2）非年薪制：月加班超过 15 小时（包括 15 小时），奖励月薪资的 2.5%，少于 15 小时，奖励月薪资的 2%。

测试该功能模块的决策表如表 3-1 所示，其中 C1：年薪制，C2：超过 15 小时（包括 15 小时），e1：奖励 2%，e2：奖励 2.5%，e3：奖励 1%。

根据题目描述，完成决策表 3-1 中的空缺。

注：在决策表中，"√"代表该动作执行；"×"代表该动作不执行。

表 3-1　决策表

项目		1	2	3	4
条件	C1	1	1	0	（1）
	C2	1	0	1	0
动作	e1	√	（2）	×	√
	e2	×	×	（3）	×
	e3	×	（4）	×	×

【问题 2】（4 分）

某函数的程序流程图如图 3-1 所示。

预期执行的四条执行路径为：

L13：p1→p3

L14：p1→p4

　　（5）

L24：p2→p4

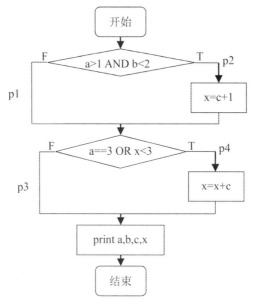

图 3-1　程序流程图

根据程序流程图，语句覆盖测试用例表如表 3-2 所示，完成表中空缺。

表 3-2　语句覆盖测试用例表

输入				预期输出	通过路径	语句覆盖率
a	b	c	x	x		
3	1	1	0	(6)	(7)	(8)

【问题 3】（5 分）

在程序流程图 3-1 中，条件表达式 "a>1 AND b<2" 中，"a>1" 取真时代表 T1，"b<2" 取真时代表 T2；条件表达式 "a==3 OR x<3" 中，"a==3" 取真时代表 T3，"x<3" 取真时代表 T4。根据程序流程图，条件覆盖测试用例表如表 3-3 所示，完成表中空缺。

表 3-3　条件覆盖测试用例表

用例	T1	T2	T1 AND T2	T3	T4	T3 OR T4	通过路径
1	T	T	T	T	T	T	(9)
2	T	F	(10)	T	F	(11)	L14
3	(12)	F	F	(13)	F	F	L13

【问题 4】（2 分）

在问题 3 条件覆盖测试用例表中，去掉用例　(14)　，依然满足条件覆盖，说明原因　(15)　。

试题三分析

本题考查在软件测试中，使用决策表、语句覆盖和条件覆盖完成程序中功能模块和函数的测试。

题目已经给出决策表部分内容以及程序流程图，需要根据需求描述，完善决策表中的内容，并根据程序流程图，完成语句覆盖和条件覆盖的测试用例表。

【问题 1】

本问题考查基于决策表的软件测试方法。将加班员工奖励制度的问题按照各种可能的情况全部列举出来，该方法简明直观，避免遗漏问题中的不同情况。

分析决策表中的规则 1，C1 和 C2 的取值均为"1"时，是对"年薪制""月加班超过 15 小时（包括 15 小时）"条件的描述。由题目描述可知，在该条件时动作为"奖励月薪资的 2%"，需执行 e1 动作（"√"），e2 和 e3 动作不符合（两个动作均为"×"）。

在规则 2 中，C1 取值为"1"、C2 取值为"0"时，是对"年薪制""月加班少于 15 小时"条件的描述，此时不执行 e1 和 e2 动作（"×"或"错"），执行 e3 动作（"√"或"对"）。

在规则 3 中，C1 取值为"0"、C2 取值为"1"时，是对"非年薪制""月加班超过 15 小时（包括 15 小时）"条件的描述，此时不执行 e1 和 e3 动作（"×"或"错"），执行 e2 动作（"√"或"对"）。

由规则 4 中动作执行情况可知，e1 动作执行（"奖励 2%"），e2 和 e3 不执行，C2 取值为"0"（条件为"日加班少于 15 小时"），由题目描述可知，此时 C1 的取值也为"0"。

【问题 2】

分析图 3-1 程序流程图，程序的执行路径有四条：

当"a>1 AND b<2"为"T"且"a==3 OR x<3"为"T"时，执行路径为"L24：p2→p4"；

当"a>1 AND b<2"为"T"且"a==3 OR x<3"为"F"时，执行路径为"L23：p2→p3"；

当"a>1 AND b<2"为"F"且"a==3 OR x<3"为"F"时，执行路径为"L13：p1→p3"；

当"a>1 AND b<2"为"F"且"a==3 OR x<3"为"T"时，执行路径为"L14：p1→p4"。

从程序流程图看到，由于两个判定表达式的取假分支都不包含任何执行语句，因此，要满足语句覆盖，仅需执行路径 L24 即可，即"a>1"和"b<2"同时为真时，"a==3""x<3"任意一个为真即可。

当使用语句覆盖测试用例表中 a、b、c 和 x 值时，表达式"a>1 AND b<2"的值为"T"，表达式"a==3 OR x<3"的值为"T"，因此执行路径为"L24：p2→p4"，输出 x 的值为 3。

由语句覆盖率的计算公式：

$$语句覆盖率 = 至少被执行一次的语句数量 / 可执行的语句总数$$

当 a=3，b=1，c=1，x=0 时，语句覆盖率为 100%。

【问题 3】

结合程序流程图，分析表 3-3 的条件覆盖测试用例表：

当 T1、T2、T3、T4 取"T"（真）时，"T1 AND T2"和"T3 OR T4"的值都为"T"，此时程序执行的路径为 L24 或 p2→p4。

当 T1 取值"T"、T2 取值"F"时，"T1 AND T2"的值为 F；当 T3 取值"T"、T4 取值"F"时，"T3 OR T4"的值为 T；而当"T1 AND T2"的值为 F、"T3 OR T4"的值为 T 时，程序执行路径为 L14。

在测试用例 3 中，由于程序执行的路径为 L13、"T1 AND T2"的值为 F、"T3 OR T4"的值为 F、T2 和 T4 取值 F，可反推出 T1 和 T3 取值也为 F。

【问题 4】

条件覆盖要求使得每个判断中的每个条件的可能取值至少满足一次。在表 3-3 中，第一个用例考虑了 T1 和 T2 为"T"（真）的情况；第三个用例考虑了 T1 和 T2 为"F"（假）的情况，此时满足了每个判断中的每个条件的可能取值至少满足一次，所以在表 3-3 测试用例表中，去掉测试用例 2 依然满足条件覆盖。其原因是用例 1 和用例 3 已使每个判断中每个条件的取值至少满足一次。

参考答案

【问题 1】

（1）0

（2）"×"或"错"

（3）"√"或"对"

（4）"√"或"对"

【问题 2】

（5）L23：　p2→p3 或 p2→p3

（6）3

（7）L24 或 p2→p4

（8）100%

【问题 3】

（9）L24 或 p2→p4

（10）F

（11）T

（12）F

（13）F

【问题 4】

（14）2

（15）用例 1 和用例 3 已使每个判断中每个条件的取值至少满足一次。

试题四（共 15 分）

阅读下列说明，回答问题 1 至问题 4，将解答填入答题纸的对应栏内。

【说明】

某软件公司计划开发一个电子商务网站，目前需要进行电子商务平台整合和相关应用软件开发。软件公司根据时间要求进行分析并做项目准备工作，给出了资源需求情况如表 4-1 所示，包括每项工作名称、持续时间和每天需要的劳动时数等信息。图 4-1 所示为该项目的网络图。

表 4-1　项目资源需求表

工作名称	持续时间/天	每天需要的劳动时数
A	8	8
B	3	8
C	7	3
D	3	10
E	8	5
F	8	7
G	4	6
H	6	7

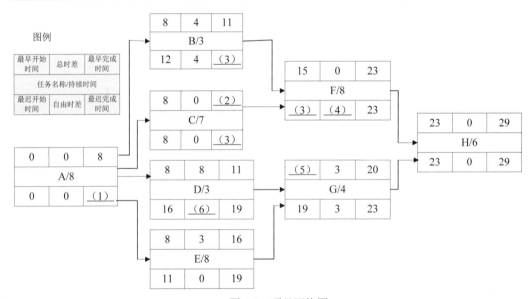

图 4-1　项目网络图

【问题 1】（3 分）

请根据图 4-1 的项目任务逻辑关系，计算并填写其中的（1）～（6）处空缺。

【问题 2】（2 分）

确定该项目的关键路径为　(7)　。

项目完成总工期为　(8)　天。

【问题 3】（5 分）

请根据各项工作最早开始时间，计算每天需要的劳动时数，并填写表 4-2 中（9）～（13）处的空缺。

表 4-2　最早开始时间资源需求量表

工期/天	1	2	3	4	5	6	7	8	9	10
需求量/工时	8	8	8	8	8	8	8	8	(9)	26
工期/天	11	12	13	14	15	16	17	18	19	20
需求量/工时	26	(10)	8	8	8	(11)	(12)	13	13	13
工期/天	21	22	23	24	25	26	27	28	29	
需求量/工时	(13)	7	7	7	7	7	7	7	7	

注：可自行画出项目甘特图进行计算。

【问题 4】（5 分）

请根据各项工作最迟开始时间，计算每天需要的劳动时数，并填写表 4-3 中（14）～（18）处的空缺。

表 4-3　最迟开始时间资源需求量表

工期/天	1	2	3	4	5	6	7	8	9	10
需求量/工时	8	8	8	8	8	8	8	(14)	3	3
工期/天	11	12	13	14	15	16	17	18	19	20
需求量/工时	3	(15)	(16)	16	16	(17)	22	22	22	(18)
工期/天	21	22	23	24	25	26	27	28	29	
需求量/工时	13	13	13	7	7	7	7	7	7	

试题四分析

本题考查网络计划和优化资源调配的相关知识。

此题目要求考生认真阅读题目对现实问题的描述，经过对项目需求、网络计划与资源优化配置等知识的了解，运用项目管理中的网络计划技术和项目进度管理知识确定项目进度，优化资源配置。

【问题 1】

网络计划时间参数的计算应在确定各项工作的持续时间之后进行，完整的项目网络图如图 4-2 所示。

（1）网络计划中各项工作的最早开始时间和最早完成时间的计算应从网络计划的起点节点开始，顺着箭线方向依次逐项计算。最早开始时间和最早完成时间计算方法为：①网络计划的起点节点的最早开始时间为 0；②工作的最早完成时间等于该工作的最早开始时间加上其持续时间；③工作的最早开始时间等于该工作的各个紧前工作的最早完成时间的最大值。

（2）网络计划中各项工作的最迟开始时间和最迟完成时间的计算应以项目规定或计算的

工期为基准，从网络计划的终点节点开始，逆着箭线方向依次逐项计算。最迟开始时间和最迟完成时间计算方法为：①某工作的总时差应从网络计划的终点节点开始，逆着箭线方向依次逐项计算，其他工作的总时差等于该工作的各个紧后工作的总时差加该工作与其紧后工作之间的时间间隔之和的最小值；②某工作的最迟开始时间等于该工作的最早开始时间加上其总时差之和；③某工作的最迟完成时间等于该工作的最早完成时间加上其总时差之和。

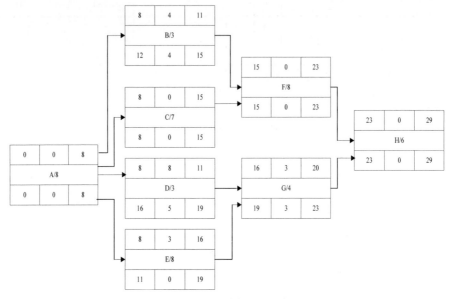

图 4-2　完整的项目网络图

（3）计算工作的总时差。工作的总时差等于该工作最迟完成时间与最早完成时间之差，或该工作最迟开始时间与最早开始时间之差。

（4）计算工作的自由时差。工作的自由时差的计算应按以下两种情况分别考虑：①对于有紧后工作的工作，其自由时差等于本工作后工作最早开始时间减本工作最早完成时间所得之差的最小值；②对于无紧后工作的工作，也就是以网络计划终点节点为完成节点的工作，其自由时差等于计划工期与本工作最早完成时间之差。

需要指出的是，对于网络计划中以终点节点为完成节点的工作，其自由时差与总时差相等。此外，由于工作的自由时差是其总时差的构成部分，因此当工作的总时差为0时，其自由时差必然为0，可不必进行专门计算。

因此，本题各项工作的最早开始时间、最早完成时间、最迟开始时间、最迟完成时间、总时差和自由时差如图4-2所示。

【问题2】

本问题考查关键路径的概念和项目工期的计算。在关键线路法中，线路上所有工作的持续时间总和称为该线路的总持续时间，将网络图中所有线路的作业时间进行比较，总持续时间最长的线路称为关键线路，关键线路上的工作称为关键工作，关键线路的长度就是网络计划的总工期。

由网络图可知，总持续时间最长的线路称为关键线路，确定为关键路径，因此关键路径为 A→C→F→H。计算可得项目完成总工期为 29 天。

【问题 3】、【问题 4】

分别以最早开始进度计划和最迟开始进度计划为基础，分析资源均衡问题。按照项目最早和最迟开始时间画出进度计划甘特图，如图 4-3 和图 4-4 所示。

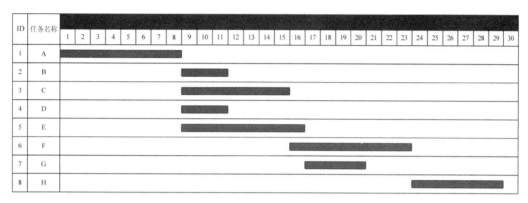

图 4-3　最早开始时间的进度计划甘特图

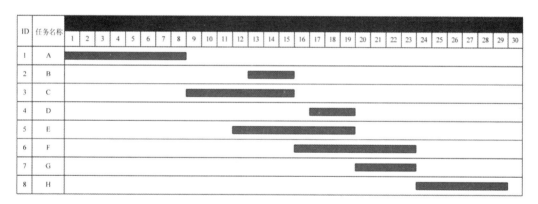

图 4-4　最迟开始时间的进度计划甘特图

从最早开始时间和最迟开始时间分别计算其在各阶段的资源需求量，如表 4-4 和表 4-5 所示。

表 4-4　完整的最早开始时间资源需求量表

工期/天	1	2	3	4	5	6	7	8	9	10
需求量/工时	8	8	8	8	8	8	8	8	26	26
工期/天	11	12	13	14	15	16	17	18	19	20
需求量/工时	26	8	8	8	8	12	13	13	13	13
工期/天	21	22	23	24	25	26	27	28	29	
需求量/工时	7	7	7	7	7	7	7	7	7	

表 4-5　完整的最迟开始时间资源需求量表

工期/天	1	2	3	4	5	6	7	8	9	10
需求量/工时	8	8	8	8	8	8	8	8	3	3
工期/天	11	12	13	14	15	16	17	18	19	20
需求量/工时	3	8	16	16	16	12	22	22	22	13
工期/天	21	22	23	24	25	26	27	28	29	
需求量/工时	13	13	13	7	7	7	7	7	7	

参考答案

【问题1】

（1）8

（2）15

（3）15

（4）0

（5）16

（6）5

【问题2】

（7）ACFH

（8）29 天或 29

【问题3】

（9）26

（10）8

（11）12

（12）13

（13）7

【问题4】

（14）8

（15）8

（16）16

（17）12

（18）13

试题五（共 15 分）

阅读下列说明，回答问题 1 至问题 4，将解答填入答题纸的对应栏内。

【说明】

　　案例:

　　A 公司是最早介入网络营销的企业之一，A 公司针对新上市的 B 手机开展了一次网络社区口碑营销，获得了巨大的成功，使 B 手机获得非常广泛的市场影响力。

精心的营销策划

A 公司首先对国内目标用户的喜好进行了分析，得出 B 手机"超薄、炫酷"的外观及强大的功能对目标用户产生较强的吸引力，这些特点很容易以图片的方式直观体现在网络社区。A 公司根据这些特点策划了以新品曝光为卖点的社区营销文案，"超炫 B 全图详解"和"新机谍报绝对真实，A 公司新机 B 抢先曝光"两篇图文并茂的新品曝光文章，吸引了大量网友的眼球。

精准的传播载体和意见领袖的影响

A 公司根据 B 手机的人群定位，进行了网络社区传播载体的选择，并根据人群定位及社区人气度进行相应级别划分，有针对性地对社区话题进行投放。因此 B 手机的社区推广活动瞄准日常生活中的意见领袖，他们的意见将会大大影响用户的购买决策。A 公司在意见领袖密集的热门手机类论坛投放了精心策划的营销文案，当网友参与到 B 手机的话题讨论中来，其实针对他们的营销活动就开始了。随着话题活动的升温，策划的话题文章也被大量转载，在互联网无限延伸的空间中，新品 B 影响的受众越来越多。

线上线下相结合

若是网络上获得了一定的影响力，但线下没有相应的结合，那么这种影响力就会逐渐消散。A 公司通过立体的营销策略组合，实现了线上线下资源的有机整合，新品营销推广活动大获成功。

强有力的执行和严密的流程控制

在操作实施的过程中，该策划文案被传播至 30 多个论坛，其中部分论坛以置顶的方式在网络社区进行传播。A 公司执行人员根据社区网友的互动和反馈，进行有针对性的话题引导，并保持与意见领袖的沟通，能够让话题更进一步地深入下去。同时对负面话题进行监控，及时进行危机公关，在活动结束后，对活动流量及反馈进行相应的分析和总结，这将有效地帮助 A 公司掌握消费者心理需求及市场发展趋势。

通过社区数据反馈，活动的营销效果是比较成功的，而通过成本分析，该营销方式的成本远低于传统方式。

【问题 1】（4 分）

A 公司针对新上市的 B 手机开展网络社区营销活动，该营销方式主要通过把具有__(1)__的用户集中到一个__(2)__，达到他们__(3)__的目的。该公司的网络社区属于__(4)__社区。

(4) 的备选答案：

　　A．市场型　　　　B．服务型　　　　C．销售型　　　　D．购买型

【问题 2】（5 分）

结合案例材料分析，总结出网络社区营销的优势：

　　__(5)__、__(6)__、__(7)__、__(8)__、__(9)__等。

【问题 3】（4 分）

案例中 A 公司开展网络社区营销取得成功的原因：

　　__(10)__、__(11)__、__(12)__、__(13)__。

【问题 4】（2 分）

结合案例，进一步分析企业开展网络社区营销存在的缺陷和不足：__(14)__ 和 __(15)__。

试题五分析

本题考查网络社区营销的概念、类型、优势和缺陷。

此类题目要求考生认真阅读对案例的描述，结合案例材料，通过分析、归纳回答问题。

【问题 1】

网络社区是指把具有共同兴趣的访问者集中到一个虚拟空间，达到成员相互沟通的目的，从而达到商品的营销效果。

网络社区按照功能不同可以大致分为三类：市场型、服务型和销售型。

（1）市场型社区。

市场型社区产品主要是 B2C（Business to Customer）的产品，对象主要是 80 后，例如索尼和可口可乐。这部分网络用户追求生活和文化，而不是某一个产品，因此该类型社区应以文化传播和市场推广为使命。

（2）服务型社区。

主要提供专业售后服务和技术支持。偏技术性和专业性的企业比较适合建设此类社区。这样可以很大程度降低服务成本，提高效率和顾客满意度。

（3）销售型社区。

该类型社区成功的很少，因为消费者越来越理性，到了社区只会浏览售前讨论和售后评论，不太会留言，这样就不利于企业辨别用户需求和购买意向。因此，企业网络社区销售功能普遍很难推进。

【问题 2】

社区营销提供了一个企业、用户之间平等对话、交流沟通的机会，这是社区营销的本质。网络社区在企业网络营销中发挥越来越重要的作用，网络社区营销的优势主要体现在以下几个方面：

（1）广告投放更加精准；

（2）营销互动性强；

（3）口碑价值；

（4）营销可信度增强；

（5）低成本。

【问题 3】

A 公司针对新上市的 B 手机开展了一次网络社区口碑营销，获得成功。成功的原因有以下几个方面：

（1）精心的营销策划。

A 公司首先对国内目标用户的喜好进行了分析，得出 B 手机具有"超薄、炫酷"的外观及强大的功能的特点，然后 A 公司根据这些特点策划了以新品曝光为卖点的社区营销文案，吸引了大量网友的眼球。

（2）精准的传播载体和意见领袖的影响。

A 公司根据 B 手机的人群定位，进行了网络社区传播载体的选择，并且 B 手机的社区推广活动瞄准日常生活中的意见领袖，在意见领袖密集的热门手机类论坛投放了精心策划的营销文案，随着策划的营销文案被大量转载，新品 B 影响的受众越来越多。

（3）强有力的执行和严密的流程控制。

A 公司执行人员根据社区网友的互动和反馈，进行有针对性的话题引导，并保持与意见领袖的沟通，能够让话题更进一步地深入下去。同时对负面话题进行监控，及时进行危机公关，在活动结束后，对活动流量及反馈进行相应的分析和总结，这有助于 A 公司掌握消费者心理需求及市场发展趋势。

（4）线上和线下营销相结合。

A 公司通过网络宣传，使 B 手机获得了一定的影响力，但如果没有线下相应的营销推广结合，那么这种影响力就会逐渐消散。A 公司运用立体的营销策略组合，通过线上线下资源的有机整合，使新品营销推广活动获得成功。

【问题 4】

网络社区营销存在以下的缺陷和不足：

（1）同质化现象严重。

企业开展网络社区营销的方式都大同小异，用单一的路径来引导用户参与，用户参与的积极性不高。

（2）网络社区营销活动的效果难以评估。

社区的天然属性决定了社区营销具有不可复制的特性。社区营销主要通过口碑、关键词、流量等相关指标来评估社区营销活动的效果，但这样的评估方法不尽合理。社区营销活动更适合塑造或者强化企业品牌形象，而非促销等销售活动，而对于企业形象效果评估较困难。

（3）网络社区的负面信息会损害企业形象。

"好事不出门，坏事传千里"，网络社区营销如果选择的平台或人群不对，或者营销的手段不当，负面信息通过网络社区快速传播，大范围扩散，这会严重地损害企业的形象。

参考答案

【问题 1】

（1）共同兴趣

（2）虚拟空间

（3）相互沟通

（4）A

【问题 2】

（5）广告投放精准

（6）营销互动性强

（7）口碑价值

（8）营销可信度高

（9）低成本

注：（5）～（9）答案可互换

【问题 3】

（10）社区营销的目的非常明确

（11）精准传播载体的选择（或意见领袖的影响）

（12）传播过程中的引导和监测

（13）线上和线下营销相结合

注：（10）～（13）答案可互换

【问题 4】

（14）、（15）只需答出以下三个要点中的任意两个即可。

要点 1：网络社区营销活动效果难以评估。

要点 2：网络社区的负面信息会损害企业形象。

要点 3：单一的网络社区营销方式会使用户的参与性降低（或同质化现象严重）。

第3章 2019下半年电子商务设计师上午试题分析与解答

试题（1）

以下关于信息的描述，错误的是___(1)___。

（1）A. 信息具有客观性和普遍性

　　B. 信息的可利用价值是保持不变的

　　C. 信息反映了客观事物的运动状态和存在方式

　　D. 信息必须依附于某种媒介而存在

试题（1）分析

本题考查信息的基本概念和性质。

信息是客观世界中各种事物存在方式和运动变化规律，以及这种方式和规律的表征与表述。

传递是信息的基本要素和明显特征。信息只有借助于一定的载体（媒介），经过传递才能为人们所感知和接受。

时效性是信息的基本特征之一，只有既准确又及时的信息才有价值，一旦过时，就会变成无效的信息。

参考答案

（1）B

试题（2）

在 Word 中，使用___(2)___功能，实现根据现有的数据源及模板，批量打印信封、信件、请柬等。

（2）A. 邮件合并　　　　B. 表格　　　　C. 图文混排　　　　D. 分栏

试题（2）分析

本题考查应用软件 Word 的基本功能。

利用邮件合并功能，通过建立主文档、创建数据源、插入合并域等相关步骤，把数据源中的数据融入到主文档中，来完成一些类似于打印信封、信件、请柬的重复性操作。

图文混排和分栏主要用于 Word 的排版。表格由若干个单元格组成，可以在单元格中输入文字和插入图形对象，表格能够将数据清晰而直观地组织起来，并进行比较、运算和分析。

参考答案

（2）A

试题（3）

在 Excel 的 B5 单元格中输入公式"=MAX (SUM (5,4),AVERAGE(5,11,8))"，按回车键后，B5 单元格中显示的值为___(3)___。

（3）A. 11　　　　　　B. 5　　　　　　C. 8　　　　　　D. 9

试题（3）分析

本题是针对 Excel 的公式应用情况的考查。

Excel 中的 SUM 函数用于将公式中输入的参数相加，SUM (5,4)=9；AVERAGE 函数在 Excel 中用于求平均值，它可以对指定的几个数字或单元格区域求平均值，AVERAGE (5,11,8)=8；MAX 函数用于返回一组值中的最大值，MAX(9,8)=9。

参考答案

（3）D

试题（4）

虚拟存储技术是为了给用户提供更大的随机存取空间，常用的虚拟存储器由　(4)　两级存储器组成。

（4）A．Cache 和硬盘　　　　　　　B．寄存器和硬盘

　　　C．Cache 和寄存器　　　　　　D．主存和辅存

试题（4）分析

本题考查虚拟存储技术组成的基础知识。

所谓虚拟存储，就是把内存与外存有机地结合起来使用，从而得到一个容量很大的"内存"。虚拟存储器由主存和辅存两级存储器组成。

参考答案

（4）D

试题（5）

以下选项中，　(5)　是视频文件的扩展名。

（5）A．MIDI　　　　　　B．WMV　　　　　　C．RAM　　　　　　D．GIF

试题（5）分析

本题是对常用文件扩展名的考查。

MIDI 是乐器数字接口的英文缩写，是数字音乐/电子合成乐器国际标准。MIDI 文件有几种变通的格式，其中 CMF 文件是随声卡一起使用的音乐文件，同 MIDI 文件非常相似，只是文件头略有差别；另一种 MIDI 文件是 Windows 使用的 RIFF 文件的一种子格式，称为 RMID，扩展名为 RMI。

WMV 文件一般同时包含视频和音频部分。视频部分使用 Windows Media Video 编码，音频部分使用 Windows Media Audio 编码，是一种有着高压缩率、体积小等优势的视频压缩格式文件。

RAM 格式是 REAL 公司出品的一种新型音频流文件格式，主要用于在低速率的广域网上实时传输音频信息。

GIF 是 CompuServe 公司开发的图像文件存储格式，该图像文件以数据块为单位来存储图像的相关信息。

参考答案

（5）B

试题（6）

常见的 PC 将计算机硬件配置的相关参数信息保存在　(6)　中。

（6）A．PROM　　　　　B．DRAM　　　　　C．CMOS　　　　　D．SROM

试题（6）分析

本题是对计算机基础知识的考查。

CMOS 是 Complementary Metal Oxide Semiconductor（互补金属氧化物半导体）的缩写。它是计算机主板上的一块可读写的 RAM 芯片。因为可读写的特性，所以在计算机主板上用来保存 BIOS 设置完计算机硬件参数后的数据，该芯片仅用来存放数据。

参考答案

（6）C

试题（7）

在 Windows 文件管理中，用户创建的文件名为 "Test.ppt"，当用户修改此文件并在原文件目录下另存为 "TEST.ppt" 时，以下说法正确的是　(7)　。

（7）A．系统会保留创建的 Test.ppt 文件名，访问该文件时要区分大小写

　　　 B．系统会保留创建的 Test.ppt 文件名，但访问该文件时不区分大小写

　　　 C．系统不保留创建的 Test.ppt 文件名，用新文件 TEST.ppt 替代

　　　 D．系统不保留创建的 Test.ppt 文件名，但访问该文件时要区分大小写

试题（7）分析

本题是对 Office 文件中基本操作知识的考查。

由于用户修改文件 "Test.ppt" 并将修改后的文件存放在同一目录下，将文件另存为 "TEST.ppt" 时，系统会弹出提示信息 "Test.ppt 已存在。要替换它吗" 的对话框，当选择 "是（Y）" 时，系统会保留创建的 Test.ppt 文件名，但访问该文件时不区分大小写；当选择"否（N）"时，用户只能更换文件名，才能正常保存文件。

参考答案

（7）B

试题（8）

以下关于汇编语言的叙述中，正确的是　(8)　。

（8）A．汇编语言源程序只能由指令语句（即 CPU 可直接识别的指令）构成

　　　 B．相对于高级语言，汇编语言具有良好的可读性

　　　 C．汇编语言的每条指令语句可以没有操作码字段，但必须具有操作数字段

　　　 D．相对于高级语言，汇编语言具有较高的执行效率

试题（8）分析

本题是对汇编语言指令组成、优缺点等知识的考查。

汇编语言程序也称为汇编语言源程序，就是用汇编语言编写的一种计算机程序，属于计算机低级语言程序。汇编语言程序包括汇编指令、伪指令、宏指令、数字、字符，以及处理器的通用寄存器、段寄存器。

与高级语言相比，很难从汇编语言代码上理解程序设计意图，汇编语言可读性和可维护

性都很差。

一条汇编指令可以没有操作数字段，但是必须具有操作码字段。

相对于高级语言，汇编语言保持了机器语言的优点，具有直接和简捷的特点，可有效地访问、控制计算机的各种硬件设备，且占用内存少，执行速度快，是高效的程序设计语言。

参考答案

（8）D

试题（9）

在高级程序设计语言中，以下关于编译和解释叙述正确的是 __（9）__ 。

（9）A．在解释方式下，一次翻译可以多次执行

B．在编译方式下，一次编译可以多次执行

C．在解释方式下，需要生成目标代码

D．在编译方式下，无需进行语法分析

试题（9）分析

本题是对高级语言处理程序的编译方式与解释方式的考查。

编译方式是指将源程序代码转化为目标计算机的可执行二进制代码，编译一旦完成，就可以在特定平台上多次运行。C/C++语言是通过将源代码编译为某系统上的可执行二进制文件来执行的。

解释方式是指程序不做任何变动，以源代码的形式提供在目标计算机上执行，但是计算机不能识别源代码，因此要边解释边执行，解释一条执行一条。由于程序要在运行时动态解释语言，通常需要特定的平台，例如 Java 语言需要目标机器上安装 JRE。

解释方式下不产生与源程序等价的独立的目标程序，而编译方式则需要将源程序翻译成独立的目标程序。

编译过程包含词法分析、语法分析、语义分析、中间代码生成、代码优化和目标代码生成等阶段；解释过程在词法、语法和语义分析方面与编译程序的工作原理基本相同，但是在运行用户程序时，它直接执行源程序或源程序的内部形式。

参考答案

（9）B

试题（10）

以下关于软件模块的独立性说法，正确的是 __（10）__ 。

（10）A．耦合性是程序模块内部的关联

B．内聚性是程序各模块之间的联系

C．具有"高内聚低耦合"的软件模块独立性比较强

D．内容耦合提高了软件模块的独立性

试题（10）分析

本题是对软件模块间相互联系知识点的考查。

耦合性指软件系统中各模块间相互联系紧密程度的一种度量。模块之间联系越紧密，其耦合性就越强。

内聚性指机能相关的程序组合成一模块的程度，或是各机能凝聚的状态或程度，是模块内部的关联。

软件设计的一个基本原则是高内聚低耦合，以此来提高软件模块的独立性。

在内容耦合中，所访问模块的任何变更，或者用不同的编译器对它再编译，都会造成程序出错，该耦合是模块独立性最弱的耦合。

参考答案

（10）C

试题（11）

数据中心运维系统的功能不包括　(11)　。

（11）A．动态监控并可视化展现设备的使用情况和运行状态

　　　　B．对运行日志进行统计分析，制作图表，并形成报告

　　　　C．管理人员可通过手机了解系统运行情况和报警信息

　　　　D．纠正运行中发现的程序错误，按需求变化完善软件

试题（11）分析

本题考查数据中心运维系统的基本功能。

数据中心运维系统的功能主要包括流程管理、事件管理、问题管理、变更管理、发布管理、运行管理、知识管理、综合分析管理等，软件的完善及二次开发不属于运维系统的功能。

参考答案

（11）D

试题（12）

一般来说，与测试数据无关的文档是　(12)　。

（12）A．配置管理计划　　　　　　　　B．需求说明书

　　　　C．设计规格说明书　　　　　　　D．源程序

试题（12）分析

本题考查与测试数据相关的文档的知识点。

在各个时期进行的软件测试，其依据都是不同的，测试用例的设计应该与各个时期的文档有关，故测试用例的设计与需求规格说明书、需求说明书、源程序都是有关的。而配置管理计划是为明确配置管理范围、分配配置管理工作职责、规范配置管理工作做准备的，与测试无关。

参考答案

（12）A

试题（13）

软件可维护性的主要度量质量特征不包括　(13)　。

（13）A．可靠性　　　　B．可移植性　　　　C．可复用性　　　　D．效率

试题（13）分析

本题考查软件可维护性度量标准。

软件可维护性度量的七个质量特性是可理解性、可测试性、可修改性、可靠性、可移植

性、可使用性和效率。对于不同类型的维护，这七种特性的侧重点也不同。

参考答案

（13） C

试题（14）

某系统的可用性达到 99.98%，则每年系统故障时间不能超过 __（14）__ 。

（14）A．1 小时　　　　B．2 小时　　　　C．50 分钟　　　　D．30 分钟

试题（14）分析

本题是对系统故障时间计算公式应用情况的考查。

系统故障时间就是系统不可用性的时间，计算公式为：

系统故障时间＝每年总时间×系统不可用率

$$＝每年总时间×(1–系统可用率)$$

$$＝(365×24×60 分钟)×(1– 0.9998)$$

$$≈105（分钟）$$

参考答案

（14）B

试题（15）

图像及音频文件在计算机中的表示形式是 __（15）__ 。

（15）A．数字信息　　　　　　　　　B．模拟信息

　　　　C．某种转换格式　　　　　　D．模拟或数字信息

试题（15）分析

本题考查图像及音频文件的基础知识。

图像及音频文件在计算机中的表示形式均是二进制代码，因此属于数字信息。

参考答案

（15）A

试题（16）

多媒体技术研究的核心内容是 __（16）__ 。

（16）A．大容量数据存储技术　　　　B．多媒体信息的压缩与编码

　　　　C．实时多任务操作系统　　　　D．语音识别

试题（16）分析

本题考查多媒体技术的基础知识。

多媒体技术研究的核心问题是：多媒体信号数字化与获取技术；多媒体数据压缩编码和解码技术；多媒体数据的实时处理和特技效果技术；多媒体数据的输出与回放技术。

参考答案

（16）B

试题（17）

在数据库系统中，最小的存取单位是 __（17）__ 。

（17）A．记录　　　　B．字段　　　　C．字节　　　　D．文件

试题（17）分析

本题考查数据库存取与访问的基础知识。

在关系库系统中，系统能够直接对字段的值进行操作与控制。记录是由多个字段构成，而表又是多个记录所构成的，所以数据的最小访问单位是字段。数据是数据库中存储的基本对象。描述事物的符号记录称为数据，因此记录是存取的最小单位。

参考答案

（17）A

试题（18）

某信息科技公司如果今天和 18 个月前卖掉同样多的、同样的产品，根据"反摩尔定律"，它的营业额　（18）　。

（18）A．一样多　　　　　　　　　B．降一半

　　　C．增加 2 倍　　　　　　　　D．提高一半

试题（18）分析

本题考查对反摩尔定律内涵的理解。

一个 IT 公司如果今天和 18 个月前卖掉同样多的、同样的产品，它的营业额就要降一半。IT 界把它称为反摩尔定律。

参考答案

（18）B

试题（19）

　（19）　不是 B2C 商务的盈利模式。

（19）A．产品销售营业收入模式　　　B．网络广告收益模式

　　　C．会员制收益模式　　　　　　D．按询盘付费模式

试题（19）分析

本题考查 B2C 的盈利模式的相关知识。

B2C 电子商务的主要盈利模式有：①产品销售营业收入模式，这种 B2C 网站又可细分为两种，即销售平台式网站和自主销售式网站；②网络广告收益模式，该模式是 B2C 网站中比较普遍的模式；③收费会员制收益模式，B2C 网站对会员提供便捷的在线加盟注册程序、实时的用户购买行为跟踪记录、准确的在线销售统计资料查询等；④网上支付收益模式，以淘宝为例，有近 90% 的淘宝用户通过支付宝付款，带给淘宝巨大的利润空间。

按询盘付费模式主要指 B2B 商务的盈利模式。

参考答案

（19）D

试题（20）

一种商品或服务的价值随着用户数量的增加而剧增，而这种剧增反过来又吸引更多的用户，其背后的经济学规律是　（20）　。

（20）A．摩尔定律　　　　　　　　　B．梅特卡夫定律

　　　C．安迪比尔定律　　　　　　　D．达维多定律

试题（20）分析

本题考查梅特卡夫定律的相关知识。

梅特卡夫定律是关于互联网价值衡量的一个重要定律，它的内容不在于对信息科学技术发展速度的预测，而是为网络价值的测算提供了一种预估模式。当网民人数出现增长时，网络资源并不会由于人数的增加，而使得每人得到的网络资源减少，相反网络的价值会出现爆炸式的增长，而使得每个人都可以得到更多的资源。当使用人数寥寥无几时，能够分享的网络信息和资源就会很有限，而当使用人数逐渐增多时，不仅共享资源逐渐增多，也会吸引更多的用户开始加入，网络资源又会增多，如此往复，网络资源会出现几何级数的增长，总价值迅速增大；电话同样拥有这一特性，使用人数少，电话的便捷性体现不出来，随着人数的增多，便捷性会越来越强，又会吸引更多的人使用电话，如此往复。

参考答案

（20）B

试题（21）

　　__（21）__不是 O2O（Online To Offline）商务模式所具有的优势。

（21）A．能顺利解决线上线下渠道利益冲突问题

　　　　B．具有明确的区域性，消费者更精准，线上推广传播更有针对性

　　　　C．线上体验服务，所以相对信任度更高，成交率也更高

　　　　D．能将线下的服务优势更好发挥，具有体验营销的特色

试题（21）分析

本题考查 O2O 的基础知识。

相对 B2C 模式来说，O2O 具有如下优势：

①由于是线下体验服务，所以相对信任度更高，成交率也更高。

②对于连锁加盟型零售企业来说，能顺利解决线上线下渠道利益冲突问题，而 B2C 模式无法避免线上和传统加盟商的渠道冲突，尤其是价格上的冲突。

③对于生活服务类来说，具有明确的区域性，消费者更精准，线上推广传播更有针对性。

④能将线下的服务优势更好发挥，具有体验营销的特色。

⑤通过网络能迅速掌控消费者的最新反馈，进行更个性化的服务和获取高粘度重复消费。

⑥对于连锁加盟型企业来说，对于加盟商的管控会更方便和直接，能将品牌商、加盟商和消费者三者的关系更加紧密化。

参考答案

（21）C

试题（22）

　　__（22）__可以帮助企业重塑内部管理流程和体系结构，能够解决企业内部各系统之间信息孤立、运作不协调等问题，提高了整个企业的运作效率。

（22）A．CRM 系统　　　　B．ERP 系统　　　　C．SCM 系统　　　　D．EC 系统

试题（22）分析

本题考查 ERP（企业资源计划）、SCM（供应链管理系统）、CRM（客户关系管理）以

及 EC 系统的区别。

CRM，即客户关系管理，是指企业用 CRM 技术来管理与客户之间的关系。

ERP 系统是一种主要面向制造行业，进行物质资源、资金资源和信息资源集成一体化管理的企业信息管理系统。它是一个以管理会计为核心，可以提供跨地区、跨部门，甚至跨公司整合实时信息的企业管理软件。ERP 是针对物资资源管理（物流）、人力资源管理（人流）、财务资源管理（财流）、信息资源管理（信息流）集成一体化的企业管理软件。ERP 具有整合性、系统性、灵活性、实时控制性等显著特点。ERP 系统的供应链管理思想对企业提出了更高的要求，是企业在信息化社会、在知识经济时代繁荣发展的核心管理模式。

SCM（Supply Chain Management，供应链管理）是一种集成的管理思想和方法，它执行供应链中从供应商到最终用户的物流的计划和控制等职能。从单一的企业角度来看，SCM 围绕核心企业，通过改善上、下游供应链关系，整合和优化供应链中的信息流、物流、资金流，以获得企业的竞争优势。

EC，即电子商务，也称作电子交易（E-Commerce），主要是指利用 Web 提供的通信手段在网上进行的商业贸易活动，主要包括利用电子数据交换（EDI）、电子邮件（E-mail）、电子资金转账（EFT）及互联网的主要技术在个人之间、企业之间和国家之间进行无纸化的业务信息的交换。

参考答案

（22）B

试题（23）

根据"吉尔德定律"，主干网的带宽将__(23)__增加一倍。

（23）A．每 6 个月   B．每 8 个月   C．每 10 个月   D．每 12 个月

试题（23）分析

本题考查对吉尔德定律的理解。

吉尔德预言未来 25 年的时间里，互联网主干网的带宽增长速度将会达到每 6 个月增长一倍，远大于摩尔定律预测的芯片上半导体的增长速度。"吉尔德定律"的另一个重要观点是，认为最有效的商业模式，是尽量消耗价格较低的资源，避免使用价格较高的资源，实现成本最低。

参考答案

（23）A

试题（24）

B2B 和 B2C 的商务模式是按__(24)__进行分类的。

（24）A．价值链   B．交易对象   C．控制方   D．服务销售

试题（24）分析

本题考查电子商务分类的基础知识。

电子商务按交易的内容基本上可分为直接电子商务和间接电子商务。

电子商务按网络类型基本上可分为 EDI（电子数据交换）商务、Internet（互联网）商务、Intranet（企业内部网）商务、Extranet（企业外部网）商务四种。

电子商务按交易对象可分为 B2B、B2C、C2C、O2O、电子政务等模式。

参考答案

（24）B

试题（25）

利用互联网工具将关注、分享、讨论、沟通、互动等元素应用到电商领域的商务模式是 __(25)__ 。

（25）A．无人零售　　　　　　　　B．社交电商

　　　C．全程电商　　　　　　　　D．品质电商

试题（25）分析

本题考查社交电商的概念。

社交电商，意指将具有社交属性的分享、讨论、互动等活动应用到电商领域的现象。表现为如下三个阶段：购买前活动、购买中活动、购买后活动。具体可表述为购买前的选择店铺、比较商品，购买中的即时通信、论坛询问，购买后的商品评价及分享。从企业角度来看，社交电商是通过将社交属性与电商属性结合，以此来完成商品推广和销售的过程。

参考答案

（25）B

试题（26）

某计算机公司与上游的芯片和主板制造商进行合作的商务模式是 __(26)__ 。

（26）A．面向制造业的垂直 B2B 模式　　B．面向交易市场的 B2B 综合模式

　　　C．水平 B2B 模式　　　　　　　　D．自建 B2B 模式

试题（26）分析

本题考查 B2B 电子商务模式分类的基础知识。

B2B 电子商务模式可分为：

①面向制造业或面向商业的垂直 B2B 模式。垂直 B2B 可以分为两个方向，即上游和下游。

②面向中间交易市场的水平 B2B 模式。这种交易模式是水平 B2B，它是将各个行业中相近的交易过程集中到一个场所，为企业的采购方和供应方提供了一个交易的机会，如 Alibaba、中国制造网等。

③自建 B2B 模式。行业龙头企业自建 B2B 模式是大型行业龙头企业基于自身的信息化建设程度，搭建以自身产品供应链为核心的行业化电子商务平台。

④关联行业 B2B 模式。关联行业 B2B 模式是相关行业为了提升目前电子商务交易平台信息的广泛程度和准确性，整合水平 B2B 模式和垂直 B2B 模式而建立起来的跨行业电子商务平台。

参考答案

（26）A

试题（27）

在计算机网络安全中，不属于物理安全威胁的是 __(27)__ 。

（27）A．格式化硬盘　　　　　　　　B．线路拆除

C．破坏防火墙　　　　　　　　　　D．电磁/射频截获

试题（27）分析

本题考查电子商务的安全性研究中，计算机网络安全的基础知识。

网络的物理安全是整个网络系统安全的前提。造成计算机网络不安全的因素包括计算机、网络设备的功能失常，电源故障，电磁泄漏引起的信息失密，搭线窃听，自然灾害的威胁，操作失误（如删除文件、格式化硬盘、线路拆除等）。

通过网络监听获取网上用户的账号和密码，非法获取网上传输的数据，破坏防火墙等，属于黑客攻击的威胁。

参考答案

（27）C

试题（28）

在电子商务交易中，商家面临的威胁不包括　　（28）　　。

（28）A．非授权的访问　　　　　　　　B．客户资料机密性丧失

　　　 C．竞争者检索商品库存状况　　　 D．网络域名被盗用

试题（28）分析

本题考查商务交易安全的基础知识。

在电子商务交易活动过程中，商家面临的安全威胁主要有：中央系统安全性被破坏（非授权的访问），竞争者检索商品递送状况，被他人假冒（网络域名被盗用），其他威胁。消费者面临的安全威胁主要有：虚假订单，付款后不能收到商品，客户资料机密性丧失。

参考答案

（28）B

试题（29）

数字签名技术不能解决的行为是　　（29）　　。

（29）A．窃听　　　　 B．抵赖　　　　 C．伪造　　　　 D．篡改

试题（29）分析

本题考查数字签名的基础知识。

数字签名指数据电文中以电子形式所含、所附用于识别签名人身份并表明签名人认可其中内容的数据。数字签名技术可以用于对用户身份或信息的真实性进行验证与鉴定，它通过使用数字摘要算法、公开密钥算法保证数据传输的不可抵赖性、真实性、完整性，但是不能保证密文不被第三方获取，所以数字签名技术不能解决窃听行为。

参考答案

（29）A

试题（30）

以下对 DES（Data Encryption Standard）描述错误的是　　（30）　　。

（30）A．DES 是一种分组加密算法，每次处理固定长度的数据段

　　　 B．DES 算法的加密密钥与解密密钥相同，且采用同样的算法

　　　 C．DES 算法的安全性取决于对极大整数做因数分解的难度

D．DES 算法是一种通用的对称密钥算法

试题（30）分析

本题考查 DES 算法和 RSA 算法的基础知识。

DES 是一种分组加密算法，该算法每次处理固定长度的数据段，称之为分组。DES 分组的大小是 64 位，如果加密的数据长度不是 64 位的倍数，可以按照某种具体的规则来填充位。

RSA 算法的安全性基于对极大整数做因数分解的难度。

参考答案

（30）C

试题（31）

在商务活动过程中，__（31）__是通过单向哈希（hash）函数完成明文到密文加密的。

（31）A．数字信封　　　B．数字摘要　　　C．数字证书　　　D．CA 认证中心

试题（31）分析

本题考查数字摘要加密算法的基础知识。

数字摘要是利用哈希函数对原文信息进行运算后生成的一段固定长度的信息串，该信息串被称为数字摘要。产生数字摘要的哈希算法具有单向性和唯一性的特点。

参考答案

（31）B

试题（32）

在电子商务活动中，__（32）__协议主要用于解决 TCP/IP 协议难以确定用户身份的问题。

（32）A．SSH　　　　　B．IDS　　　　　C．SSL　　　　　D．TLS

试题（32）分析

本题考查电子商务协议的基础知识。

安全套接层（Secure Sockets Layer，SSL）协议是由美国网景公司研究制定的安全协议，主要用于解决 TCP/IP 协议难以确定用户身份的问题，为 TCP/IP 连接提供了数据加密、服务器端身份验证、信息完整性和可选择的客户端身份验证等功能。

安全传输层协议（TLS）用于在两个通信应用程序之间提供保密性和数据完整性服务。

参考答案

（32）C

试题（33）

在信用卡支付方式中，__（33）__使用双重签名和认证技术。

（33）A．SET 方式　　　　　　　　B．专用协议方式
　　　　C．专用账号方式　　　　　　D．账号直接输入方式

试题（33）分析

本题考查信用卡电子支付方式。

信用卡的支付方式主要包括账号直接传输方式、专用账号方式、专用协议方式和 SET 协议方式。SET 协议方式是用于银行卡网上交付的协议，其安全措施主要包含对称密钥系统、公钥系统、消息摘要、数字签名、数字信封、双重签名和认证等技术。消息摘要主要解决信

息的完整性问题，即是否被修改过；数字信封是用来给数据加密和解密的；双重签名是将订单信息和个人账号信息分别进行数字签名，保证商家只看到订货信息而看不到持卡人账户信息，并且银行只能看到账户信息，而看不到订货信息。

参考答案

（33）A

试题（34）

文件的外壳型病毒　　（34）　　。

（34）A．寄生于磁盘介质的引导区，借助系统引导过程进入系统

　　　 B．寄生在主程序的首尾，当文件执行时，病毒程序将被执行

　　　 C．寄生在编译处理程序或链接程序中

　　　 D．是用自身代替正常程序中的部分模块或堆栈区

试题（34）分析

本题考查计算机病毒的分类情况。

计算机病毒按照链接方式分为源码型病毒、入侵型病毒、外壳型病毒、操作系统型病毒。操作系统型病毒用自己的逻辑部分取代操作系统中的合法程序模块，从而寄生在计算机磁盘操作系统区。源码型病毒是在程序被编译之前，插入目标源程序中，经过编译，成为合法程序的一部分，这类病毒程序一般寄生在编译处理程序或链接程序中。入侵型病毒可用自身代替正常程序中的部分模块或堆栈区，使病毒程序与目标程序成为一体，变成合法程序的一部分。外壳型病毒通常链接在宿主程序的首尾，对原来的主程序不做修改或仅做简单修改，当宿主程序执行时，首先执行并激活病毒程序，使病毒感染、繁衍和发作。

参考答案

（34）B

试题（35）

第三方支付平台在　　（35）　　之间建立了一个公共的、可信任的中介。

（35）A．商家与消费者　　　　　　　　 B．银行与银行

　　　 C．商家与银行　　　　　　　　　　 D．消费者与银行

试题（35）分析

本题考查第三方支付平台的基础知识。

第三方支付平台是在商家与消费者之间建立了一个公共的、可以信任的中介，满足了电子商务中商家和消费者对信誉和安全的要求。

参考答案

（35）A

试题（36）

以下关于电子支付业务流程的描述，错误的是　　（36）　　。

（36）A．电子支付业务流程的主要参与者为发行银行、接收银行、清算中心、支付者和商家

　　　 B．电子支付业务流程的协议包含付款、存款和支付

C．清算中心从接收银行收到电子支付指令并验证其有效性，然后提交给发行银行

D．商家接收支付者的电子支付指令并为支付者提供商品或服务

试题（36）分析

本题考查电子支付业务流程的相关知识。

电子支付业务流程中须遵循的协议为付款、存款、支付和取款。付款协议的目的是将支付者的钱传给发行银行，以更新支付者的账户；取款协议在发行银行和支付者之间执行，其目的是为支付者提供电子支付手段；支付协议在支付者和商家之间执行，为了向支付者提供其申请购买的商品，商家要求支付者提供有效的电子支付手段；存款协议的主要目的是商家把从支付者处获得的电子支付手段以及相关的一些数据提供给接收银行。

参考答案

（36）B

试题（37）

电子货币是一种在线货币，它通常在＿＿（37）＿＿上传输。

（37）A．公用网　　　　B．物联网　　　　C．专用网　　　　D．城域网

试题（37）分析

本题考查电子货币的基本概念。

专用网是由用户部门组建经营的网络，不容许其他用户和部门使用；由于投资的因素，专用网常为局域网或者是通过租借电信部门的线路而组建的广域网络。

电子货币通常在专用网络上传输，通过 POS、ATM 系统进行处理。

参考答案

（37）C

试题（38）

如果将数据备份按备份数据量划分，可分为四种，其中＿＿（38）＿＿花费的时间最长、成本也比较高。

（38）A．差分备份　　　B．增量备份　　　C．完全备份　　　D．按需备份

试题（38）分析

本题考查数据备份的分类情况。

数据备份可按备份的数据量划分、按备份状态划分、按备份的层次划分，而按备份的数据量可划分为完全备份、增量备份、差分备份和按需备份。完全备份是对整个服务器系统进行备份，包括对服务器操作系统和应用程序生成的数据进行备份，因此该备份方式花费的时间最长、成本也比较高。增量备份每次备份的数据是相对上一次备份后增加和修改的数据。差分备份方式下，每次备份的数据是相对上一次完全备份之后增加和修改的数据。按需备份不是针对整个系统，而是针对选定的文件进行，是根据需要有选择地进行数据备份，因此所需的存储空间小，时间少，成本低，但当系统发生故障时，却不能直接依赖按需备份的数据恢复整个系统。

参考答案

（38）C

试题（39）

　　___(39)___ 是由于交易双方经济合同的履行或商品和劳务的转移与资金的转移不是同时进行而产生的。

　　（39）A．信用风险　　　　B．操作风险　　　　C．流动性风险　　　　D．法律风险

试题（39）分析

　　本题考查支付系统的风险防范。

　　支付系统风险通常包括系统风险和非系统风险。系统风险指支付过程中一方无法履行债务合同而造成其他各方陷入无法履约的困境，从而造成政策风险、国家风险、货币风险、利率风险和汇率风险；非系统风险主要包括信用风险、流动性风险、操作风险、法律风险等。

　　信用风险产生的主要原因是交易双方经济合同的达成或商品与劳务的转移与资金的转移不是同时进行的。

参考答案

　　（39）A

试题（40）

　　关于 Web 站点广告表述不正确的 ___(40)___ 。

　　（40）A．按钮广告又称标志广告，一般显示公司产品或品牌的标志

　　　　　B．旗帜广告是最早的网络广告形式

　　　　　C．文本链接广告采用文字标识的方式，一般放置在热门网站首页的关键位置

　　　　　D．Web 站点广告都具有链接功能，用户点击后可进入所链接的网页

试题（40）分析

　　本题考查网络广告的不同形式。

　　Web 站点广告是最早应用于互联网中的广告形式，它和传统平面广告最大的区别在于，Web 站点广告（包括其他类型的网络广告）都具有链接功能，用户点击后可进入所链接的网页，从而获取更多的信息。Web 站点广告包括多种形式，其中旗帜广告是最早的广告形式，也称横幅广告、条幅广告或标志广告。

　　按钮广告也称图标广告，一般显示公司产品或品牌的标志，采用与有关信息实现超链接的互动方式，点击可链接到广告主网站或相关信息页面上。

　　文本链接广告采用文字标识的方式，点击后可以进入相应的广告页面。为了追求良好的广告效果，文本链接广告一般放置在热门网站首页的关键位置，借助浏览者对热门网站的访问，吸引他们关注和点击广告。

参考答案

　　（40）A

试题（41）

　　当用户需要查询专业或者特定领域信息时，___(41)___ 是最好的选择。

　　（41）A．全文搜索引擎　　　　　　　　B．元搜索引擎

　　　　　C．分类目录搜索引擎　　　　　　D．垂直搜索引擎

试题（41）分析

本题考查搜索引擎方面的基础知识。

全文搜索引擎是广泛应用的主流搜索引擎。它的工作原理是计算机索引程序通过扫描文章中的每一个词，对每一个词建立一个索引，指明该词在文章中出现的次数和位置，当用户查询时，检索程序就根据事先建立的索引进行查找，并将查找的结果反馈给用户。全文搜索引擎一般由信息采集、索引和检索三部分组成。

分类目录搜索引擎由信息采集、索引和检索三部分组成，只不过分类目录搜索引擎的信息采集和索引两部分主要依靠人工完成。

元搜索引擎（Meta Search Engine）接受用户查询请求后，同时在多个搜索引擎上搜索，并将结果返回给用户。

垂直搜索引擎，又称行业搜索引擎，是搜索引擎的细分和延伸。当用户需要查询专业或者特定领域信息时，垂直搜索引擎是最好的选择，具有"专、精、深"的特点。

参考答案

（41）D

试题（42）

病毒性营销的特性不包括　（42）　。

（42）A．病毒性营销提供的是有价值的产品或者服务

　　　 B．病毒性营销虽然传播速度快，但成本较高

　　　 C．通过他人的信息交流频道或者行为来进行传播

　　　 D．几何倍数的传播以及高效率的接收

试题（42）分析

本题考查病毒性营销的特性。

病毒性营销与其他营销方式相比，具有以下特性：①病毒性营销提供的是有价值的产品或者服务；②通过他人的信息交流频道或者行为来进行传播；③充分利用互联网传播速度快、交互性强、成本低的特点；④几何倍数的传播以及高效率的接收。

参考答案

（42）B

试题（43）

菜鸟物流属于　（43）　，它通过开放共享的物流信息平台，收集整合信息，用互通的数据、虚拟仓储、云计算，达到缩短物流半径、缩减成本，提供更为优质的服务的目的。

（43）A．联盟物流模式　　　　　　　　　 B．第四方物流模式

　　　 C．第三方物流模式　　　　　　　　　 D．自营物流模式

试题（43）分析

本题考查电子商务物流模式的相关知识。

自营物流模式是电商企业投资建设自己的仓库、配送中心等物流设施，并建立自己的配送队伍的一种配送方式，如京东。

第三方物流是指独立于买卖双方之外的专业化物流公司，以签订合同的形成承包部分或

全部物流配送服务工作，如顺丰。

第四方物流是指一个供应链集成商，它对公司内部和具有互补性的服务供应商所拥有的不同资源、能力和技术进行整合和管理，提供一整套供应链解决方案。

物流联盟模式是一种介于自营和外包之间的物流模式，指多个物流企业通过建立一定的契约达成合作共识，进而构建企业间资源共享、风险共担、共同合作的合作伙伴关系。菜鸟物流就是一种联盟式的物流模式，它通过开放共享的物流信息平台，整合分析数据，建立一个协同供应链，收集整合信息，用互通的数据、虚拟仓储、云计算，达到缩短物流半径、缩减成本，提供更为优质的服务的目的。

参考答案

（43）A

试题（44）

物流部门通过　(44)　解决产品生产和消费在时间上的差异，从而创造商品的时间效益，实现其使用价值，以满足社会需要。

（44）A．运输　　　　B．仓储　　　　C．装卸搬运　　　　D．配送

试题（44）分析

本题考查物流的基本职能。

物流的运输创造着物流的空间效用，使存在空间背离的商品产地与销地之间搭建起连接的"桥梁"，使消费者或用户能够在当地买到所需商品。仓储的目的是克服产品生产与消费在时间上的差异，使物资产生时间效果，实现其使用价值。装卸搬运是指在同一地域范围内进行的，以改变物料的存放状态和空间位置为主要目的的活动。配送是指按用户的订货要求，在物流中心进行分货、配货工作，并将配好的货物送交收货人的过程。

参考答案

（44）B

试题（45）

智能快递柜与 PC 服务器共同构建智能快递投递系统，是物联网技术在　(45)　中的应用。

（45）A．装配运输管理　　　　　　　　B．仓储库存管理

　　　 C．配送管理　　　　　　　　　　D．销售管理

试题（45）分析

本题考查物联网技术在现代物流中的应用。

快件在配送过程中，物联网的识别监控功能为及时准确地进行快递配送提供极大的便利。比如，基于物联网技术建设的智能快递柜，与 PC 服务器共同构建智能快递投递系统，能够对物体进行识别、存储、监控和管理，PC 端将快递终端即快递柜中实时采集到的信息数据进行处理，保证实时更新，方便使用人员进行查询、调配以及快递终端维护等操作，为客户提供满意的物流服务。

当快件被送达订单指定地点时，快递员将包裹存入快递柜中，智能系统就可立即识别并且自动为用户发送一条通知短信，包括取件地址以及验证码等信息，用户能在 24 小时内随时去智能终端取货物，简单快捷地完成取件服务。

参考答案

（45）C

试题（46）

在跨境电子商务物流模式中，___（46）___ 易通关且价格低廉，例如 eBay、速卖通、敦煌等电商平台多选择此物流模式。

（46）A．海外（边境）仓模式　　　　　　B．邮政包裹

　　　　C．跨境专线物流模式　　　　　　D．快递物流模式

试题（46）分析

本题考查跨境电子商务物流模式的基础知识。

跨境专线物流模式一般是通过航空包舱方式运输到国外，再通过目的地国家合作公司进行物流配送的一种物流方式。

跨境电子商务快递物流模式主要包括国际快递物流和国内快递物流。其中，国际快递物流主要包括 UPS、FedEx、DHL 和 TNT 这四大国际快递巨头。国际快递公司通过自建的全球网络，利用强大的互联网信息系统以及分布各地的快递网点，为海外购物的用户带来便利。

邮政包裹，包括中国邮政国际包裹和香港邮政国际包裹，易通关且价格低廉，个人跨境和跨国电子商务卖家多选择此种方式，像 eBay、速卖通、敦煌等外贸平台都使用邮政作为自己的物流渠道。

海外仓模式由网络贸易交易平台、物流服务商独立或共同为卖家在销售目的地提供货物仓储、分拣、包装和配送的一站式控制和管理服务。

参考答案

（46）B

试题（47）

以下关于矩阵式二维条形码的说法不正确的是___（47）___。

（47）A．矩阵式条形码比堆叠式条形码有更高的数据密度，标签依赖于扫描的方向

　　　　B．矩阵式条形码有很好的伸缩性

　　　　C．矩阵式条形码单元可以是方形、六边形或者圆形

　　　　D．矩阵式条形码编码模式使用了检错和纠错技术来改善可读性并可以阅读部分损坏的符号

试题（47）分析

本题考查矩阵式条形码的相关知识。

矩阵式条形码比堆叠式条形码有更高的数据密度，标签不依赖于扫描的方向。矩阵式条形码单元可以是方形、六边形或者圆形，数据通过这些明暗区域的相对应位置进行编码，编码模式使用了检错和纠错技术来改善可读性并可以阅读部分损坏的符号。矩阵式条形码有很好的伸缩性，既可作为产品上的小标识符，也可作为运输包装箱上由传送机扫描的符号。

参考答案

（47）A

试题（48）

牛鞭效应损害整条供应链运营业绩的表现不包括 ___（48）___ 。

（48）A．牛鞭效应增加了供应链中产品的生产成本，也增加了供应链的库存成本

B．牛鞭效应缩短了供应链的补给供货期

C．牛鞭效应降低了供应链内产品的供给水平，导致更多的货源不足现象发生

D．牛鞭效应提高了供应链的运输成本

试题（48）分析

本题考查牛鞭效应对供应链运营业绩的影响。

牛鞭效应会损害整条供应链的运营业绩，具体表现为：①牛鞭效应增加供应链中产品的生产成本，也增加供应链的库存成本。②牛鞭效应延长供应链的补给供货期。由于牛鞭效应增加了需求的变动性，与水平需求相比，生产计划更加难以安排，往往会出现当前生产能力和库存不能满足订单需求的情况，从而导致供应链内公司及其供应商的补给供货期延长。③牛鞭效应提高了供应链的运输成本。不同时期的运输需求与订单的完成密切相关，由于牛鞭效应的存在，运输需求将会随着时间的变化而剧烈波动，需要保持剩余的运力来满足高峰期的需求，从而使运输成本提高。④牛鞭效应提高了供应链内与送货和进货相关的劳动力成本。⑤牛鞭效应降低了供应链内产品的供给水平，导致更多的货源不足现象发生。

参考答案

（48）B

试题（49）

以下关于网络营销说法错误的是 ___（49）___ 。

（49）A．网络营销不会取代传统营销，两者是相互并存的关系

B．网络营销最终是为了实现产品销售，因此网络营销本身就等于网上销售

C．网络营销是电子商务的一个重要环节

D．网络营销是对企业网上经营环境的营造过程

试题（49）分析

本题考查对网络营销含义的理解。

网络营销是为最终实现产品销售、提升品牌形象而进行的活动。网上销售是网络营销发展到一定阶段产生的结果，但并不是唯一结果，因此网络营销本身并不等于网上销售。

网络营销是企业整体营销战略的一个组成部分，网络营销活动不可能脱离一般营销环境而独立存在，在很多情况下网络营销理论是传统营销理论在互联网环境中的应用和发展。因此网络营销不会取代传统营销，两者是相互并存的关系。

无论是传统企业还是基于互联网开展业务的企业，也无论是否有电子化交易的发生，都需要网络营销。但网络营销本身并不是一个完整的商业交易过程，而是为了促成交易提供支持，因此是电子商务中的一个重要环节，尤其在交易发生之前，网络营销主要发挥信息传递的作用。

开展网络营销需要一定的网络环境，网络营销环境为企业开展网络营销活动提供了潜在用户，并提供了向用户传递营销信息、建立顾客关系、进行网上市场调研等各种营销活动的

手段和渠道。因此，网络营销是对企业网上经营环境的营造过程。

参考答案

（49）B

试题（50）

完整的网络营销活动需要五种基本平台：信息平台、制造平台、交易平台、物流平台和服务平台。其中　（50）　广泛、深入地渗透到其他四个平台中，是其他四个平台运行的基础。

（50）A．制造平台　　　　　　　　　　B．物流平台

　　　 C．服务平台　　　　　　　　　　D．信息平台

试题（50）分析

本题考查网络营销系统设计方面的基础知识。

完整的网络营销活动需要五种基本的平台：信息平台、制造平台、交易平台、物流平台和服务平台。这五种平台分别执行不同的职能，但彼此之间又相互依存，相互支持。其中，信息平台是企业网络营销系统中最重要、最复杂的一个平台。它不仅有自己相对独立的功能，而且广泛、深入地渗透到其他四个平台之中，是其他四个平台运作的基础。

参考答案

（50）D

试题（51）

在网上调查时，被访者可以及时就问卷相关问题提出自己的看法和建议，这说明了网络调查具有　（51）　特点。

（51）A．及时性和共享性　　　　　　　B．便捷性和低费用

　　　 C．可靠性和客观性　　　　　　　D．交互性和及时性

试题（51）分析

本题考查网络市场调研的特点。

网络的最大特点是交互性。网上调查时，被调查对象可以在任何时间完成不同形式的调研，也可以及时就问卷相关的问题提出自己的看法和建议，可减少因问卷设计不合理而导致的调查结论偏差等问题。同时，被调查者还可以自由地在网上发表自己的看法，并及时反馈给调查者。

参考答案

（51）D

试题（52）

　（52）　是一种常用和简洁的客户价值分析方法，其原理在于根据客户过去的交易金额对客户进行分级。

（52）A．ABC 分析法　　　　　　　　　B．RFM 分析法

　　　 C．CLV 法　　　　　　　　　　　D．BCG 矩阵法

试题（52）分析

本题考查客户价值分析的方法。

客户价值分析目前主要有三种方法：ABC 分析法、RFM 分析法及 CLV 法。

①ABC 分析法。ABC 分析法是一种最常用和简洁的分类方法，其原理在于根据客户过去的交易金额进行分级。占全部交易额 80% 的客户定为企业的 A 级客户，剩余 20% 部分中的 95% 定为 B 级客户，占 5% 的那部分客户则被定为 C 级。

②RFM 分析法。RFM 分别对应英文 Recency、Frequency、Monetary 的首字母。它是评价客户价值最有用的方法，是基于客户最近购买、消费频率以及消费金额这三个指标进行客户价值分析。

③CLV 法（Customer Lifetime Value），即用户终身价值，它是指每个用户在未来可能为企业带来的收益总和，每位用户的价值由历史价值、当前价值和潜在价值组成。

参考答案

（52）A

试题（53）

TCP/IP 参考模型将网络分为四层，分别是应用层、传输层、网际层和__（53）__。

（53）A．网络接口层　　　　B．表示层　　　　C．会话层　　　　D．物理层

试题（53）分析

本题考查 TCP/IP 参考模型的基础知识。

基于 TCP/IP 的参考模型将网络分成四个层次，它们分别是：网络接口层、网际互联层（网际层）、传输层和应用层。

（1）应用层。应用层对应于 OSI 参考模型的高层，为用户提供所需要的各种服务。

（2）传输层。传输层对应于 OSI 参考模型的传输层，为应用层实体提供端到端的通信功能，保证了数据包的顺序传送及数据的完整性。

（3）网际层。网际层对应于 OSI 参考模型的网络层，主要解决主机到主机的通信问题。

（4）网络接口层。网络接口层与 OSI 参考模型中的物理层和数据链路层相对应。它负责监视数据在主机和网络之间的交换。

参考答案

（53）A

试题（54）

一个 B 类 IP 地址的子网掩码是 255.255.224.0，则该 IP 的网络可以划分的子网数为__（54）__。

（54）A．8　　　　B．6　　　　C．4　　　　D．2

试题（54）分析

本题考查 IP 地址的子网划分的相关知识。

在 IPv4 中，默认情况下 B 类 IP 地址最后 2 个字节（后 16 位）表示主机号，但题目中子网掩码后 2 个字节非全 0，即划分了子网，第三个字节 224 转换为二进制数为 11100000，即使用了 3 位划分子网，共可以划分出 8 个子网，除去全 0 和全 1 的网络号，剩余 6 个可用子网。

参考答案

（54）B

试题（55）

TCP 三次握手协议用于__（55）__。

（55）A．数据链路层流量控制　　　　　B．网络层路由选择

　　　　C．传输层连接建立　　　　　　　D．传输层流量控制

试题（55）分析

本题考查三次握手协议的原理及应用。

传输层定义了两个主要的协议：传输控制协议（TCP）和用户数据报协议（UDP）。其中 TCP 协议提供可靠的连接服务，采用三次握手建立一个连接。

第一次握手：建立连接时，客户端发送 SYN 包（SYN =j）到服务器，并进入 SYN_SEND 状态，等待服务器确认；

第二次握手：服务器收到 SYN 包，必须确认客户的 SYN（ACK=j+1），同时自己也发送一个 SYN 包（SYN=k），即 SYN+ACK 包，此时服务器进入 SYN_RECV 状态；

第三次握手：客户端收到服务器的 SYN＋ACK 包，向服务器发送确认包 ACK（ACK=k+1），此包发送完毕，客户端和服务器进入 ESTABLISHED 状态，完成三次握手。

参考答案

（55）C

试题（56）

某电子商务网站服务器域名为 www.test.com，有用户使用计算机无法访问该网站，该用户使用"Ping 服务器 IP 地址"的方式测试正常，但通过域名依然无法连接，此时可能出现的问题是　（56）　。

（56）A．线路故障　　　　　　　　　　B．网卡故障

　　　　C．路由故障　　　　　　　　　　D．域名解析故障

试题（56）分析

本题考查网络运维的基础知识。

Ping 是工作在 TCP/IP 网络体系结构中应用层的一个服务命令，主要是向特定的目的主机发送 ICMP（Internet Control Message Protocol，因特网报文控制协议）Echo 请求报文，测试目的站是否可达及了解其有关状态。

Ping 服务器 IP 地址测试正常，表明用户机与服务器连接正常，即网卡、线路及路由等都没有故障，但通过域名无法连接，极有可能是域名无法转换成 IP 地址的原因造成的。

参考答案

（56）D

试题（57）

下面对应用层协议的说法中，正确的是　（57）　。

（57）A．DNS 协议支持域名解析服务，其默认服务端口号为 80

　　　　B．电子邮件系统中，接收电子邮件采用 SMTP 协议

　　　　C．Telnet 协议支持远程登录应用

　　　　D．FTP 协议提供文件传输服务，只能使用一个固定端口

试题（57）分析

本题考查应用层协议的相关知识。

应用层主要包括的协议如下:

（1）域名系统（Domain Name System，DNS）：用于实现网络域名到 IP 地址映射的网络服务，该服务默认端口为 53。

（2）文件传输协议（File Transfer Protocol，FTP）：用于实现交互式文件传输功能，FTP 默认的端口号 20、21 分别表示数据端口和控制端口，端口号也可以自行修改。

（3）简单邮件传送协议（Simple Mail Transfer Protocol，SMTP）：用于实现电子邮箱传送功能。

（4）超文本传输协议（Hyper Text Transfer Protocol，HTTP）：用于实现 WWW 服务。

（5）简单网络管理协议（Simple Network Management Protocol，SNMP）：用于管理与监视网络设备。

（6）远程登录协议（Telnet）：用于实现远程登录功能。

参考答案

（57）C

试题（58）

当 Web 服务器访问人数超过了设计访问人数上限时，将可能出现的状态是__(58)__。

（58）A．404 Not Found，请求失败，请求所希望得到的资源在服务器上未发现

     B．200 OK，请求已成功

     C．503 Service Unavailable，由于临时的服务器维护或者过载，服务器当前无法处理请求

     D．305 Use Proxy，被请求的资源必须通过指定的代理才能被访问

试题（58）分析

本题考查 HTTP 状态码的相关知识。

HTTP 状态码是用以表示网页服务器超文本传输协议响应状态的 3 位数字代码，状态码共分为 5 种类型，分别是消息、成功、重定向、请求错误及服务器错误，所有状态码的第一个数字代表了响应的五种状态之一。

（1）消息。

这一类型的状态码，代表请求已被接受，需要继续处理，包括：

100 Continue

101 Switching Protocols

102 Processing

（2）成功。

这一类型的状态码，代表请求已成功被服务器接收、理解并接受，包括：

200 OK

请求已成功，请求所希望的响应头或数据体将随此响应返回。出现此状态码是表示正常状态。

201 Created

202 Accepted

203 Non-Authoritative Information

204 No Content

205 Reset Content

206 Partial Content

207 Multi-Status

（3）重定向。

这类状态码代表需要客户端采取进一步的操作才能完成请求。通常，这些状态码用来重定向，后续的请求地址（重定向目标）在本次响应的 Location 域中指明，包括：

300 Multiple Choices

301 Moved Permanently

302 Move Temporarily

303 See Other

304 Not Modified

305 Use Proxy

被请求的资源必须通过指定的代理才能被访问。Location 域中将给出指定的代理所在的 URI 信息，接收者需要重复发送一个单独的请求，通过这个代理才能访问相应资源。只有原始服务器才能建立 305 响应。

306 Switch Proxy

307 Temporary Redirect

（4）请求错误。

这类状态码代表客户端看起来可能发生了错误，妨碍了服务器的处理，包括：

400 Bad Request

401 Unauthorized

402 Payment Required

403 Forbidden

404 Not Found

请求失败，请求所希望得到的资源未在服务器上发现。

405 Method Not Allowed

406 Not Acceptable

407 Proxy Authentication Required

408 Request Timeout

其他不再一一列出。

（5）服务器错误。

这类状态码代表服务器在处理请求的过程中有错误或者异常状态发生，也有可能是服务器意识到以当前的软硬件资源无法完成对请求的处理，包括：

500 Internal Server Error

501 Not Implemented

502 Bad Gateway

503 Service Unavailable

由于临时的服务器维护或者过载，服务器当前无法处理请求。注意：503 状态码的存在并不意味着服务器在过载的时候必须使用它。某些服务器只不过是希望拒绝客户端的连接。

504 Gateway Timeout

505 HTTP Version Not Supported

506 Variant Also Negotiates

507 Insufficient Storage

509 Bandwidth Limit Exceeded

510 Not Extended

600 Unparseable Response Headers

参考答案

（58）C

试题（59）

ARP 协议是将　（59）　的协议。

（59）A．IP 转换成端口　　　　　　　　B．IP 转换成 MAC

　　　C．MAC 转换成 IP　　　　　　　　D．MAC 转换成端口

试题（59）分析

本题考查 ARP 协议的原理。

ARP 协议是 Address Resolution Protocol（地址解析协议）的缩写。在以太网环境中，数据传输依赖的是 MAC 地址而非 IP 地址,而将已知 IP 地址转换为 MAC 地址的工作是由 ARP 协议来完成的。

参考答案

（59）B

试题（60）

.NET Framework 是一种　（60）　。

（60）A．编程语言　　　　　　　　　　B．操作系统

　　　C．程序运行平台　　　　　　　　D．数据库管理系统

试题（60）分析

本题考查.NET Framework 的基础知识。

.NET Framework 是.NET 提供的一种新的运行环境。.NET 框架主要包括三个组成部分：公共语言运行时（Common Language Runtime，CLR），服务框架（Services Framework）以及应用模板。

参考答案

（60）C

试题（61）

Windows NT 和 Windows 2000 系统可以在几次无效登录后锁定账号，这可以防止　（61）　。

（61）A．木马　　　　　B．IP 欺骗　　　　C．暴力攻击　　　　D．缓存溢出攻击

试题（61）分析

本题考查网络安全的相关知识。

木马病毒是指隐藏在正常程序中的一段具有特殊功能的恶意代码，是具备破坏和删除文件、发送密码、记录键盘和 DoS 攻击等特殊功能的后门程序。

IP 地址欺骗是指网络传输的 IP 数据包为伪造的源 IP 地址，以便冒充其他系统或发件人的身份。这是一种黑客的攻击形式，黑客使用一台计算机上网，而借用另外一台计算机的 IP 地址，从而冒充另外一台计算机与服务器交互。

暴力破解攻击是指攻击者通过系统地组合所有可能性（例如登录时用的账户名、密码），尝试破解用户的账户名、密码等敏感信息，攻击者会经常使用自动化脚本组合出正确的用户名和密码。

缓冲区溢出的含义是为缓冲区提供了多于其存储容量的数据，通常情况下，缓冲区溢出的数据只会破坏程序数据，造成意外终止。但是如果有人精心构造溢出数据的内容，那么就有可能获得系统的控制权。

参考答案

（61）C

试题（62）

在 HTML5 中，doctype 标签的正确用法是　（62）　。

（62）A．<!DOCTYPE HTML5>

　　　B．<!DOCTYPE html>

　　　C．<!DOCTYPE HTML PUBLIC "-//W3C//DTD HTML 5.0//EN""http://www.w3.org/TR/html5/strict.dtd">

　　　D．<html>

试题（62）分析

本题考查 HTML 中 doctype 标签的用法。

<!DOCTYPE>声明必须是 HTML 文档的第一行，位于<html>标签之前。<!DOCTYPE>声明不是 HTML 标签，它是指示 Web 浏览器关于页面使用哪个 HTML 版本进行编写的指令。在 HTML 4.01 中，<!DOCTYPE>声明引用 DTD，因为 HTML 4.01 基于 SGML。DTD规定了标记语言的规则，这样浏览器才能正确地呈现内容。HTML5 不基于 SGML，所以不需要引用 DTD。在 HTML 4.01 中有三种<!DOCTYPE>声明。在 HTML5 中只有一种：<!DOCTYPE html>。

参考答案

（62）B

试题（63）

使用 CSS 设置文字、排版、边界等样式时，经常用到长度单位，下列是相对单位的是　（63）　。

（63）A．in　　　　　　B．cm　　　　　C．px　　　　　　D．pt

试题（63）分析

本题考查 CSS 中表示长度属性值单位的基础知识。

CSS 中表示长度属性值的单位分为两类：

（1）绝对单位：包括英寸、厘米、毫米、磅和 pica（皮卡），其对应的英文单位分别是 in（1in=2.54cm）、cm、mm、pt（1pt=1/72in）、pica（pc，1pc=12pt）。

（2）相对单位：相对单位与绝对单位相比显示大小不是固定的，它所设置的对象受屏幕分辨率或视觉区域、浏览器设置以及相关元素的大小等因素影响。经常使用的相对单位包括 em、ex、px、%。

参考答案

（63）C

试题（64）

引用外部 JavaScript 脚本文件"test.js"的正确形式是＿＿（64）＿＿。

（64）A．<script type="text/javascript" language="javascript" src="test.js" ></script>

　　　B．<style type="text/javascript" language="javascript" src="test.js" ></script>

　　　C．<script type="text/javascript" language="javascript" href="test.js" ></script>

　　　D．<style type="text/javascript" language="javascript" href="test.js" ></script>

试题（64）分析

本题考查引用外部 JavaScript 脚本文件的方法。

可将 JavaScript 函数写成一个独立的 JS 文件，在 HTML 文档中引用该 JS 文件，引用时必须使用 src 属性。JavaScript 文件的扩展名为*.js。格式如下：

```
<script type="text/javascript" language="javascript" src="外部 JS 文件"></script>
```

参考答案

（64）A

试题（65）

jQuery 代码$("p.intro")表示的含义是＿＿（65）＿＿。

（65）A．选取<p>元素

　　　B．选取所有 class="intro"的<p>元素

　　　C．选取所有 id="intro"的<p>元素

　　　D．选取所有 id="p.intro"的元素

试题（65）分析

本题考查 jQuery 语法的基础知识。

jQuery 是通过选取 HTML 元素，并对选取的元素执行某些操作。

基础语法：$(selector).action();

美元符号定义 jQuery；

选择符（selector）"查询"和"查找"HTML 元素；

jQuery 的 action() 执行对元素的操作。

选择符主要有如下几种实例：

$(this).hide() - 隐藏当前元素；

$("p").hide() - 隐藏所有\<p>元素；

$("p.test").hide() - 隐藏所有 class="test" 的\<p>元素；

$("#test").hide() - 隐藏所有 id="test" 的元素。

参考答案

（65）B

试题（66）

XmlHttpRequest 对象是 AJAX 的核心，该对象用于在后台与服务器之间交换数据，利用该对象不能实现___（66）___。

（66）A．在不重新加载页面的情况下更新网页

　　　　B．在页面已加载后从服务器请求数据

　　　　C．在页面已加载后从服务器接收数据

　　　　D．访问数据库服务器

试题（66）分析

本题考查 AJAX 技术的原理。

AJAX 是一种异步通信技术。在 AJAX 出现之前，客户端与服务端之间直接通信。引入 AJAX 之后，客户端与服务端之间加了一个第三者——AJAX。有了 AJAX 之后，通过在后台与服务器进行少量数据交换，可以达到在不刷新整个页面的情况下实现局部刷新。其原理如图。

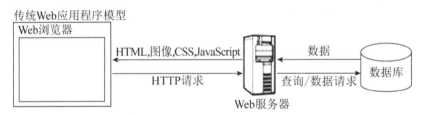

XMLHttpRequest 是 AJAX 的核心机制，AJAX 是通过 XMLHttpRequest 对象来向服务器发异步请求，从服务器获得数据，然后用 JavaScript 来操作 DOM 而更新页面。

从图中可以看出，只有 Web 服务器可以与数据库服务器直接交互。

参考答案

（66）D

试题（67）

实现为企业员工、合作伙伴和客户提供商业级的通信架构的电子商务网站构件是 ___(67)___ 。

(67) A. 应用服务器　　　　　　　　　B. 内容管理子系统

　　　 C. 邮件和消息服务器　　　　　 D. 搜索引擎

试题（67）分析

本题考查电子商务网站基本构件的基础知识。

应用服务器主要用于企业较大规模电子商务应用的开发、发布和管理，同时与企业原有系统集成。

内容管理子系统主要是简化企业网站的产品管理、提高效率，并把筛选后的相应内容发给最终用户。

邮件和消息服务器为企业员工、合作伙伴和客户提供商业级的通信架构。

搜索引擎为电子商务网站提供优秀的搜索功能。如果消费者在某一网站无法搜索到他们想要的商品，他们就会转移到其他网站。

参考答案

(67) C

试题（68）

区块链技术的特性不包括 ___(68)___ 。

(68) A. 不可篡改　　 B. 高升值　　　 C. 去中心化　　　 D. 可追溯

试题（68）分析

本题考查区块链的特点。

区块链有五大特点：

（1）去中心化，就是所有在整个区块链网络里面跑的节点，都可以进行记账，都有一个记账权，这就完全规避了操作中心化的弊端。它不是中心化，它是去中介化。中心化就是，比如现在 40%的比特币掌握在美国人手里（只是一个猜测），它可以嫁接一个白手套来搅动整个市场，这实际上还是有一个中心化运作体系的；以太坊大量持有在犹太人手里；EOS 集中在 21 个超级节点。它们只能叫作弱中心化。

（2）开放性，这是针对区块链共有链来讲的，因为共有链的信息任何人都可以进去读或写，只要是它整个网络体系的节点，有记账权的节点，都可以进行。

（3）防篡改性，就是任何人要改变区块链里面的信息，必须要攻击网络里面 51%的节点才能把数据更改掉，这个难度非常大。

（4）匿名性，基于其算法实现了以地址来寻址，而不是以个人身份。整个区块链里面有两个不可控：第一个是身份不可控（匿名性），不知道是谁发起了这笔交易；第二个是它有一个跨境支付，这牵扯到币的资金转移。

（5）可追溯性，其机制就是设定后面一个区块拥有前面一个区块的一个哈希值，就像一个挂钩，只有识别了前面的哈希值才能挂得上去，是一整条完整的链。

参考答案

(68) B

试题（69）

以下行为中　(69)　属于《中华人民共和国电子商务法》的适用范围。

(69) A. 王某通过直播视频获取打赏收入的行为
　　　 B. 利用信息网络提供新闻信息服务，其内容的合法性和安全性的监管
　　　 C. 张某下班后，在路边商店买了一件商品，通过支付宝扫码进行支付
　　　 D. 金融类产品和服务的交易

试题（69）分析

本题考查《中华人民共和国电子商务法》的适用范围。

《中华人民共和国电子商务法》第二条第二款界定了电子商务的概念，根据该条规定，"电子商务，是指通过互联网等信息网络销售商品或者提供服务的经营活动"。其实质特征则在于经营活动的远程性，按照这个界定，买方在经营者营业场所进行的交易，即使支付或者合同缔结环节通过互联网等信息网络完成，也不属于电子商务。

《中华人民共和国电子商务法》第二条第三款规定，"法律、行政法规对销售商品或者提供服务有规定的，适用其规定。金融类产品和服务，利用信息网络提供新闻信息、音视频节目、出版以及文化产品等内容方面的服务，不适用本法"。

网络视频网站的视频服务交易环节，如消费者为观看视频付费给网络视频网站的交易，则属于《中华人民共和国电子商务法》的适用范围。因此，A 属于《中华人民共和国电子商务法》的适用范围，要受其制约。

参考答案

(69) A

试题（70）

在搜索引擎输入关键词"Louis"所得到的搜索结果中，位于页面右侧"推广链接"标题下，出现销售仿制路易斯公司商品的网站链接，这属于　(70)　。

(70) A. 网络链接上的商标侵权
　　　 B. 网络搜索引擎上的隐性商标侵权
　　　 C. 电子邮件账户上的商标侵权
　　　 D. 网上随意诋毁他人商标信誉

试题（70）分析

本题考查电子商务环境下，商标权保护方面的知识。

在电子商务环境下，商标权的保护主要涉及以下内容：

①网络链接上的商标侵权。在因特网上，处于不同服务器上的文件可以通过超文本标记语言链接起来。如果在自己网页上将他人注册商标或驰名商标设为链接，采用深度链接或加框链接技术，绕开被链接网站的主页，这种行为就有借他人商标的知名度来增加自己点击率和浏览量的"搭便车"的嫌疑。因此，在网站设计时，相关图标的设计需注意避免商标侵权现象，不要随意采用别的网站或公司图标，否则容易陷入商标侵权的知识产权纠纷之中。

②网络搜索引擎上的隐性商标侵权。当网络用户使用搜索引擎服务时，在搜索框中输入某个词或句子后，搜索引擎便会根据第三方网站内容与该关键词句的匹配度等因素以从高到

低的顺序在页面上显示出相关的搜索结果。隐性商标侵权的特点是某个网页所有者将他人的商标置于自己的网页代码或者搜索引擎服务商的系统关键词内，这样虽然用户不会在该网页上看到他人的商标，但是当用户使用网上搜索引擎查找商标时，该网页就会位居搜索结果前列。这种隐性使用他人商标、靠他人商业信誉把用户吸引到自己网页的做法，往往会引发商标侵权的诉讼，在搜索引擎提供商所提供的增值服务或推广服务中，这种纠纷更为多见。

③其他电子形式的商标侵权。电子商务中还存在通过网络广告、远程登录数据库查索、电子邮件账户以及在电子商务活动中假冒、盗用他人的注册商标推销、兜售自己的产品或服务或在网上随意地诋毁他人商标信誉等侵权行为。这些也都构成了网络环境下的商标侵权行为。

参考答案

（70）B

试题（71）～（75）

E-commerce is becoming increasingly important around the world. Emerging Asia, and China in particular, is already playing a major role in this form of ___（71）___ . While the e-commerce market remains smaller than ___（72）___ , further growth in e-commerce is expected in the future in the region and globally. The scale of e-commerce in the region and the potential for its further development are the result of multiple factors, including levels of ___（73）___ use, the development of ICT infrastructure, transportation infrastructure and logistics capabilities, the use of ___（74）___ , and the legal and regulatory environment. Among the most important policy areas to be addressed in fostering its continued development are improvements in connectivity, the development of digital skills and the provision of ___（75）___ .

（71）A．payment systems　　　　　　　B．social activities
　　　C．economic form　　　　　　　　D．economic activity

（72）A．key markets　　　　　　　　　B．traditional markets
　　　C．new markets　　　　　　　　　D．electronic markets

（73）A．information and communication technology(ICT)
　　　B．Internet of things technology
　　　C．Internet communication technology
　　　D．artificial intelligence technology

（74）A．e-commerce payment systems　　B．cash payment systems
　　　C．financial management systems　　D．website systems

（75）A．e-commerce payment　　　　　　B．digital security
　　　C．digital economy　　　　　　　　D．digital currency

参考译文

电子商务在世界各地和亚洲新兴经济体越来越重要，特别是中国，已经在这种形式的经济活动中发挥了重要作用。尽管电子商务市场仍然比传统市场小，但预计未来该地区和全球电子商务将进一步增长。该地区电子商务的规模及其进一步发展的潜力是多种因素的结果，包括信息和通信技术（ICT）的使用水平、ICT 基础设施的发展、运输基础设施和物流能力、使用电子商务支付系统，以及法律和监管环境。在促进其持续发展方面，最重要的政策领域是改善连通性、发展数字技能和提供数字安全。

参考答案

（71）D　　（72）B　　（73）A　　（74）A　　（75）B

第4章 2019下半年电子商务设计师下午试题分析与解答

试题一（共15分）

阅读下列说明，回答问题1至问题4，将解答填入答题纸的对应栏内。

【说明】

某电子商务企业拟开发一套销售系统，该系统的部分功能及初步需求分析的结果如下所述：

1. 会员信息包括会员号、姓名、性别、身份证号、电话、积分。其中会员号唯一标识会员关系中的每一个元组。

2. 员工信息包括员工号、姓名、性别、职务、权限级别、身份证号、基本工资。其中员工号唯一标识员工关系中的每一个元组；职务分为会员管理员、商品管理员等；一名会员管理员可以管理多名会员，一名商品管理员可以管理多种商品，不同职务员工的基本工资不同。

3. 商品信息包括商品号、商品名称、所属类型、数量、单价。商品号唯一确定商品关系的每一个元组。一个会员可以购买多种商品，一种商品也可以被多个会员购买，购买时，需要注明购买数量。

【概念模型设计】

根据需求阶段收集的信息，设计的实体联系图如图1-1所示。

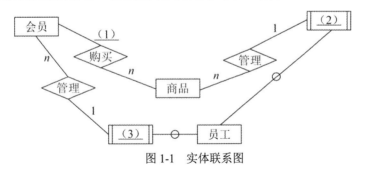

图1-1 实体联系图

【关系模式设计】

会员(会员号, __(4)__ ,性别,身份证号,电话,积分,员工号)
员工(__(5)__ ,姓名,性别,职务,权限级别,身份证号,基本工资)
商品(商品号,商品名称,所属类型,数量,单价)
购买(__(6)__ ,商品号,购买数量,购买时间,购买费用)

【问题1】（3分）

补充图1-1中的空（1）～（3）。

【问题2】（5分）

（a）根据题意，将关系模式中的空（4）～（6）补充完整。

（b）根据题意，有没有不完整的关系模式？如果有，请给出正确的关系模式。

【问题 3】（5 分）

（a）会员关系模式的主键为　(7)　，外键为　(8)　。

（b）购买关系模式的主键为　(9)　。

【问题 4】（2 分）

员工关系不存在传递依赖的说法正确吗？为什么？

试题一分析

本题考查数据库概念结构设计及概念结构向逻辑结构转换的过程。

此类题目要求考生认真阅读题目对现实问题的描述，经过分类、聚集、概括等方法，从中确定实体及其联系。题目已经给出了 3 个实体，需要根据需求描述，给出实体间的联系。

【问题 1】

由"一个会员可以购买多种商品，一种商品也可以被多个会员购买"可知会员与商品间为 $m:n$ 联系；由员工的"职务分为会员管理员、商品管理员"可知员工是会员管理员和商品管理员的超类型，会员管理员和商品管理员是员工的子类型，且"一名会员管理员可以管理多名会员，一名商品管理员可以管理多种商品"。完整的实体联系如图 1-2 所示。

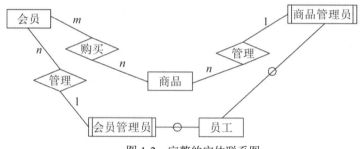

图 1-2　完整的实体联系图

【问题 2】

（a）由题意可知，会员信息包括会员号、姓名、性别、身份证号、电话、积分等，且一名会员管理员可以管理多名会员，即一名员工可以管理多名会员，将 $1:n$ 联系转换成逻辑模型时，要将员工关系的主键"员工号"添加到会员关系中，会员关系为：会员（会员号，姓名，性别，身份证号，电话，积分，员工号）。

员工信息包括员工号、姓名、性别、职务、权限级别、身份证号、基本工资等，员工关系为：员工（员工号，姓名，性别，职务，权限级别，身份证号，基本工资）。

一个会员可以购买多种商品，一种商品也可以被多个会员购买，购买时，需要注明购买数量。$m:n$ 的联系需要独立建立关系，联系中应包括联系双方实体的主键，因此购买关系为：购买（会员号，商品号，购买数量，购买时间，购买费用）。

（b）一名商品管理员可以管理多种商品，商品管理员与商品之间是 $1:n$ 联系，即员工与商品是 $1:n$ 联系，$1:n$ 联系转换为逻辑模型时，要将员工号加入商品关系中，商品关系为：商品（商品号，商品名称，所属类型，数量，单价，员工号）。

【问题 3】

（a）会员号唯一标识会员关系中的每一个元组，会员关系模式的主键为会员号，员工号是员工关系的主键，因此会员关系的外键为员工号。

（b）根据题意，会员号和商品号为购买关系模式的联合主键。

【问题 4】

员工关系中存在员工号→职务，职务→基本工资，员工号→基本工资，因此存在传递依赖。

参考答案

【问题 1】

（1）*m* 或*

（2）商品管理员

（3）会员管理员

【问题 2】

（a）

（4）姓名　　　　（5）员工号　　　　（6）会员号

（b）有

商品（商品号，商品名称，所属类型，数量，单价，员工号）

【问题 3】

（7）会员号

（8）员工号

（9）会员号、商品号、购买时间

【问题 4】

错误（1 分）；因为员工号→职务，职务→基本工资，故存在传递依赖"员工号→基本工资"（根据 Armstrong 公理系统的传递律规则）。

试题二（共 15 分）

阅读以下说明，回答问题 1 至问题 3，将解答填入答题纸的对应栏内。

【说明】

某电子商务公司开发了一个基于 ASP.NET+SQL Server 的电子商务网站，为了满足用户在移动端的使用需求，同时还开发了基于 Android 平台的 App，其中基于 Android 平台的 App 采用 Java 语言开发，管理服务端程序采用 C#语言开发。

【问题 1】（7 分）

在 App 登录界面的布局文件中，创建用户名输入框（id 为"uname"）、密码输入框（id 为"password"）及登录按钮（id 为"blogin"），在登录按钮的监听器中编写登录验证方法，要求登录成功时显示"登录成功"，登录失败时显示"登录失败"。其中可以调用 login 方法，根据输入的用户名及密码在数据库中进行查询，来判断用户身份是否合法。如用户合法，该方法返回值为 true，否则返回值为 false。根据描述，完成以下程序。

```
public void loginClicked(View view) {
username=(EditText)findViewById(R.id._(1)_);
```

```
userpassword=(EditText)findViewById(R.id. (2) );
String userName=username. (3) .toString();
String passWord=userpassword. (3) .toString();
if (userName. (4) ||passWord. (4) ){
    Toast.makeText(MainActivity.this, "账号和密码不能为空",
    Toast.LENGTH_SHORT).show();
     (5) ;
}
if (login(userName,passWord)) {
Toast.makeText(MainActivity.this, " (6) ", Toast.LENGTH_SHORT).show();
}
else {
Toast.makeText(MainActivity.this, " (7) ", Toast.LENGTH_SHORT).show();
  }
}
```

【问题 2】（3 分）

采用 ASP.NET（C#语言）实现管理员对商品的删除，具体操作是管理员在商品信息列表中点击需要删除的商品行中的"删除"按钮。创建商品信息列表一般可以采用 GridView 控件实现，在 GridView 控件每一行数据后加一个"删除"按钮列，该列采用 GridView 控件模板列实现。根据题意，完成添加"删除"按钮的代码。

```
<asp: (8) HeaderText="删除">
< (9) >
<asp:LinkButtonID="LinkButton1" runat="server" CausesValidation="False"
CommandName=" (10) "        Text="删除"></asp:LinkButton>
</ (9) >
<ControlStyle Width="50px" />
</asp: (8) >
```

【问题 3】（5 分）

GridView 控件 id 为"gvProduct"，当点击该控件中 CommandName 为"Delete"的按钮时，将触发该控件的 RowDeleting 事件，在该事件注册的方法中实现商品数据的删除。假设数据库服务器地址为"145.23.1.211"，数据库名为"SW"，商品表名为"S_Product"，该表主键为"ProductID"，并将"ProductID"设为 GridView 控件的 DataKeyNames 属性值。删除数据后，需要刷新 GridView 控件，可以调用 BindData()方法重新绑定数据以实现刷新的效果。根据题意，完成删除指定商品的代码。

```
protected void gvProduct_RowDeleting(object sender, EventArgs e)
{
    string strcon = "server= (11) ;database= (12) ;uid=sa;pwd=a1b2c3";
    SqlConnection con = new SqlConnection(strcon);
    stringproductID = gvProduct.DataKeys[e. (13) ].Value;
     string sqlStr = "delete from (14) whereproductID='"+productID+"'";
```

```
try
{
con.Open();
SqlCommand command = new SqlCommand(sqlStr, con);
if (command.ExecuteNonQuery() > 0)
Response.Write("删除成功");
else
Response.Write("删除失败，可能是要删除的数据不存在");
    }
…                        //异常处理程序省略
  (15)  ;               //重新绑定数据
}
```

试题二分析

本题考查基于 Android 平台的 App 开发技术及 ASP.NET 模板列、连接访问数据库技术。

【问题 1】

根据题意，首先需要根据 id 获取对象、用户名输入框（id 为 "uname"）、密码输入框（id 为 "password"），然后取出对象中的值并转换为字符串；当用户名及密码为空时，应返回重新输入后再验证；当用户名及密码非空时，判断用户名及密码是否合法，如果合法，则登录成功并输出显示 "登录成功"，否则登录失败并输出显示 "登录失败"。

完整的程序代码如下：

```
public void loginClicked(View view) {
username=(EditText)findViewById(R.id.uname);
userpassword=(EditText)findViewById(R.id.password);
   String userName=username.getText().toString();
   String passWord=userpassword.getText().toString();
if (userName.isEmpty()||passWord.isEmpty()){
Toast.makeText(MainActivity.this, "账号和密码不能为空",
Toast.LENGTH_SHORT).show();
return;
   }
if (login(userName,passWord)) {
Toast.makeText(MainActivity.this, "登录成功",
Toast.LENGTH_SHORT).show();
}
else {
Toast.makeText(MainActivity.this, "登录失败",
Toast.LENGTH_SHORT).show();
   }
}
```

【问题 2】

ASP.NET 的 GridView 控件模板列采用 TemplateField 实现，控件模板只是一个可以添加其他内容的容器，如文本、HTML 控件或 ASP.NET 控件。TemplateField 提供了 6 个不同的模板，用于定制列的指定区域，或创建列中的单元格能进入的模式，下表列出了这些模板。

模 板 名	说 明
ItemTemplate	用于显示数据绑定控件的 TemplateField 中的一项
AlternatingItemTemplate	用于显示 TemplateField 的替换项
EditItemTemplate	用于显示编辑模式下的 TemplateField 项
InsertItemTemplate	用于显示插入模式下的 TemplateField 项
HeaderTemplate	用于显示 TemplateField 的标题部分
FooterTemplate	用于显示 TemplateField 的脚标部分

根据题意，要在模板列添加"删除"按钮，要触发 GridView 控件的 RowDeleting 事件，"删除"按钮的 CommandName 必须为"Delete"，完整的程序代码如下：

```
<asp:TemplateFieldHeaderText="删除">
<ItemTemplate>
<asp:LinkButton ID="LinkButton1" runat="server" CausesValidation="False"
CommandName="Delete"      Text="删除"></asp:LinkButton>
</ItemTemplate>
<ControlStyle Width="50px" />
</asp:TemplateField>
```

【问题 3】

根据题意，数据库服务器地址为"145.23.1.211"，数据库名为"SW"，商品表名为"S_Product"，该表主键为"ProductID"，并将"ProductID"设为 GridView 控件的 DataKeyNames 属性值。删除数据后，需要刷新 GridView 控件，可以调用 BindData()方法重新绑定数据以实现刷新的效果，完整的程序代码如下：

```
protected void gvProduct_RowDeleting(object sender, EventArgs e)
{
    stringstrcon = "server=145.23.1.211;database=SW;uid=sa;pwd=a1b2c3";
    SqlConnection con = new SqlConnection(strcon);
    stringproductID = gvProduct.DataKeys[e.RowIndex].Value;
string sqlStr = "delete from S_Productwhere productID='" + productID+"'";
try{
con.Open();
SqlCommand command = new SqlCommand(sqlStr, con);
if (command.ExecuteNonQuery() > 0)
Response.Write("删除成功");
else
Response.Write("删除失败，可能是要删除的数据不存在");
    }
```

```
...                //异常处理程序省略
BindData();        //重新绑定数据
}
```

参考答案

【问题 1】

（1）uname

（2）password

（3）getText()

（4）isEmpty()或 equals("")

（5）return

（6）登录成功

（7）登录失败

【问题 2】

（8）TemplateField

（9）ItemTemplate

（10）Delete

【问题 3】

（11）145.23.1.211

（12）SW

（13）RowIndex

（14）S_Product

（15）BindData()

注：（14）字母不区分大小写

试题三（共 15 分）

阅读以下说明，回答问题 1 至问题 3，将解答填入答题纸的对应栏内。

【说明】

在开发某大型电子商务系统项目过程中，为保证软件的开发质量，需要进行软件测试。某测试员需要完成销售情况统计模块及某函数的测试任务。

【问题 1】（7 分）

根据以下程序代码、程序控制流程图及测试用例表，填写（1）～（7）空。

```
1.   int TestFunction(int  sum,int  flag)
2.   {
3.      int  temp=0;
4.      while(sum >0)
5.      {
6.         if(flag==0)
7.         {
8.            temp = sum +50;
```

```
9.              break;
10.         }
11.     else
12.     {
13.             if(flag==1)
14.             {
15.                 temp+ = 10;
16.             }
17.             else
18.             {
19.                 temp+ = 20;
20.             }
21.         }
22.     sum--;
23.     }
24.     return temp;
25. }
```

测试人员使用基本路径测试方法测试该函数，根据程序执行情况，绘制程序的控制流程图，如图 3-1 所示。

注：在图 3-1 中的数字是源程序中的行号，语句 3 和 4 顺序执行，合并为结点 4；语句 8 和 9 顺序执行，合并为结点 8。

由图 3-1 可以计算出程序环路复杂度 V(G)= ___(1)___ – ___(2)___ +2 = 4。

结合程序代码，在图 3-1 中，从起始结点 4 到终止结点 24 共有 4 条独立路径：

Ⅰ）4,24

Ⅱ）4,6,8,24

Ⅲ）___(3)___

Ⅳ）4,6,13,19,22,4,24

针对上面 4 条独立路径，可以设计表 3-1 所示的测试用例。

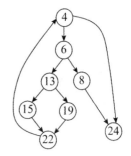

图 3-1　程序控制流程图

表 3-1　基本路径测试用例表

输入数据		预期结果	独立路径
flag	Sum	temp	
2	___(4)___	20	Ⅳ
0	1	51	___(5)___
任意值	−7	___(6)___	Ⅰ
1	2	20	___(7)___

【问题 2】（4 分）

现有需测试的程序结构图，如图 3-2 所示。

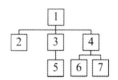

图 3-2　被测程序结构图

采用自顶向下的集成测试方法，完成图 3-2 程序的测试。按照深度优先方式进行集成测试的顺序为 (8) ，按照广度优先方式进行集成测试的顺序为 (9) 。

【问题 3】（4 分）

对图 3-2 使用自底向上的集成测试方法，其基本过程如图 3-3 所示。根据题意，完成自底向上的集成测试过程，填写（10）～（13）空。

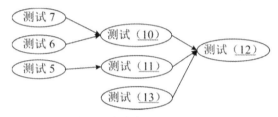

图 3-3　自底向上的集成测试过程

试题三分析

本题考查软件测试中使用基本路径和集成测试完成程序中功能模块和函数的测试。

题目已经给出程序代码、程序控制流程图、测试用例表以及自底向上的集成测试过程中的部分内容，需要根据需求描述，完善测试用例表中的内容；根据被测程序结构图，完成集成测试过程中的部分内容。

【问题 1】

本问题考查基本路径软件测试方法。结合程序代码、程序控制流程图，计算程序环路复杂度，分析程序执行的独立路径。

环路复杂度用来定量度量程序的逻辑复杂度，通常标记为 V(G)。环路复杂度可根据程序控制流程图计算得到（流程图一般标记为 G）。计算环路复杂度通常采用以下 3 种方法：

（1）控制流程图中的区域数等于环路复杂度。

（2）$V(G) = E-N+2$，其中，E 是控制流程图中边的数量，N 是结点的数量。

（3）$V(G) = P+1$，其中，P 是控制流程图中判定结点的数量。

题目考查的是使用第二种方法计算环路复杂度，由图 3-1 控制流程图可得到，控制流程图中边的数量 E=10，结点的数量 N=8，所以 $V(G)=10-8+2=4$。

独立路径也称为基本路径，其含义包含以下两点：

（1）独立路径是一条从起始结点到终止结点的路径。

（2）一条独立路径至少包含一条其他独立路径没有包含的边，也就是说，至少引入了一条新的执行语句。

　　根据上述规则，可以看出从起始结点 4 到终止结点 24 共有 4 条独立路径，而第三条独立路径应为：4，6，13，15，22，4，24。

　　分析程序代码可知，当 flag=0 时，执行结果返回 sum +50；当 flag=1 时，执行结果返回 sum *10；当 flag 为其他值、sum 的值大于 0 时，执行结果返回 sum *20；当 flag 为其他值、sum 的值小于 0 时，程序不执行循环体中的语句，执行结果返回 temp 的初始值。

　　在基本路径测试用例中，要使程序代码执行路径Ⅳ，当 flag=2，执行结果 temp=20 时，说明 sum 的值大于 0，根据执行结果可知，sum=1；

　　当 flag=0，sum=1 时，temp=1+50 =51，程序代码执行路径Ⅱ；

　　当 flag 的值为任意值、sum 小于 0 时，程序不执行循环体语句，temp=0，程序代码执行路径Ⅰ；

　　当 flag=1，sum=2 时，temp=2×10=20，程序代码执行路径Ⅲ。

【问题 2】

　　自顶向下的集成测试按照软件模块在设计中的层次结构，从上到下逐步进行集成和测试。先从最上层的主控模块开始，再沿着软件的模块层次向下移动，逐步将软件所包含的模块集成在一起。深度优先（纵向）方式和广度优先（横向）方式是两种集成策略。深度优先方式首先集成在结构中的一个主控路径下的所有模块；而广度优先方式首先沿着水平方向，把每一层中所有直接隶属于上一层的模块集成起来，直到底层。

　　由上述规则可知，被测程序结构图 3-2，按照深度优先方式进行集成测试的顺序为 1->2->3->5->4->6->7，按照广度优先方式进行集成测试的顺序为 1->2->3->4->5->6->7。

【问题 3】

　　自底向上的方式是从软件结构的最底层模块开始，自下而上地逐步完成模块的集成和测试工作。由于下层模块的实际功能都已开发完成，因此在集成过程中就不需要开发桩模块，只需要开发相应的上层驱动模块即可。

　　自底向上集成测试过程的具体步骤为：

　　①将底层模块组合成实现某一特定系统子功能的功能族。

　　②编写驱动程序，能够调用已组合的模块，并协调测试数据的输入与输出。

　　③对组合模块构成的子功能族进行测试。

　　④去掉驱动程序，沿着软件结构从下往上移动，将已测试过的子功能族组合在一起，形成更大粒度的子功能族。

　　⑤从步骤②开始重复进行，直到所有的模块都被集成到系统中。

　　根据上述集成步骤可知，使用自底向上的方式测试程序结构图 3-2，第（10）空填写：4，6，7；第（11）空填写：3，5；第（12）空填写：1，2，3，4，5，6，7；第（13）空填写 2。

参考答案

【问题 1】

　　（1）10

　　（2）8

　　（3）4，6，13，15，22，4，24

　　（4）1

　　（5）Ⅱ或者 2

　　（6）0

　　（7）Ⅲ或者 3

【问题 2】

　　（8）1->2->3->5->4->6->7

　　（9）1->2->3->4->5->6->7

【问题 3】

　　（10）4，6，7

　　（11）3，5

　　（12）1，2，3，4，5，6，7

　　（13）2

试题四（共 15 分）

　　阅读以下说明，回答问题 1 至问题 4，将解答填入答题纸的对应栏内。

【说明】

　　某公司是一家大型超市，该公司近年收购了多家小型超市，目前需要进行电子商务平台整合和相关应用软件开发，图 4-1 为该项目实施制订的工作计划甘特图。根据该项目及计划甘特图完成问题 1 至问题 4。

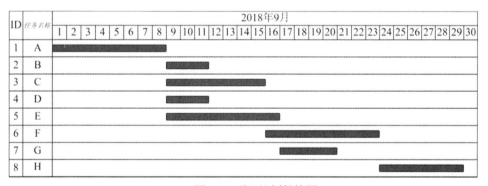

图 4-1　项目计划甘特图

【问题 1】（3 分）

　　根据项目甘特图，计算各工作的持续时间，并分析每项工作的紧前任务，填入表 4-1 中。

表 4-1　项目任务分解表

任务名称	持续时间	紧前任务
A	8	
B	3	A
C	（1）	A

续表

任务名称	持续时间	紧前任务
D	3	__(4)__
E	__(2)__	__(5)__
F	8	B，C
G	4	D，E
H	__(3)__	__(6)__

【问题 2】（4 分）

请根据项目计划甘特图，将该项目的双代号网络图（即图 4-2）补充完整。

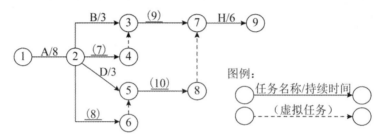

图 4-2　双代号网络图

【问题 3】（2 分）

（1）运用网络图，确定该项目的关键路径为 __(11)__ 。

（2）项目完成的总工期为 __(12)__ 。

【问题 4】（6 分）

请根据项目计划甘特图，将该项目的单代号网络图（即图 4-3）补充完整。

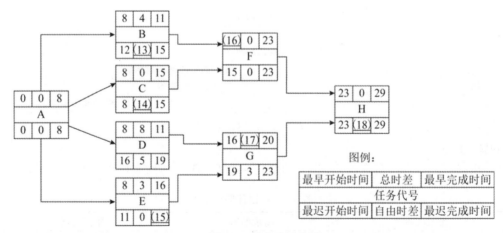

图 4-3　单代号网络图

试题四分析

本题考查项目控制方法的应用、优化与计算，考查知识点主要有甘特图画法，使用单代号网络图和双代号网路图进行项目控制优化的方法，关键路径寻找方法等。

【问题 1】

甘特图可用来安排项目中各项工作的进度，同时还能和各项资源在不同阶段的需求数量结合，有利于对项目管理过程进行有效控制，当项目中某些工作进度安排有机动时间时，可以利用机动时间安排工作的实施进度，使项目对资源的集中需求尽可能分散，得到合理利用。由甘特图可填写项目的任务分解表，如下表所示，反之亦然。

任务名称	持续时间	紧前任务
A	8	
B	3	A
C	7	A
D	3	A
E	8	A
F	8	B，C
G	4	D，E
H	6	F，G

【问题 2】

双代号网络图又称箭线式网络图，它是以箭线及其两端节点的编号表示工作，同时，节点表示工作的开始或结束以及工作之间的连接状态。网络图中的节点都必须有编号，应使每一条箭线上箭尾节点编号小于箭头节点编号。在双代号网络图中，一项工作必须有唯一的一条箭线和相应的一对不重复出现的箭尾、箭头节点编号。因此，一项工作的名称可以用其箭尾和箭头节点编号来表示。可以允许存在虚箭线，虚箭线不代表实际工作，我们称之为虚工作。虚工作既不消耗时间，也不消耗资源。虚工作主要用来表示相邻两项工作之间的逻辑关系。但有时为了避免两项同时开始、同时进行的工作具有相同的开始节点和完成节点，也需要用虚工作加以区分。根据甘特图和项目任务分解表绘制的双代号网络图如右图所示。

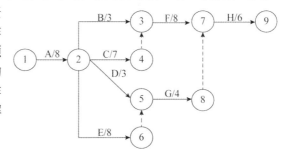

【问题 3】

本问题考查由网络图计算关键路径。关键路径上所有工作的持续时间总和称为该路径的总持续时间，将网络图中所有路径的作业时间进行比较，总持续时间最长的路径称为关键路径，关键路径上的工作称为关键工作，关键路径的长度就是网络计划的总工期。在网络计划中，关键路径可能不止一条，而且在网络计划执行过程中，关键路径还会发生转移。关键工作和关键路径的确定对于项目计划和控制具有十分重要的意义。从整个项目管理来看，对于非关键工序，由于总存在时差，所以它的进度在一定范围内可自由安排，或充分利用时差，抽调非关键工序上的人力、物力、设备等资源来支持关键路径，保证关键路径提前完工或起码不误工期，以达到缩短项目总工期的目标。

该项目的关键路径为 ACFH 或节点为 1-2-4-3-7-9，此为持续时间最长的路径，即为关键路径。总工期为 8+7+8+6=29 天。

【问题 4】

本问题考查单代号网络图相关知识及应用。

在单代号网络图中，一项工作必须有唯一的一个节点及相应的代号，该工作的名称可以用其节点编号来表示。在单代号网络图中，虚拟工作只能出现在网络图的起点节点或终点节点处。工作之间先后顺序关系是项目逻辑关系的组成部分。工作关系可以被描述为紧前工作、紧后工作和平行工作。紧前工作、紧后工作及平行工作是工作之间逻辑关系的具体表现，只要能根据工作之间的关系明确其紧前或紧后关系，即可据此绘出网络图。它是正确绘制网络图的前提条件。

网络参数的计算应在确定各项工作的持续时间之后进行，网络计划起点节点的最早开始时间为零。

网络计划中各项工作的最早开始时间（ES）和最早完成时间（EF）的计算应从网络计划的起点节点开始，顺着箭线方向依次逐项计算。工作的最早开始时间等于该工作的各个紧前工作的最早完成时间的最大值，ES=max{紧前工作的 EF}；工作的最早完成时间等于该工作的最早开始时间加上其持续时间，EF=ES+本工作持续时间。

网络计划中各项工作的最迟开始时间（LS）和最迟完成时间（LF）的计算应以项目规定或计算的工期为基准，从网络计划的终止节点，逆着箭线方向依次逐项计算。某工作的最迟完成时间等于该工作的各项紧后工作的最迟开始时间的最小值，LF=min{紧后工作的 LS}；最迟开始时间等于本项工作的最迟完成时间减本项工作的持续时间，LS=LF–本工作持续时间。

某项工作总时差（TF）等于该工作最迟完成时间与最早完成时间之差，或该工作最迟开始时间与最早开始时间之差，TF=LF–EF 或 TF=LS–ES。

某项工作自由时差（FF）的计算有两种情况：对于有紧后工作的工作，其自由时差等于本工作的紧后工作最早开始时间减本工作最早完成时间所得之差的最小值，FF=min{紧后工作的 ES}–EF；对于无紧后工作的工作，也就是以网络计划终点节点为完成节点的工作，其自由时差等于计划工期与本工作最早完成时间之差。

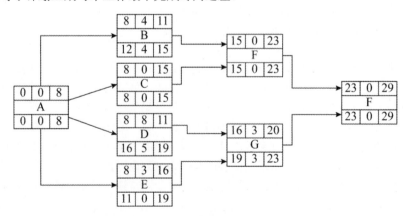

参考答案

【问题 1】

　　（1）7

　　（2）8

　　（3）6

　　（4）A

　　（5）A

　　（6）F，G 或 G，F

【问题 2】

　　（7）C/7

　　（8）E/8

　　（9）F/8

　　（10）G/4

【问题 3】

　　（11）A，C，F，H　或　1，2，4，3，7，9

　　（12）29 或 29 天

【问题 4】

　　（13）4

　　（14）0

　　（15）19

　　（16）15

　　（17）3

　　（18）0

试题五（共 15 分）

　　阅读下列说明，回答问题 1 至问题 3，将解答填入答题纸的对应栏内。

【说明】

　　某车展上，A 公司策划了一场为期 9 天的营销活动。该活动最大的卖点在于利用智能手机上的 GPS 功能捕捉 MINI 新款双门轿跑车（以下简称 MINI）。

　　这是一个类似捉迷藏的游戏，所有人都可以参与。参与者需要先下载一个 App，通过这个 App 可以在地图上看到猎物——也就是虚拟 MINI 的位置。如果你和虚拟 MINI 的距离在 50m 以内，就可以捕捉到它。地图上蓝色的"YOU"是你所在的位置，红色的"MINI"是这辆虚拟 MINI 所处的位置，其他黑色的点是参与这项活动的其他玩家的位置。狼多肉少，大家同时追逐猎物。

　　如果你有幸捕捉到它，你就拥有了虚拟 MINI，但也同时成为了猎物，其他人会想方设法来捕捉你手上的 MINI。雷达就是参与者智能手机中的应用程序，各玩家通过 GPS 实时连接。

　　这项活动历时 9 天，在 9 天中，这辆虚拟 MINI 多次易手，被人们抢来抢去。9 天后，这项活动结束时，最终拥有虚拟 MINI 的玩家可以得到一台真正的 MINI 新款双门轿跑车。

宣传重点："MINI 车主拥有年轻的心！"

这是一个真正令人兴奋的游戏，规则非常简单，但是成功地吸引了各方的关注。每天比赛的情况被拍摄成视频，在 YouTube 上播出。

营销结果：网站 PV 达 433 249；应用程序下载 20 130 次；相关 twitter 数超过 8000；播放次数达 26 086 次；移动距离约 5300km；总参加人数 13 115 人；最后一天同时参加的人数达 2315 人；新闻报道超过 210 篇。

【问题 1】（4 分）

案例中 A 公司采用的营销模式是 ___(1)___ ，该营销模式是利用无线通信媒介作为传播和沟通的主要渠道。该营销具有的特点包括 ___(2)___ 、 ___(3)___ 、 ___(4)___ 。

（1）的备选答案：

    A．移动营销   B．微博营销   C．E-mail 营销   D．搜索引擎营销

（2）～（4）的备选答案：

    A．精准性   B．封闭性   C．互动性   D．私人性

    E．整合性   F．非经济性   G．分众不可识别性

【问题 2】（7 分）

此次营销活动采用的营销模式实现方式有多种，其中 A 公司的实现方式是 ___(5)___ ，该方式采用的营销模式是 ___(6)___ 。A 公司采用该营销模式的目的是 ___(7)___ ，这种营销模式是将产品或品牌有代表性的视觉符号甚至内容，策略性地融入影视娱乐节目、游戏或软文中，给观众留下深刻印象的一种广告方式。

该广告与传统广告形式相比：它采取的是一种间接、委婉的方式来表达广告信息和广告诉求，这体现它的 ___(8)___ 特点；另外广告产品或品牌信息需要巧妙、含蓄、不动声色地与影视娱乐节目、游戏或软文融为一体，与故事情节需保持高度的 ___(9)___ ，这样广告的到达率和记忆度会达到最佳效果；该广告的 ___(10)___ 特点，使其具有很高的投资回报率；该广告诉求的产品信息都是借助剧情以顺其自然的方式展现出来的，受众不知不觉地接受广告信息，减少排斥心理，因而该广告具有 ___(11)___ 的特点。

（8）～（11）的备选答案：

    A．经济性   B．一致性   C．隐蔽性   D．强制性

    E．说服性   F．关联性

【问题 3】（4 分）

结合案例材料分析 A 公司本次营销活动成功的原因，写出四个主要原因，分别填入（12）～（15）空中。

试题五分析

本题考查移动营销及植入式广告的相关知识。

【问题 1】

结合案例材料分析，A 公司采用的是移动营销模式。美国移动营销协会 MMA 在 2003 年对移动营销定义如下：移动营销就是利用无线通信媒介作为传播内容和沟通的主要渠道所进行的跨媒介营销。移动营销具有以下特点：

①整合性。移动互联网媒体形式的多样、资源的海量与碎片化决定了移动营销的整合性，它不仅仅是 App 上的条幅广告、弹出广告、全屏广告，也不仅仅是 App 推荐墙、游戏内植入广告，而是一切结合移动设备使用场景、时间和移动设备的技术优势，实施和创意包含音频、视频、互动等在内的与消费者沟通的方式。

②互动性。移动营销通过建立客户数据库，增加客户参加活动的机会，更加强调消费者的互动、参与和体验。

③精准性。移动营销通过统计管理用户的移动行为，可以帮助企业发现商机，了解用户的兴趣偏好、时间频次等，并可以借助媒体综合分析、用户行为分析、广告精准播控等技术，为企业配置投放方案，实现目标人群匹配和精准投放。

【问题 2】

移动营销的实现方式有：微信营销、LBS、AR 及 App 等多种方式。其中，App 营销是通过智能手机、社区、SNS 等平台上运行的应用程序来开展的营销活动。案例中 A 公司采用移动营销模式的实现方式为 App。App 营销的主要模式有广告植入、用户植入和购物网站植入。

①广告植入。App 营销常见的广告植入有三种：加载应用时段植入的广告、运行应用时穿插的广告及运行主界面中商家 LOGO 广告。

②用户植入。主要的应用类型是网站移植类和品牌应用类，企业把符合自己定位的应用发布到应用商店内，供智能手机用户下载，用户利用这种应用可以很直观地了解企业的信息。这种营销模式具有很强的实验价值，让用户了解产品，增强产品信心，提升品牌美誉度。

③购物网站植入。将购物网站移植到手机上，用户可以随时随地浏览网站获取商品信息，进行下单。这种模式相对于手机购物网站的优势是快速便捷、内容丰富，并且这种应用一般具有很多优惠措施。

本案例中的 A 公司实施 App 营销的模式为广告植入，目的是让消费者认识产品，提升品牌知名度。通过广告植入形成植入式广告，植入式广告是将产品或品牌的有代表性的视觉符号甚至内容，策略性地融入影视娱乐节目、游戏或软文中，给观众留下深刻印象的一种广告方式。它和传统广告形式相比，具有隐蔽性、关联性、经济性、说服性的特点。

①隐蔽性。植入式广告采取的是一种间接、委婉的方式来表达广告信息和广告诉求，很强的隐蔽性是影视植入式广告最明显的特点，也是最大的优点。

②关联性。植入式广告需巧妙、含蓄、不动声色地与影视娱乐节目、游戏或软文融为一体，与故事情节高度关联，这样广告的到达率和记忆度才会达到最佳效果。

③经济性。植入式广告不受播出时段的限制，也不受广告媒体排期影响，广告信息会随节目的播出反复出现，使得观众记忆深刻。另外，传统广告播出时，受众会选择跳过避开，但植入式广告无法跳过。随着电视、电影等媒体经营成本上升，传统广告的价格会越来越高，而植入式广告的成本相对较低，具有很高的投资回报率。

④说服性。由于植入式广告的隐蔽性，产品广告信息都是借助剧情以顺其自然的方式展现出来，受众不知不觉地接受广告信息，减少排斥心理，因而具有较强的说服力。

【问题 3】

案例中 A 公司运用移动营销模式，通过广告植入的 App 实现方式，取得理想的营销效果。A 公司成功的原因可归纳为以下几个方面：

首先，通过游戏的形式，运用奖励手段，并且通过智能手机的 GPS、AR 应用，加强了用户的参与和体验。同时制造与竞争对手的差异。其次，借助用户行为分析、广告精准播控等技术实现了对目标客户的精准定位和营销。最后，通过移动设备使用场景、时间、技术，实现了包含音频、视频、互动等与消费者沟通方式的整合，再加上 YouTube 视频网站传播活动内容和品牌信息，达到口碑营销的效果。

参考答案

【问题 1】

（1）A 或移动营销

（2）A 或精准性

（3）C 或互动性

（4）E 或整合性

注：（2）～（4）答案可互换

【问题 2】

（5）App 或 App 营销

（6）广告植入或植入广告

（7）让消费者认识产品，提升品牌知名度

（8）C 或隐蔽性

（9）F 或关联性

（10）A 或经济性

（11）E 或说服性

【问题 3】

（12）～（15）只需答出以下 10 个要点中的任意 4 个即可（或与要点意思相近）。

要点 1：通过游戏互动的形式，巧妙地传播了品牌诉求。

要点 2：通过智能手机的 GPS 应用，让参与者产生紧张和兴奋感。

要点 3：实现了对目标客户的精准定位和营销。

要点 4：用户在体验中对品牌产生了亲近感，拉近了用户和品牌的距离。

要点 5：实现了参与者对品牌的价值观和理念的分享或共享。

要点 6：将虚拟世界和现实世界完美结合，增强了用户的体验感。

要点 7：设置奖励机制，激发用户参与热情。

要点 8：通过 YouTube 视频网站传播活动内容和品牌信息，达到口碑营销的效果。

要点 9：让消费者在参与游戏的乐趣中，实现企业与竞争对手差异化。

要点 10：通过 GPS、AR 等多方技术的整合，吸引客户的眼球。

第5章 2020下半年电子商务设计师上午试题分析与解答

试题（1）

在 CPU 和主存之间设置高速缓存（Cache）的目的是解决 (1) 的问题。

(1) A. 主存容量不足　　　　　　　　 B. 主存与外存储器速度不匹配

　　 C. 主存与 CPU 速度不匹配　　　 D. 外设访问效率

试题（1）分析

本题考查计算机存储系统基础知识。

高速缓冲存储器是存在于主存与 CPU 之间的一级存储器。主存储器存取速度一直比中央处理器操作速度慢得多，使中央处理器的高速处理能力不能充分发挥，整个计算机系统的工作效率受到影响。高速缓冲存储器可用来缓和中央处理器和主存储器之间速度不匹配的矛盾。

参考答案

(1) C

试题（2）

以下关于磁盘碎片整理程序的描述中，正确的是 (2) 。

(2) A. 磁盘碎片整理程序的作用是延长磁盘的使用寿命

　　 B. 用磁盘碎片整理程序可以修复磁盘中的坏扇区，使其可以重新使用

　　 C. 用磁盘碎片整理程序可以对内存进行碎片整理，以提高访问内存速度

　　 D. 用磁盘碎片整理程序对磁盘进行碎片整理，以提高访问磁盘速度

试题（2）分析

本题考查磁盘碎片整理程序的作用。

磁盘碎片整理程序（Disk Defragmenter）是一种用于分析本地卷以及查找和修复碎片文件和文件夹的系统实用程序。磁盘碎片整理程序可以分析本地卷、整理合并碎片文件和文件夹，以便每个文件或文件夹都可以占用卷上单独而连续的磁盘空间。这样，系统就可以更有效地提高访问文件和文件夹速度，以及更有效地保存新的文件和文件夹了。

参考答案

(2) D

试题（3）

二叉树遍历是按照某种策略访问树中的每个节点，且仅访问一次。按照遍历左子树要在遍历右子树之前进行的原则，根据访问 (3) 位置的不同，可得到二叉树的前序、中序和后序三种遍历方法。

(3) A. 根节点　　　　 B. 导航节点　　　　 C. 叶子节点　　　　 D. 兄弟节点

试题（3）分析

本题考查数据结构基础知识。

　　所谓二叉树遍历（Traversal）是指沿着某条搜索路线，依次对树中每个节点均做一次且仅做一次访问的过程。访问节点所做的操作依赖于具体的应用问题。由二叉树的递归定义可知，遍历一棵二叉树便要决定对根节点 N、左子树 L 和右子树 R 的访问顺序。按照先遍历左子树再遍历右子树的原则，常见的遍历方式有先序遍历（NLR）、中序遍历（LNR）和后序遍历（LRN）三种。其中，先序、中序、后序指的是根节点在何时被访问。

参考答案

　　（3）A

试题（4）

　　以下关于拒绝服务攻击的叙述中，不正确的是　 (4) 　。

　　（4）A．拒绝服务攻击的目的是使计算机或者网络无法提供正常的服务

　　　　B．拒绝服务攻击是通过不断向计算机发起请求来实现的

　　　　C．拒绝服务攻击会造成用户密码的泄露

　　　　D．DDoS 是一种拒绝服务攻击形式

试题（4）分析

　　本题考查网络安全的相关知识。

　　DOS（拒绝服务）攻击是攻击者想办法让目标机器停止提供服务，是黑客常用的攻击手段之一。攻击者进行拒绝服务攻击，实际上是让服务器实现两种效果：一是迫使服务器的缓冲区满，不接收新的请求；二是使用 IP 欺骗，迫使服务器把非法用户的连接复位，影响合法用户的连接。分布式拒绝服务攻击（DDoS）是一种基于 DoS 的特殊形式的拒绝服务攻击，是一种分布的、协同的大规模攻击方式。

参考答案

　　（4）C

试题（5）

　　以下计算机软件著作权权利中，不可以转让的是　 (5) 　。

　　（5）A．发行权　　　　B．复制权　　　　C．署名权　　　　D．信息网络传播权

试题（5）分析

　　本题考查计算机软件著作权的相关知识。

　　计算机软件著作权包含诸多项权利，发表权是决定软件是否公之于众的权利；署名权是表明开发者身份，在软件上署名的权利，署名权是不可更改的；修改权是对软件进行增补、删节，或者改变指令、语句顺序的权利；复制权是将软件制作一份或者多份的权利；发行权是以出售或者赠与方式向公众提供软件的原件或者复制件的权利；出租权是有偿许可他人临时使用软件的权利，但是软件不是出租的主要标的除外；信息网络传播权是以有线或者无线方式向公众提供软件，使公众可以在其个人选定的时间和地点获得软件的权利；还有应当由软件著作权人享有的其他权利。

参考答案

　　（5）C

试题（6）

操作系统的功能可分为相互配合、协调工作的 5 大部分，其中不含___(6)___。

（6）A．进程管理　　　B．文件管理　　　C．存储管理　　　D．事务管理

试题（6）分析

本题考查操作系统的功能。

操作系统的基本功能包括处理器管理（进程管理）、存储器管理、设备管理、文件管理和作业管理，其中不含事务管理。

参考答案

（6）D

试题（7）

传统过程模型中，___(7)___首先引入了风险管理。

（7）A．瀑布模型　　　B．螺旋模型　　　C．V 模型　　　　D．原型化模型

试题（7）分析

本题考查过程模型的相关知识。

常见的传统过程模型有瀑布模型、增量模型、V 模型、原型法、螺旋模型等。其中螺旋模型是一种演化软件开发过程模型，它兼顾了快速原型的迭代的特征以及瀑布模型的系统化与严格监控。螺旋模型最大的特点在于引入了其他模型不具备的风险分析，使软件在无法排除重大风险时有机会停止，以减小损失。

参考答案

（7）B

试题（8）

关系的完整性约束不包含___(8)___。

（8）A．实体完整性　　B．参照完整性　　C．属性完整性　　D．用户定义完整性

试题（8）分析

本题考查数据库中关系的完整性约束的相关知识。

关系完整性约束是为保证数据库中数据的正确性和相容性，对关系模型提出的某种约束条件或规则。完整性通常包括域完整性、实体完整性、参照完整性和用户定义完整性，其中域完整性、实体完整性和参照完整性是关系模型必须满足的完整性约束条件。

参考答案

（8）C

试题（9）

下列关于 BCNF 的描述，正确的是___(9)___。

（9）A．BCNF 不满足列的原子性

　　　B．BCNF 中存在非主属性对码的部分依赖

　　　C．BCNF 中存在非主属性对码的传递依赖

　　　D．BCNF 中每个函数依赖左部都包含码

试题（9）分析

本题考查数据库基础知识。

范式（数据库设计范式）是符合某一种级别的关系模式的集合。构造数据库必须遵循一定的规则。在关系数据库中，这种规则就是范式。关系数据库中的关系必须满足一定的要求，即满足不同的范式。BCNF 比 3NF 又进了一步，通常认为是修正的第三范式。满足 BCNF 的条件有：所有非主属性对每一个候选键都是完全函数依赖；所有的主属性对每一个不包含它的候选键，也是完全函数依赖；没有任何属性完全函数依赖于非候选键的任何一组属性。

参考答案

（9）D

试题（10）

数据库恢复操作的基本原理是___（10）___。

（10）A．存取控制　　　　B．加密　　　　C．完整性约束　　　　D．冗余

试题（10）分析

本题考查数据库基础知识。

在应用系统中，数据库往往是最核心的部分，一旦数据库损坏，将会带来巨大的损失，所以数据库恢复越来越重要。使用数据库的过程中，由于断电或其他原因，有可能导致数据库出现一些小错误，比如检索某些表特别慢、查询不到符合条件的数据等。出现这些情况的原因往往是数据库有些损坏或索引不完整。数据库恢复操作的基本原理是冗余。利用存储在系统其他地方的冗余数据来重建数据库中已被破坏或不正确的那部分数据。

参考答案

（10）D

试题（11）

在 Word 编辑状态下，将光标移至文本行首左侧空白处呈 ⬏ 形状时，单击鼠标左键可以选中___（11）___，进行操作。

（11）A．单词　　　　B．一行　　　　C．一段落　　　　D．全文

试题（11）分析

本题考查计算机应用基础知识。

在 Word 编辑状态下，将光标移至文本行首左侧空白处呈"⬏"形状时，若单击鼠标左键，则可以选中一行；若双击鼠标左键，则可以选中当前段落；若三击鼠标左键，则可以选中整篇文章。

参考答案

（11）B

试题（12）

已知 A1 单元格中的公式为"=AVERAGE(Bl∶F6)"，将 B 列删除之后，A1 单元格中的公式将调整为___（12）___。

（12）A．=AVERAGE(#REF!)　　　　　　B．=AVERAGE(C1∶F6)

　　　　C．=AVERAGE(B1∶E6)　　　　　　D．=AVERAGE(B1∶F6)

试题（12）分析

本题考查计算机应用基础知识。

已知 A1 单元格中的公式为"=AVERAGE(Bl：F6)"，将 B 列删除之后，A1 单元格中的公式将随之发生调整，活动单元格左移，因此公式调整为"=AVERAGE(B1：E6)"。

参考答案

（12）C

试题（13）

临时放置从内存里面取得的程序指令的寄存器是　__(13)__　。

（13）A．程序计数器　　　　　　　B．通用寄存器

　　　C．指令寄存器　　　　　　　D．状态寄存器

试题（13）分析

本题考查计算机系统基础知识。

指令寄存器（Instruction Register，IR）是临时放置从内存里面取得的程序指令的寄存器，用于存放当前从主存储器读出的正在执行的一条指令。

参考答案

（13）C

试题（14）

构成运算器的部件中，最核心的是　__(14)__　。

（14）A．数据缓冲寄存器　　　　　B．累加器

　　　C．算术逻辑运算单元　　　　D．状态寄存器

试题（14）分析

本题考查计算机系统基础知识。

运算器的核心部件由算术逻辑运算单元（ALU）、累加器、状态寄存器、通用寄存器组等组成。算术逻辑运算单元（ALU）的基本功能有加、减、乘、除四则运算，与、或、非、异或等逻辑操作，以及移位、求补等操作。计算机运行时，运算器的操作和操作种类由控制器决定。

参考答案

（14）C

试题（15）

Windows 中的文件关联是为了更方便用户操作，当用户双击"2020.jpg"文件时，Windows 就会__(15)__。

（15）A．弹出对话框提示用户选择相应的程序执行

　　　B．自动执行关联的程序打开数据文件

　　　C．顺序地执行相关的程序

　　　D．并发地执行相关的程序

试题（15）分析

本题考查计算机应用基础知识。

文件关联就是将一种类型的文件与一个可以打开它的程序建立起一种依存关系。一个文件可以与多个应用程序发生关联。可以利用文件的"打开方式"进行关联选择。例如，位图

文件（BMP 文件）在 Windows 中的默认关联程序是"图片"，如果将其默认关联改为用 ACDSee 程序来打开，那么 ACDSee 就成为其默认关联程序。

参考答案

（15）B

试题（16）

在计算机行业里，多媒体中的"媒体"一是指存储信息载体，二是指表达与传递信息的载体。以下选项中 ___(16)___ 是存储信息的载体。

（16）A．文字、图形、磁带、半导体存储器

　　　　B．磁盘、光盘、磁带、半导体存储器

　　　　C．文字、图形、图像、声音

　　　　D．图形、图表、符号、音乐

试题（16）分析

本题考查多媒体的相关知识。

多媒体是融合了两种或两种以上媒体的一种人机交互式信息交流和传播的媒体，其使用的媒体包括文字（Text）、图像（Image）、图形（Graph）、动画（Animation）、音频（Audio）、视频（Video）。在计算机行业里，媒体（Media）通常包括两方面的含义：一是指信息的物理载体（即存储和传递信息的实体），如手册、磁盘、光盘、磁带以及相关的播放设备等；二是指承载信息的载体，即信息的表现形式，如文字、声音、图像、动画和视频等。

参考答案

（16）B

试题（17）

使用 500DPI 的打印分辨率打印一幅 3×4 平方英寸的彩色照片，得到原始的 24 位真彩色图像的数据量是 ___(17)___ Byte。

（17）A．9 000 000　　　　B．90 000　　　　C．2 700 000　　　　D．8 100 000

试题（17）分析

本题考查多媒体基础知识。

500DPI 是指每英寸 500 个像素点，24 位真彩色图像是指每个像素点用 3（即 24/8）个字节来表示，扫描 3×4 平方英寸的彩色照片得到 3×500×4×500 个像素点，所以数据量为 3×500×4×500×3=9 000 000 字节；一般的激光打印机的输出分辨率是 300DPI～600DPI。

参考答案

（17）A

试题（18）

天猫属于 B2C 网站盈利模式中 ___(18)___ 的典型代表。

（18）A．自主销售式网站收益模式　　　　B．网络广告收益模式

　　　　C．销售平台式网站收益模式　　　　D．收费会员制收益模式

试题（18）分析

本题考查 B2C 盈利模式的类型。

B2C 的盈利模式主要包括四种：①产品销售营业收入模式：以产品交易作为收入主要来源，这是多数 B2C 网站采用的盈利模式。这种 B2C 网站又可分为销售平台式网站和自主销售式网站两种。销售平台式网站并不直接销售产品，而是为商家提供 B2C 的平台服务，通过收取虚拟店铺出租费、交易手续费、加盟费等来实现盈利。天猫是这种类型的典型代表。自主销售式网站直接销售产品。②网络广告收益模式：网络广告收益模式是互联网经济中比较普遍的模式，B2C 网站通过免费向顾客提供产品信息或服务信息吸引足够的"注意力"，从而吸引广告主投入广告，通过广告盈利。③收费会员制收益模式。④网上支付收益模式：当 B2C 网上支付拥有足够的用户，就可以借助其他途径来获取收入。

参考答案

（18）C

试题（19）

　　(19)　不能作为病毒性营销的传播工具。

（19）A．手机短信　　　　　B．电话　　　　　C．电子邮件　　　　　D．微信

试题（19）分析

本题考查病毒性营销传播工具的特点。

病毒性营销传播的通信工具应具有即时性、直观性、廉价性等特点，并能够克服大多数人的传播惰性，使得用户愿意并且积极地参与病毒性信息的传播。如手机短信、微信、E-mail 等具有以上这些优点，而电话不具备以上特点。所以，电话不能作为病毒性营销的传播工具。

参考答案

（19）B

试题（20）

中国互联网络信息中心（CNNIC）在京发布第 45 次《中国互联网络发展状况统计报告》显示，截至 2020 年 3 月，我国网民规模突破　(20)　，为数字经济发展打下坚实用户基础。

（20）A．12 亿　　　　　B．11 亿　　　　　C．10 亿　　　　　D．9 亿

试题（20）分析

本题考查考生对最新的网络发展情况的关注。

CNNIC 发布第 45 次《中国互联网络发展状况统计报告》（以下简称《报告》），《报告》显示，截至 2020 年 3 月（受新冠疫情影响，本次《报告》电话调查截止时间为 2020 年 3 月 15 日，故数据截止时间调整为 2020 年 3 月），我国网民规模为 9.04 亿，互联网普及率达 64.5%，庞大的网民构成了中国蓬勃发展的消费市场，也为数字经济发展打下了坚实的用户基础。CNNIC 主任指出，数字经济已成为经济增长的新动能，新业态、新模式层出不穷。在此次新冠疫情中，数字经济在保障消费和就业、推动复工复产等方面发挥了重要作用，展现出了强大的增长潜力。

参考答案

（20）D

试题（21）

社交电商借助　(21)　或互动网络媒体，通过分享、内容制作、分销等方式，实现了对

传统电商模式的迭代创新。

（21）A．电子游戏　　　　B．社交媒体　　　　C．流媒体　　　　D．社交活动

试题（21）分析

本题考查社交化电子商务的概念。

社交化电子商务，是指将关注、分享、沟通、讨论、互动等社交化的元素应用于电子商务交易过程的现象。从消费者的角度来看，社交化电子商务，既体现在消费者购买前的店铺选择、商品比较等，又体现在购物过程中通过 IM、论坛等与电子商务企业间的交流与互动，也体现在购买商品后消费评价及购物分享等。

参考答案

（21）B

试题（22）

企业在本产业中首先淘汰自己的老产品，抢先一步生产出性能更好的下一代产品，这是 （22） 在企业制定长期战略中的运用。

（22）A．反摩尔定律　　　　　　　　　　B．安迪比尔定律

　　　C．达维多定律　　　　　　　　　　D．锁定效应

试题（22）分析

本题考查达维多定律的内涵。

达维多（Davidow）认为，任何企业在本产业中必须不断更新自己的产品。一家企业如果要在市场上占据主导地位，就必须第一个开发出新一代产品。如果被动地以第二或者第三家企业将新产品推进市场，那么获得的利益远不如第一家企业作为冒险者获得的利益，因为市场的第一代产品能够自动获得 50% 的市场份额。尽管可能当时的产品还不尽完善。比如英特尔公司的微处理器并不总是性能最好、速度最快的，但是英特尔公司始终是新一代产品的开发者和倡导者。

参考答案

（22）C

试题（23）

一个企业发现了某个市场机会，有一个初步的想法和假设，并验证想法的可行性，证实或否定初步的假设。这个阶段称为 （23） 。

（23）A．产品概念阶段　　　　　　　　　B．产品定义阶段

　　　C．产品设计阶段　　　　　　　　　D．试验推广阶段

试题（23）分析

本题考查产品周期的四个阶段的主要内容。

产品周期划分为四个阶段，包括产品概念阶段、产品定义阶段、产品设计阶段和试验推广阶段。其中，产品概念阶段是一个企业发现了某个市场机会，有一个初步的想法和假设，并验证想法的可行性，证实或否定初步的假设。

参考答案

（23）A

试题（24）

发挥互联网的创新驱动作用，以促进创业创新为重点，推动各类要素资源聚集、开放和共享等，引导和推动全社会形成大众创业、万众创新的浓厚氛围，打造经济发展新引擎属于　(24)　。

（24）A."互联网+"电子商务　　　　B."互联网+"创业创新
　　　 C."互联网+"普惠金融　　　　D."互联网+"协同制造

试题（24）分析

国务院关于积极推进"互联网+"行动的指导意见中指出，"互联网+"创业创新是充分发挥互联网的创新驱动作用，以促进创业创新为重点，推动各类要素资源聚集、开放和共享，大力发展众创空间、开放式创新等，引导和推动全社会形成大众创业、万众创新的浓厚氛围，打造经济发展新引擎。

参考答案

（24）B

试题（25）

智能制造以智能工厂为发展方向，开展智能制造试点示范，加快推动云计算、　(25)　、智能工业机器人、增材制造等技术在生产过程中的应用，推进生产装备智能化升级、工艺流程改造和基础数据共享。

（25）A. 智能商务　　　　　B. 智能物流
　　　 C. 物联网　　　　　　D. 智慧能源

试题（25）分析

本题考查"互联网+"协同制造的内涵。

国务院关于积极推进"互联网+"行动的指导意见中指出，大力发展智能制造。以智能工厂为发展方向，开展智能制造试点示范，加快推动云计算、物联网、智能工业机器人、增材制造等技术在生产过程中的应用，推进生产装备智能化升级、工艺流程改造和基础数据共享。着力在工控系统、智能感知元器件、工业云平台、操作系统和工业软件等核心环节取得突破，加强工业大数据的开发与利用，有效支撑制造业智能化转型，构建开放、共享、协作的智能制造产业生态。

参考答案

（25）C

试题（26）

智能手环体现了　(26)　技术的数据采集功能。

（26）A. 统计报表　　B. 网络爬虫　　C. API 接口　　D. 传感器

试题（26）分析

本题考查物联网与大数据的应用。

智能手环运动监测功能通过重力加速传感器实现。比如现在智能手机的屏幕翻转功能就是通过传感器来实现的。传感器通过判断人运动的动作得到一些基础数据，再结合用户之前输入的个人身体体征的基本信息，根据一些特定算法，得到针对个人的个性化监测数据，诸如运动步数、距离以及消耗的卡路里等，从而判断运动的频率和强度。

参考答案

（26）D

试题（27）

特征判定技术是根据病毒程序的特征对病毒进行分类处理的技术，以下不是特征判定技术检测方法的是　(27)　。

（27）A．比较法　　　　　　　　　　B．行为监测法

　　　 C．启发式扫描法　　　　　　　D．特征扫描法

试题（27）分析

本题考查计算机病毒检测技术的基本方法。

特征判定技术是根据病毒程序的特征，如感染标记、特征程序段内容、文件长度变化、文件校验和变化等，对病毒进行分类处理，以后在程序运行中凡有类似的特征点出现，则认定是病毒。特征判定技术常用的检测方法有：比较法、校验和检测法、特征扫描法、启发式扫描法。

行为监测法是常用的行为判定技术，其工作原理就是利用病毒的特有行为监测病毒。

参考答案

（27）B

试题（28）

在 RSA 算法中，选择两个质数 p=11，q=17，加密密钥为 e=23，则解密密钥 d 为　(28)　。

（28）A．5　　　　　　B．7　　　　　　C．11　　　　　　D．13

试题（28）分析

本题考查 RSA 算法中解密密钥的计算方法。

在已知两个不大的质数 p、q（p 和 q 不相等）和加密密钥 e 时，计算解密密钥 d 的依据：首先计算 N=p×q；根据欧拉函数，不大于 N 且与 N 互质的整数个数为(p–1)×(q–1)；选择一个整数 e 与(p–1)×(q–1)互质，并且 e 小于(p–1)×(q–1)；使用公式"d×e≡1 (mod (p–1)(q–1))"计算解密密钥 d。最后将 p 和 q 的记录销毁。

根据上述规则可以计算出，当质数 p=11 和 q=17，加密密钥为 e=23 时，则解密密钥 d 的值为 7。

参考答案

（28）B

试题（29）

使用数字证书技术发送一份保密文件时，发送方使用　(29)　对数据进行加密。

（29）A．接收方的公钥　　　　　　　B．接收方的私钥

　　　 C．发送方的公钥　　　　　　　D．发送方的私钥

试题（29）分析

本题主要考查数字证书中的加密方法。

数字证书是非对称加密算法公钥的载体。当发送一份保密文件时，发送方使用接收方的

公钥对数据加密处理,而接收方则使用自己的私钥对接收到的信息进行解密,这样信息就可以安全无误地到达目的地了。

参考答案

（29）A

试题（30）

DES（Data Encryption Standard）算法是一种迭代型分组密码算法,它使用 56 位的密钥对 64 位长的数据块进行　　(30)　轮加密处理后,得到 64 位长的密文。

（30）A. 64　　　　　B. 16　　　　　C. 32　　　　　D. 8

试题（30）分析

本题考查 DES 算法的基础知识。

在 DES 算法中,涉及的主要参数如下:分组长度为 64 比特、密钥长度为 64 比特、有效密钥长度为 56 比特、迭代圈数为 16 圈、每圈子密钥长度为 48 比特。其加密过程是使用 56 位密钥对 64 位的数据块进行加密,并对 64 位的数据块进行 16 轮编码,最后生成长度为 64 位的密文。

参考答案

（30）B

试题（31）

在电子商务安全体系结构中,　　(31)　是加密技术层和安全认证层的安全控制技术的综合运用和完善,为电子商务安全交易提供保障机制和交易标准。

（31）A. 网络服务层　　　　　　　　B. 应用系统层

　　　　C. 安全协议层　　　　　　　　D. 信息发布与传输层

试题（31）分析

本题考查电子商务安全体系与电子商务基本框架结构的基础知识。

在该题目的选项中,既包含电子商务安全体系的组成情况,也包含电子商务基本框架结构涉及的层次关系。

电子商务安全体系主要由网络服务安全层、加密技术层、安全认证层、安全协议层、应用系统层组成;而电子商务基本框架结构主要由网络层、信息发布与传输层、电子商务服务和应用层、公共政策和法律规范、技术标准和网络协议组成。

参考答案

（31）C

试题（32）

以下对公开密钥密码体制的描述中,错误的是　　(32)　。

（32）A. 是一种非对称加密算法　　　　B. 典型的算法是 RSA 算法

　　　　C. 公共密钥是公开的　　　　　　D. 加密密钥和解密密钥相同

试题（32）分析

本题考查公开密钥密码体制的基础知识。

在公开密钥密码体制中,加密密钥和解密密钥不同,分为公钥和私钥。公钥用于加密,私钥用于解密。非对称加密技术也称为公钥加密，即公开密钥密码体制，它是建立在数学函数基础上的一种加密方法，它使用两个密钥，在保密通信、密钥分配和鉴别等领域都产生了深远的影响。迄今为止，在所有公钥密码体系中，RSA 系统是最著名、使用最广泛的一种。

参考答案

（32）D

试题（33）

SSL 协议利用公开密钥加密算法和　(33)　技术，对信息的完整性进行检验，保证信息在传输过程中不被篡改。

（33）A．数字信封　　　　　　　　　B．数字证书

　　　 C．数字摘要　　　　　　　　　D．CA 认证中心

试题（33）分析

本题考查 SSL 协议的基础知识。

SSL 协议利用密码算法和散列（Hash）函数，通过对传输信息特征值的提取来保证信息的完整性，确保要传输的信息全部到达目的地，可以避免服务器和客户端之间的信息受到破坏。而数字摘要就是采用单向 Hash 函数将需要加密的明文"摘要"成一串固定长度（128位）的密文，这一串密文又称为数字指纹，它有固定的长度，而且不同的明文摘要成密文时，其结果总是不同的，而同样的明文其摘要必定一致。

参考答案

（33）C

试题（34）

在入侵检测系统中，　(34)　负责存放各种中间和最终数据。

（34）A．事件产生器　　　　　　　　B．事件分析器

　　　 C．事件数据库　　　　　　　　D．响应单元

试题（34）分析

本题考查入侵检测系统的基本构成。

入侵检测系统（Intrusion Detection System，IDS）是一种对网络传输进行即时监视，在发现可疑传输时发出警报或者采取主动反应措施的网络安全设备。

入侵检测系统通常由事件产生器、事件分析器、事件数据库、响应单元等基本组件构成。其中，事件产生器负责原始数据的采集，它对数据流、日志文件等进行追踪，然后将收集到的原始数据转换为事件，并向系统的其他部分提供此事件；事件分析器负责接收事件信息，然后对其进行分析，并判断是否是入侵行为或异常现象，最后将判断结果转为警告信息；事件数据库负责存放各种中间和最终数据；响应单元根据警告信息做出反应，它可以做出切断连接、改变文件属性等强烈反应，也可以只是简单地报警。

参考答案

（34）C

试题（35）

以下关于电子货币与传统货币的叙述中，错误的是　(35)　。

(35) A. 传统货币可以当面交换和流通，而电子货币流通必须有一定的基础设施

　　 B. 传统货币防伪依赖物理设置，而电子货币防伪采取技术上的加密算法或认证系统来实现

　　 C. 电子货币是以中央银行和国家信誉为担保的法币，而传统货币的担保主要依赖于各个发行人自身的信誉和资产

　　 D. 传统货币以纸币、硬币等形式存在，电子货币是一种无形货币，实质是一些电子数据

试题（35）分析

本题考查电子货币的属性方面的知识。

电子货币与传统货币相比具有以下属性：传统货币是以纸币的形式存在，金额的多少显示在纸面上，电子货币是一种无形货币，实质上是一些电子数据；传统货币无需其他附属设备即可当面交换和进行流通，电子货币的流通必须有一定的基础设施；传统货币是以中央银行和国家信誉为担保的法币，电子货币大部分是不同的机构自行开发设计的带有个性特征的产品，其担保主要依赖于各个发行人自身的信誉和资产，风险并不一致；传统货币的防伪可依赖于物理设置，电子货币的防伪只能采取技术上的加密算法或认证系统来实现。

参考答案

（35）C

试题（36）

公认的信用卡或借记卡网上支付的国际标准是 　（36）　 。

（36）A. 专用协议方式　　　　　　　　B. 专用账号方式

　　 C. SET 方式　　　　　　　　　　 D. 账号直接传输方式

试题（36）分析

本题考查信用卡电子支付的方式方面的知识。

信用卡支付方式主要有四种：账号直接传输方式、专用账号方式、专用协议方式和 SET 协议方式。其中，安全电子交易（Secure Electronic Transaction，SET）协议是用于银行卡网上交付的协议。安全措施主要包含对称密钥系统、公钥系统、消息摘要、数字签名、数字信封、双重签名和认证等技术。消息摘要主要解决信息的完整性问题，即是否被修改过。数字信封是用来给数据加密和解密的。双重签名是将订单信息和个人账号信息分别进行数字签名，保证商家只能看到订货信息而看不到持卡人账户信息，并且银行只能看到账户信息，而看不到订货信息。因此 SET 方式成为公认的信用卡或者借记卡网上支付的国际标准。

参考答案

（36）C

试题（37）

　　（37）　 负责为参与商务活动的各方发放、管理数字证书，以确认各方的身份，保证电子商务交易安全。

（37）A. 支付网关　　　 B. 认证机构　　　 C. 客户开户行　　　 D. 商家开户行

试题（37）分析

本题考查电子支付系统的构成方面的知识。

在电子支付中，当资金从开放的因特网进入某一封闭的付款系统时，中间通过一套安全的软件（即支付网关）把从因特网上传来的信息翻译成后端系统所能接收的信息，以使两套互不兼容的信息模式在切换时安全性得到保证。认证机构是负责为参与商务活动的各方发放数字证书，以确认各方的身份，保证电子商务交易安全性的机构。

参考答案

（37）B

试题（38）

以下关于第三方支付平台的叙述中，不正确的是 __(38)__ 。

（38）A. 解决了买卖双方的信任问题，并涉及双方交易的具体内容

　　　 B. 较为有效地解决交易的诚信问题

　　　 C. 争取最广泛银行的合作是第三方支付平台成功的关键因素之一

　　　 D. 第三方支付平台对接入的商家收取一定比例的交易费用

试题（38）分析

本题考查第三方支付平台的地位。

从 B2C 第三方支付交易流程可以看出，第三方支付平台作为信用中介解决了买卖双方的信任问题，但第三方并不涉及双方交易的具体内容，相对于传统的资金划拨交易方式，第三方支付较为有效地保障了货物质量、交易诚信、退换要求等环节，在整个交易过程中，可以对交易双方进行约束和监督。第三方支付平台和银行对接入的商家收取固定比例的交易费用，与第三方合作的银行越多，第三方经营业务的范围就越广，在同行业中的竞争能力就越强。由此可见，要争取最广泛银行的合作，是第三方支付平台成功的关键之一。

参考答案

（38）A

试题（39）

当电子支付机构没有足够的资金满足客户兑现电子货币或结算需求时，就会面临 __(39)__ 。

（39）A. 信用风险　　　 B. 流动性风险　　　 C. 欺诈风险　　　 D. 操作风险

试题（39）分析

本题考查支付系统风险的概念。

信用风险指支付过程中因一方无法履行债务所带来的风险。当电子支付机构没有足够的资金满足客户兑现电子货币或结算需求时，就会面临流动性风险。流动性风险往往是威胁金融机构生存的最主要和最直接的风险。因此，各金融机构都将保持流动性放在首位，把在保持流动性的前提下追求最大盈利作为经营原则。欺诈风险指犯罪分子通过欺诈行为而带来的损失。欺诈风险对一国的支付系统的稳定和信誉形成严重威胁，如何有效防止金融犯罪是要考虑的重要问题。操作风险指由于系统本身而造成的风险，由于技术问题，如计算机失灵、管理及控制系统缺陷等引起的风险。

参考答案

（39）B

试题（40）

以下关于绿色供应链管理模式的叙述中，错误的是　（40）　。

（40）A. 可以有效规避绿色技术贸易壁垒

　　　 B. 是一种企业追求最大经济利益的管理模式

　　　 C. 绿色物流是绿色供应链管理的实现途径之一

　　　 D. 可以提高整个供应链的效益，增强企业的竞争力

试题（40）分析

本题考查绿色供应链管理模式的作用。

绿色供应链管理是一种追求经济利益与绿色利益的新型管理模式，不是片面追求最大化的经济利益。该模式的作用体现为：一是增强企业的竞争力，提高整个供应链的效益；二是树立值得信任、安全可靠、有责任心的企业形象，增加客户价值；三是规避绿色技术贸易壁垒，一般达到绿色供应链要求标准的产品也会符合其他国家，尤其是发达国家的环保标准，降低贸易进入壁垒。绿色供应链也可以说是用绿色化的途径提供绿色产品的过程，包括绿色制造、绿色采购、绿色物流、绿色销售、绿色消费、绿色回收。

参考答案

（40）B

试题（41）

仓库　（41）　功能的发挥，有利于缩短商品的生产时间，克服生产单一性与需求多样化的矛盾，提高商品的适销率。

（41）A. 调节货物运输能力　　　　　B. 流通加工

　　　 C. 调节供需　　　　　　　　　D. 储存

试题（41）分析

本题考查仓库的功能。

一般来说，仓库应具有以下功能：①储存功能是仓库最基本的功能，商品生产与商品消费存在着时间上的不均衡，这就使得商品流通的连续进行存在着时间上的矛盾。要克服这个矛盾，必须依靠储存来发挥作用。②流通加工是在商品从生产者向消费者运动的过程中，为了促进销售、维护商品质量和实现物流效率，而对商品进行的再加工。流通加工职能的发挥，有利于缩短商品的生产时间，满足消费者的多样化需求，克服生产单一性与需求多样化的矛盾，提高商品的适销率。③各种运输工具的运量相差很大，不同运输方式转运时，运输能力是很不匹配的，这种运力的差异必须通过仓库或货场将货物短时存放以进行调节和衔接。④由于生产节奏和消费节奏不可能完全一致，产生了供需不平衡，这就要有仓库的储存作为平衡环节加以调控，使生产和消费协调起来，这也体现出物流系统创造物资时间效用的基本职能。

参考答案

（41）B

试题（42）

GIS 物流分析软件中的　　(42)　　，可以解决物流网点布局问题。

（42）A．网络物流模型　　　　　　　B．车辆路线模型

　　　　C．分配集合模型　　　　　　　D．设施定位模型

试题（42）分析

本题考查 GIS 物流分析软件的结构和功能。

完整的 GIS 物流分析软件集成了车辆路线模型、网络物流模型、分配集合模型和设施定位模型等。①车辆路线模型，用于解决一个起始点、多个终点的货物运输中，如何降低物流作业费用，并保证服务质量的问题。②网络物流模型，用于解决寻求最有效的分配货物路线问题，也就是物流网点布局问题。③分配集合模型，用以解决确定服务范围和销售市场范围等问题。④设施定位模型，用于确定一个或多个设施的位置。

参考答案

（42）A

试题（43）

　　(43)　　能最大满足客户对快递时效性的需求，整体提升供应链价值，使得仓配更可控、金融更可信、服务更精准。

（43）A．第三方物流模式　　　　　　B．第四方物流模式

　　　　C．联盟物流模式　　　　　　　D．自营物流模式

试题（43）分析

本题考查电子商务物流的模式。

我国电子商务物流模式包括：①自营物流模式，是电商企业投资建设自己的仓库、配送中心等物流设施，并建立自己的配送队伍的一种配送方式。这种模式整体提升了供应链价值，使得仓配更可控、金融更可信、服务更精准。②第三方物流，是指独立于买卖双方之外的专业化物流公司，以签订合同的形成承包部分或全部物流配送服务工作。简单来说，就是将物流配送"外包"，物流环节外包给除发货人、收货人之外的第三方。它是一般电商企业采用的最为普遍的物流配送模式。③第四方物流，是指一个供应链集成商，它对公司内部和具有互补性的服务供应商所拥有的不同资源、能力和技术进行整合和管理，提供一整套供应链解决方案。第四方物流公司应物流公司的要求为其提供物流系统的分析和诊断，或提供物流系统优化和设计方案等。借助第四方物流对整个供应链及物流系统进行整合规划，供应链供应商进行资源整合，以获得信息及网络优势，可大大减少对物流设施的资本投入，降低资金占用，减少投资风险。④物流联盟模式，是一种介于自营和外包之间的物流模式，指多个物流企业通过建立一定的契约达成合作共识，进而构建企业间资源共享、风险共担、共同合作的合作伙伴关系。联盟之间互补的优势，能更好地对市场变化做出反应，实现资源的优化配置，降低成本，提升企业效益。

参考答案

（43）D

试题（44）

新经济时代供应链管理的基本思想是以　(44)　为导向，以提高竞争力、市场占有率、客户满意度和获取最大利润为目标。

(44) A．产品　　　　　B．客户需求　　　　　C．竞争　　　　　D．销售

试题（44）分析

本题考查供应链管理的含义。

新经济时代的供应链管理的基本思想就是以客户需求为导向，以核心企业为盟主，以提高竞争力、市场占有率、客户满意度和获取最大利润为目标，以协同商务、协同竞争和双赢原则为基本运作模式，通过运用现代企业管理技术、信息技术、网络技术和集成技术，达到对整个供应链上的信息流、物流、资金流、业务流和价值流的有效规划和控制，从而将客户、销售商、供应商、制造商和服务商等合作伙伴连成一个完整的网链结构，形成一个极具竞争力的战略联盟。

参考答案

(44) B

试题（45）

RFID 技术的特点不包括　(45)　。

(45) A．方便快捷　　　B．安全性高　　　C．兼容性强　　　D．非接触性

试题（45）分析

本题考查 RFID 技术的特点。

AIDC（自动标识与数据采集）技术提供了快速、精确、方便、低成本的数据采集方法，来代替容易出错并且耗时的手工数据输入；在此基础上，AIDC 技术通过对商品或对人进行编码而实现跟踪功能。RFID 技术（射频标识）作为 AIDC 技术之一，最早出现在 20 世纪 80 年代，用于跟踪业务。RFID 技术的特点包括：非接触作业，它能穿透雪、雾、冰、涂料、尘垢和在条形码无法使用的恶劣环境阅读标签；阅读速度非常快，大多数情况下，可用于流程跟踪或者维修跟踪等交互式业务；RFID 的主要问题是不兼容的标准。

参考答案

(45) C

试题（46）

以企业网站建设为基础，通过一系列的推广措施，达到顾客和公众对企业的认知和认可。这体现网络营销的　(46)　职能。

(46) A．品牌建设　　　B．顾客服务　　　C．网上销售　　　D．信息发布

试题（46）分析

本题考查网络营销职能的表现。

网络营销的职能主要表现为信息发布、网上调研、销售促进、网站推广、顾客服务、品牌建设、网上销售和顾客关系等八个方面。①信息发布是通过各种互联网手段，将企业营销信息以高效的手段向目标用户、合作伙伴、公众等群体传递；②顾客服务是指通过互联网提供了更加方便的在线顾客服务手段，从形式最简单的 FAQ（常见问题解答），到电子邮件、

邮件列表,以及在线论坛和各种即时信息服务等;③网上销售是企业销售渠道在网上的延伸。一个具备网上交易功能的企业网站本身就是一个网上交易场所,网上销售渠道建设并不限于企业网站本身,还包括建立在专业电子商务平台上的网上商店,以及与其他电子商务网站不同形式的合作等;④品牌建设是以企业网站建设为基础,通过一系列的推广措施,达到顾客和公众对企业的认知和认可。

参考答案

(46) A

试题 (47)

以下关于网络市场调研的叙述中,错误的是 __(47)__ 。

(47) A. 费用低   B. 共享性好

      C. 调查样本代表性强   D. 及时性强

试题 (47) 分析

本题考查网络市场调研的特点。

网络市场调研有别于传统调研,呈现出以下特点:①及时性强。网络的传输速度快,一方面加快了调研信息传递到用户的速度,另一方面也加快了用户向调研者的信息传递速度。②共享性好。网上调研是开放的,任何网民都可以参加投票和查看结果,这充分体现网络调研的共享性。③样本的代表性不强。与传统调研方式相比,网络调研的对象较难确定。在无人监管的情况下,上网者填写问卷的随意性和弄虚作假随时都可能发生。另外,可能出现一人重复多次填写问卷的情况,使得调研结果与预期大相径庭。④低费用。通过网络进行调研,调查者只需在企业站点上发出电子调查问卷供网民自愿填写,然后通过统计分析软件对访问者反馈回来的信息进行整理和分析。在这种情况下,调研费用会大幅度地减少。

参考答案

(47) C

试题 (48)

以下关于客户关系管理定义的叙述中,错误的是 __(48)__ 。

(48) A. 客户关系管理是一种管理理念或商业策略

      B. 客户关系管理被看成是一种管理机制或手段

      C. 客户关系管理可以通过软件实现

      D. 客户关系管理通过满足最终客户的需求,以建立和保持与客户长期稳定的关系

试题 (48) 分析

本题考查客户关系管理的含义。

客户关系管理包括以下几层含义:①客户关系是一种管理理念。它的核心思想是将企业的客户(包括最终客户、分销商和合作伙伴)视为最重要的企业资产,通过完善的客户服务和深入的客户分析来满足客户的个性化需求,提高客户满意度和忠诚度,进而保证客户终生价值和企业利润增长的实现。②客户关系管理是一种旨在改善企业与客户之间关系的新型管理机制,可以应用于企业的市场营销、销售、服务与技术支持等与客户相关的领域。③客户关系管理是信息技术、软硬件系统集成的管理方法和应用解决方法。通过软件实现对客户关系的深度分

析，了解客户的终生价值，发掘各种与客户交流的新途径。

参考答案

（48）D

试题（49）

网易云音乐与农夫山泉通过 AR 技术打造全新瓶身，同时通过平台合作打通线上线下用户体验，这种跨界合作属于　(49)　的典型代表。

（49）A．原生广告　　　B．搜索引擎广告　　　C．弹出式广告　　　D．自媒体广告

试题（49）分析

本题考查网络广告的形式。

网络广告有多种形式：①弹出式广告是指当人们浏览某网页时，网页会自动弹出一个很小的对话框。随后，该对话框或在屏幕上不断盘旋，或漂浮到屏幕的某一角落。当用户试图关闭时，另一个会马上弹出来，这就是互联网上的弹出式广告。②搜索引擎广告是指广告主根据自己的产品或服务内容、特点等，确定相关的关键词，撰写广告内容并自主定价投放的广告，是当前网络广告的热门，主流形式是关键词广告和竞价排名。③自媒体广告是指在自媒体，如博客、微博、微信、百度贴吧、论坛等网络社区发布的广告。④原生广告（native advertising）是基于用户体验出发，软性植入品牌营销信息的广告。该类型广告具有内容的原创性、对受众的价值性和用户主动、乐于分享内容的特点。网易云音乐与农夫山泉跨界合作就是原生广告的典型代表。它们在 2017 年 8 月宣布合作，推出全新音乐瓶身，同时通过平台性合作打通线上线下用户体验。网易云音乐精选 30 段经典乐评上瓶身，赋予农夫山泉不一样的饮水心情。通过 AR 技术打造全新瓶身，通过品牌视频定调、快乐男声现场互动预热、纪念水壶事件、线下校园乐评车装置、超市互动点唱机，实现全方位整合营销。该跨界合作事件媒体转发量超过 1500 家，非主动传播达到 90%，曝光量突破 200 万；合作的广告视频全平台播放量超过 800 万次；AR 体验超过 50 万人次。

参考答案

（49）A

试题（50）

网络广告计价方法中的 CPC 指的是　(50)　。

（50）A．千人印象成本计价法　　　　B．点击成本计价法
　　　C．购买成本计价法　　　　　　D．业绩付费计价法

试题（50）分析

本题考查网络广告的计价方法。

网络广告常用的计价法有：①CPM，意为每千人印象成本，指的是广告播放过程中，听到或看到某广告的每一人平均分担到多少广告成本。②CPC，即每点击成本。③CPP，是指根据每个商品的购买成本决定广告费用，其好处是把商品的购买和广告费用联系起来。④PFP（Pay-For-Performance），意为按业绩付费。

参考答案

（50）B

试题（51）

网络营销站点推广策略不包括　　(51)　　。

(51) A. 搜索引擎推广 　　　　　　B. 发送电子邮件

　　　C. 网络广告投放 　　　　　　D. 有奖促销

试题（51）分析

本题考查网络营销站点推广的策略。

网络营销站点建好后，就需要采用各种方式对其进行推广，具体包括搜索引擎推广、网络广告投放、发送电子邮件、电子杂志、网站合作推广等，有奖促销是针对产品或服务推广的策略，不是针对网站推广采用的策略。

参考答案

(51) D

试题（52）

以下关于微信营销的说法中，错误的是　　(52)　　。

(52) A. 点对点精准营销 　　　　　　B. 个人隐私安全性高

　　　C. 运营成本低 　　　　　　　　D. 企业和用户容易形成强关系

试题（52）分析

本题考查微信营销的特点。

微信营销的特点包括：①点对点精准营销。微信拥有庞大的用户群，借助移动终端、天然的社交和定位等优势，每条信息都可以推送给每个微信用户，并且能够让每个用户都有机会接收到这条信息，继而帮助商家实现点对点精准化营销。②运营成本低。微信本身是免费的，使用微信发布各种信息也不需要任何费用。③企业和用户容易形成强关系。通过微信，企业可以和客户实时互动，答疑解惑，可以讲故事甚至可以"卖萌"，用一切形式让企业与消费者形成朋友的强关系。但是微信作为一个社交平台，在使用过程中容易泄露个人信息，再加上定位功能，会给用户的个人隐私带来困扰。

参考答案

(52) B

试题（53）

以下关于 IPv4 地址的描述中，错误的是　　(53)　　。

(53) A. IP 地址的总长度是 32 位

　　　B. IP 地址由网络号与主机号两部分组成

　　　C. B 类地址用 2 个字节做网络号

　　　D. IPv4 地址是"冒分十六进制地址格式"

试题（53）分析

本题考查 IPv4 和 IPv6 的基础知识。

IPv6 的主要目的是解决 IPv4 中存在的网络地址资源不足的问题，IPv6 除了具有 IPv4 具有的功能外，还消除了 IPv4 的局限性，它们之间既有相同点，又有不同点。IPv4 地址的总长度是 32 位，而 IPv6 具有长达 128 位的地址空间，可以彻底解决 IPv4 地址不足的问题。IPv4

地址被分为网络号和主机号两部分，若网络号用 1 字节表示，则最大可以创建 256 个网络，B 类地址用 2 字节做网络号。而 IPv6 报文的整体结构分为 IPv6 报头、扩展报头和上层协议数据三部分。IPv6 报头是必选报文头部，长度固定为 40B，包含该报文的基本信息；扩展报头是可选报头，可能存在 0 个、1 个或多个，IPv6 协议通过扩展报头实现各种丰富的功能；上层协议数据是该 IPv6 报文携带的上层数据，可能是 ICMPv6 报文、TCP 报文、UDP 报文或其他可能的报文。

在地址表示形式方面，IPv4 地址是"点分十进制地址格式"，IPv6 地址是"冒分十六进制地址格式"。

参考答案

（53）D

试题（54）

在 OSI 模型中，___（54）___用于建立管理和维护端到端的连接。

（54）A．应用层　　　　B．传输层　　　　C．网络层　　　　D．数据链路层

试题（54）分析

本题考查开放式系统互联通信参考模型（OSI 模型）的基础知识。

在 OSI 模型中，各层的基本功能如下：

（1）物理层：OSI 的物理层规范是有关传输介质的特性，这些规范通常也参考了其他组织制定的标准。

（2）数据链路层：定义了在单个链路上如何传输数据。

（3）网络层：对端到端的包传输进行定义，定义了能够标识所有结点的逻辑地址、路由实现的方式和学习的方式。

（4）传输层：建立主机端到端的连接，包括选择差错恢复协议还是无差错恢复协议，及在同一主机上对不同应用的数据流的输入进行复用，对收到顺序不对的数据包的重新排序功能。

（5）会话层：定义了如何开始、控制和结束一个会话，包括对多个双向消息的控制和管理，以便在只完成连续消息的一部分时可以通知应用，从而使表示层看到的数据是连续的，在某些情况下，如果表示层收到了所有的数据，则用数据代表表示层。

（6）表示层：定义数据格式及加密。

（7）应用层：与其他计算机进行通信的一个应用，是对应应用程序的通信服务。

参考答案

（54）B

试题（55）

在网页中播放一个视频文件，文件为当前路径下的 myVideo.mp4，能正确播放、暂停视频，且能进行音量控制的是___（55）___。

（55）A．<video width="320" height="240" controls><source　src="myVideo.mp4" type="video/mp4"></video>

　　　　B．<video　width="320"　height="240" ><source　src="myVideo.mp4"type="video/

mp4"></video>

  C. <audio width="320" height="240" controls><source src="myVideo.mp4" type="video/mp4"></audio>

  D. <audio width="320" height="240"><source src="myVideo.mp4" ></audio>

试题（55）分析

  本题考查 HTML 网页标签属性的基础知识。

  HTML5 提供了播放音频文件的标准，controls 属性供添加播放、暂停和音量控件。<audio> 元素允许使用多个<source>元素，<source>元素可以链接不同的音频文件，浏览器将使用第一个支持的音频文件。其中 audio 标签主要的属性包括 autoplay、controls、loop、preload 和 src 等，而 video 标签主要的属性包括 muted、poster、autoplay、controls、loop 和 src 等。<audio> 标签支持的三种文件格式为：MP3、WAV、Ogg；<video>标签支持的三种视频格式为：MP4、WebM、Ogg。

参考答案

  （55）A

试题（56）

  在 Android 的系统架构中，___（56）___提供了开发 Android 应用程序所需的一系列类库，方便开发人员快速地构建应用整体框架。

  （56）A．Libraries and Android Runtime   B．Application

     C．Application Framework   D．Linux Kernel

试题（56）分析

  本题考查 Android 系统架构的基础知识。

  Android 的系统架构采用了分层架构思想，从上到下分为 4 层，分别为 Application（应用层）、Application Framework（应用框架层）、Libraries and Android Runtime（系统运行库层）和 Linux Kernel（Linux 内核层）。在应用层，Android 会附带一系列核心应用程序包，包括 E-mail 客户端、SMS 短信程序、日历、地图、浏览器、联系人管理程序等。应用框架层主要为开发者提供了可以访问 Android 应用程序框架中的 API，该应用程序架构简化了组件的重用，任何一个应用程序都可以发布它的功能块，并且任何其他的应用程序都可以使用这些发布的功能块；另一方面该应用程序的重用机制用户可以方便地替换程序组件。在系统运行库层，Android 平台包含了一些 C/C++库，Android 系统中的组件可以使用这些库，而 Android 运行时环境由一个核心库和 Dalvik 虚拟机组成。Linux 内核层作为硬件和软件栈之间的抽象层，为 Android 核心系统服务提供可以依赖的 Linux 内核。

参考答案

  （56）C

试题（57）

  以下对 Java EE 技术规范的描述中，错误的是___（57）___。

  （57）A．JDBC 用于实现网络上不同平台上的对象相互之间的交互

     B．JNDI 用于执行名字和目录服务

    C．JMS 用于和面向消息的中间件相互通信的应用程序接口

    D．XML 用来在不同的商务过程中共享数据

试题（57）分析

本题主要考查 JavaEE 技术规范的基础知识。

在 JavaEE 中包含十几种技术规范。其中，JNDI 是一个 Java 应用程序设计接口，提供了查找和访问各种命名和目录服务的通用、统一方式；JMS 是 Java 平台上有关面向消息中间件的技术规范；XML 是一种与平台无关的通用数据交换格式。

JDBC API 为访问不同的数据库提供了一种统一的途径。JDBC 对开发者屏蔽了一些细节问题，JDCB 对数据库的访问也具有平台无关性。

参考答案

（57）A

试题（58）

在下列选项中，使用 css 代码实现给网页中所有<h1>标签添加背景颜色的是___（58）___。

（58）A．#h1{background-color:yellow; }   B．h1{background-color:yellow; }

       C．h1.all{background-color:#00ff00;}   D．h1{background-color:#00ff00;}

试题（58）分析

本题主要考查网页中 css 样式表的基础知识。

css3 的常用选择器主要有标签选择器、类选择器、id 选择器和伪类选择器。

标签选择器可以用来寻找特定类型的元素，如段落、超链接或者标题元素，只需要指定希望应用样式的元素的名称。

用类选择器可以把相同的元素分类定义成不同的样式。在定义类选择器时，在自定义类名称的前面加一个点（.）。

在 HTML 文档中，需要唯一标识一个元素时，就会赋予它一个 id 标识，以便在对整个文档进行处理时能够快速地找到这个元素。而 id 选择器就是用来对这个单一元素定义单独的样式。其定义方法与类选择器大同小异，只需要把"."改为"#"。

伪类不属于选择符，它是让页面呈现丰富表现力的特殊属性。之所以称为"伪"，是因为它指定的对象在文档中并不存在，它们指定的是元素的某种状态。应用最为广泛的伪类是链接的 4 个状态：未链接状态（a:link）；已访问链接状态（a:visited）；鼠标指针悬停在链接上的状态（a:hover）；被激活（在鼠标单击与释放之间发生的事件）的链接状态（a:active）。

参考答案

（58）D

试题（59）

在 JavaScript 中，Array 对象的___（59）___方法用于向数组的末尾添加一个或多个元素。

（59）A．sort()   B．pop()   C．push()   D．slice()

试题（59）分析

本题考查对 JavaScript 中 Array 对象常用方法的掌握情况。

Array 对象即数组对象，在 JavaScript 中用于在单个变量中存储多个值，由于 JavaScript

中的数组是弱类型，允许数组中含有不同类型的元素，数组元素甚至可以是对象或者其他数组。Array 对象提供的主要方法包括：sort()方法用于对数组元素进行排序；pop()方法用于删除并返回数组的最后一个元素；splice()方法用于插入、删除或替换数组中的元素；push()方法用于向数组的末尾添加一个或多个元素，并返回新的长度。

参考答案

（59）C

试题（60）

在 jQuery 的 DOM 事件函数中，属于表单事件函数的是　（60）　。

（60）A．dblclick()　　　　B．blur()　　　　　C．scroll()　　　　　D．keyup()

试题（60）分析

本题考查 jQuery 的基础知识。

在 jQuery 的 DOM 事件函数中，当鼠标双击元素时，会发生 dblclick 事件，dblclick()方法触发 dblclick 事件，或规定当发生 dblclick 事件时运行的函数。当元素失去焦点时发生 blur 事件，blur()函数触发 blur 事件，或者如果设置了 function 参数，该函数也可规定当发生 blur 事件时执行的代码，blur 事件仅发生于表单元素上。当用户滚动文档或窗口时，会发生 scroll 事件，scroll 事件适用于所有可滚动的元素和 window 对象。而 keyup()方法用于当按键被松开时，发生 keyup 事件，它发生在当前获得焦点的元素上。

参考答案

（60）B

试题（61）

以下关于 JSON 的描述中，错误的是　（61）　。

（61）A．JSON 是一种轻量级的数据交换格式

　　　　B．使用 JSON 表示数组时，以"{"开始，以"}"结束

　　　　C．JSON 的文件类型是后缀为".JSON"的文件

　　　　D．JSON 的值可以是数字、字符串、对象、逻辑值、数组以及 null

试题（61）分析

本题考查 JSON 的基础知识。

JSON（JavaScript Object Notation，JS 对象表示法/JS 对象简谱）是一种轻量级的数据交换格式。它基于 ECMAScript（欧洲计算机协会制定的 JS 规范）的一个子集，采用完全独立于编程语言的文本格式来存储和表示数据。简洁和清晰的层次结构使得 JSON 成为理想的数据交换语言。

使用 JSON 表示数组时，一个数组以"["（左中括号）开始，以"]"（右中括号）结束。值之间使用"，"（逗号）分隔。

参考答案

（61）B

试题（62）

在 XML 的第一条声明语句中，不能使用的属性是　（62）　。

（62）A．standalone　　　B．name　　　　　C．encoding　　　　D．version

试题（62）分析

本题考查 XML 文档的基础知识。

XML 声明是文档头部的第一条语句，也是整个文档的第一条语句。XML 声明语句的格式如下：

<?xml version="version–number" encoding="encoding–declaration" standalone="standalone-status" ?>

XML 声明语句以"<?xml"开始、以"?>"结束，表示这是一个 XML 文档。处理指令是在 XML 文档中由应用程序进行处理的部分，XML 解析器把信息传送给应用程序，应用程序解释指令，按照它提供的信息进行处理。处理指令是以"<?"开始、以"?>"结束，其格式是：

<?处理指令名称处理指令信息?>

以"xml-[name]"开头的处理指令指定的是[name]中给出的与 XML 相关的技术。

参考答案

（62）B

试题（63）

在电子商务网站的基本构件中，__（63）__用来管理防火墙内外的用户、资源和控制安全权限，同时为用户的通信和电子商务交易提供通道。

（63）A．网站服务器　　　　　　　　　B．安全服务器

　　　 C．邮件和消息服务器　　　　　　D．目录服务器

试题（63）分析

本题考查电子商务网站基本构件的知识。

在电子商务的基本构件中，网站服务器主要是为了把网站的信息发布给用户；邮件和消息服务器是为企业员工、合作伙伴和客户提供商业级的通信架构；目录服务器主要用来管理防火墙内外的用户、资源和控制安全权限，同时为用户的通信和电子商务交易提供通道；安全服务器主要是为了保证电子商务系统的数据安全、应用安全和交易安全。

参考答案

（63）D

试题（64）

数据库的概念设计阶段，__（64）__是常用的概念数据模型。

（64）A．层次模型　　　　　　　　　　B．网状模型

　　　 C．实体联系模型　　　　　　　　D．面向对象模型

试题（64）分析

本题主要考查数据库的基础知识。

最常用的数据模型为概念数据模型和基本数据模型。其中，基本数据模型是按计算机系统的观点对数据建模，是现实世界数据特征的抽象，用于 DBMS 的实现。基本数据模型有层次模型、网状模型、关系模型和面向对象模型。而概念数据模型是按用户的观点对数据和信

息建模，是现实世界到信息世界的第一层抽象，强调其语义表达功能，易于用户理解，是用户和数据库设计人员交流的语言，主要用于数据库设计。这类模型中最著名的是实体联系模型，简称 E-R 模型。

参考答案

（64）C

试题（65）

在网页中要给"电子商务设计师"增加外边框，要求上下边框为实线、左边框为点线、右边框为凹型线，可以实现该功能的选项是 ___（65）___。

（65）A. `<p style="border-style:solid dotted solid groove">`电子商务设计师`</p>`

B. `<p style="border-style:solid groove solid dotted">`电子商务设计师`</p>`

C. `<p style="border-style:solid groove dotted">`电子商务设计师`</p>`

D. `<p style="border-style:solid dotted">`电子商务设计师`</p>`

试题（65）分析

本题主要考查 Web 前端开发中"盒模型"的基础知识。

边框样式属性 border-style 是一个复合属性，同时取 1 到 4 个值。border-style 属性有以下几种情况：取 1 个值时，四条边框均使用这一个值；取 2 个值时，上下边框使用第一个值，左右边框使用第二个值，两个值一定要用空格隔开；取 3 个值时，上边框使用第一个值，左右边框使用第二个值，下边框使用第三个值，取值之间要用空格隔开；取 4 个值时，四条边框按照上、右、下、左的顺序来调用取值，取值之间也要用空格隔开。

根据上述规则，结合题目要求，上下边框为实线（solid）、左边框为点线（dotted）、右边框为凹型线（groove），故选择 B 项。

参考答案

（65）B

试题（66）

区块链经济组织的信任基础是 ___（66）___。

（66）A. 公司章程　　　B. 共识算法　　　C. 国家法律　　　D. 国际贸易规则

试题（66）分析

本题考查区块链经济组织的相关知识。

区块链是一种将数据区块以时间顺序相连的方式组合成的，并以密码学方式保证不可篡改和不可伪造的分布式数据库（或者叫分布式账本技术，Distributed Ledger Technology，DLT）。区块链的本质是一套技术体系，核心价值是解决信任问题。区块链经济组织的信任基础是共识算法。

参考答案

（66）B

试题（67）

一般情况下，机器学习、深度学习和人工智能之间的层次关系为 ___（67）___。

（67）A. 机器学习<深度学习<人工智能　　　B. 深度学习<人工智能<机器学习

C．深度学习<机器学习<人工智能　　　　D．深度学习=机器学习<人工智能

试题（67）分析

本题考查人工智能、机器学习、深度学习之间的联系。

机器学习是一门多学科交叉专业，涵盖概率论知识、统计学知识、近似理论知识和复杂算法知识，使用计算机作为工具并致力于真实、实时地模拟人类学习方式，并将现有内容进行知识结构划分来有效提高学习效率。机器学习算法一直是人工智能背后的推动力量。所有机器学习算法中最关键的是深度学习。深度学习是机器学习的一个子集，机器学习是人工智能的一个子集。人工智能是研究使计算机来模拟人的某些思维过程和智能行为（如学习、推理、思考、规划等）的学科，主要包括计算机实现智能的原理、制造类似于人脑智能的计算机，使计算机能实现更高层次的应用。

参考答案

（67）C

试题（68）

大数据分析的效果好坏，可以通过模拟仿真或者实际运行来验证，这体现了大数据思维维度的＿＿（68）＿＿。

（68）A．定量思维　　　　B．实验思维　　　　C．因果思维　　　　D．相关思维

试题（68）分析

本题考查大数据思维维度的相关知识。

大数据思维的三个维度是指定量思维、相关思维、实验思维。定量思维是指提供更多描述性的信息，其原则是一切皆可测。相关思维是指一切皆可连，消费者行为的不同数据都有内在联系。实验思维是指一切皆可试，可以通过模拟仿真或者实际运行来验证。这就是大数据运用递进的三个层次：首先是描述，然后是预测，最后是验证及应用。

参考答案

（68）B

试题（69）

以下关于数据电文的叙述中，不符合《中华人民共和国电子签名法》规定的是＿＿（69）＿＿。

（69）A．以电子、光学、磁或者类似手段生成、发送、接收或者储存的数据电文不能作为法律证据使用

　　　B．数据电文进入收件人指定特定接收系统的时间，视为该数据电文的接收时间

　　　C．数据电文进入发件人控制之外的某个信息系统的时间，视为该数据电文的发送时间

　　　D．一般情况下，除非发件人与收件人另有协议，数据电文应以发件人的主营业地为数据电文发送地点，以收件人的主营业地为数据电文接收地点

试题（69）分析

本题考查《中华人民共和国电子签名法》对数据电文的规范和界定。

（1）数据电文进入发件人控制之外的某个信息系统的时间，视为该数据电文的发送时间。数据电文进入收件人指定特定接收系统的时间，视为该数据电文的接收时间；未指定特定系

统的，数据电文进入收件人的任何系统的首次时间，视为该数据电文的接收时间。

（2）一般情况下，除非发件人与收件人另有协议，数据电文应以发件人的主营业地为数据电文发送地点，以收件人的主营业地为数据电文接收地点。没有主营业地的，则以其常居住地为发送或接收地点。数据电文发送和接收地点对于确定合同成立的地点和法院管辖、法律适用具有重要意义。

（3）数据电文的证据法律效力：以电子形式存在的、能够证明案件真实情况的一切材料及其派生物均可成为电子证据。数据电文不得仅因为其是以电子、光学、磁或者类似手段生成、发送、接收或者储存的而被拒绝作为证据使用。

参考答案

（69）A

试题（70）

根据《中华人民共和国电子签名法》，　（70）　并不符合可靠的电子签名条件。

（70）A．电子签名制作数据用于电子签名时，属于电子签名人专有

　　　　B．签署时电子签名制作数据由数字认证中心控制

　　　　C．签署后对电子签名的任何改动能够被发现

　　　　D．签署后对数据电文内容和形式的任何改动能够被发现

试题（70）分析

本题考查《中华人民共和国电子签名法》关于可靠电子签名条件的法律界定。

电子签名同时符合下列条件的，视为可靠的电子签名：①电子签名制作数据用于电子签名时，属于电子签名人专有；②签署时电子签名制作数据仅由电子签名人控制；③签署后对电子签名的任何改动能够被发现；④签署后对数据电文内容和形式的任何改动能够被发现。

参考答案

（70）B

试题（71）～（75）

In November 2017, we followed it up with "e-Conomy SEA Spotlight 2017 — Unprecedented growth for Southeast Asia's $50B　（71）　". There, we highlighted some of the most significant industry trends, such as the boom of e-commerce marketplaces and ride hailing services as well as the acceleration of　（72）　in the region. We also discussed the encouraging progress made by ecosystem players in addressing challenges that constrain the internet economy from reaching its full potential, such as the availability of homegrown tech talent, digital payment solutions, last-mile　（73）　, high-speed internet access, and consumer trust.

Coping with the continuous development of Southeast Asia's internet economy ecosystem, "e-Conomy SEA 2018 — Southeast Asia's internet economy hits an inflection point" includes sectors of the internet economy not covered in our previous research, such as Online Vacation Rentals (　（74）　), Subscription Music & Video on Demand (　（75）　), and Online Food Delivery (Ride Hailing). These sectors have achieved substantial adoption among Southeast Asian users, resulting in significant business size and growth.

（71）A. internet access   B. internet economy
　　　C. economic form   D. economic activity

（72）A. venture capital investments   B. Internet of things technology
　　　C. venture market acceleration   D. artificial intelligence technology

（73）A. logistics operation   B. logistics management
　　　C. logistics technology   D. logistics infrastructure

（74）A. Online education   B. Online games
　　　C. Online Travel   D. Offline Travel

（75）A. Traditional media   B. Online trading
　　　C. Multi-media   D. Online Media

参考译文

2017 年 11 月，我们以"2017 年电子经济海洋焦点——东南亚 500 亿美元互联网经济前所未有的增长"为主题做跟踪报道。在那里，我们强调了一些最重要的行业趋势，如电子商务市场和搭车服务的繁荣，以及该地区风险投资的加速。我们还讨论了生态系统参与者在应对限制互联网经济充分发挥潜力的挑战方面取得的令人鼓舞的进展，这些挑战包括本土技术人才、数字支付解决方案、最后一英里物流基础设施、高速互联网接入和消费者信任。

为应对东南亚互联网经济生态系统的不断发展，"经济海 2018——东南亚互联网经济迎来拐点"包括了我们之前研究未涉及的互联网经济领域，如在线度假租赁（在线旅游），订阅音乐和视频点播（在线媒体）以及在线食品配送（搭车）。这些部门在东南亚用户中获得了大量采用，从而带来了显著的业务规模和增长。

参考答案

（71）B　（72）A　（73）D　（74）C　（75）D

第 6 章 2020 下半年电子商务设计师下午试题分析与解答

试题一（共 15 分）

阅读下列说明，回答问题 1 至问题 4，将解答填入答题纸的对应栏内。

【说明】

某电子商务集团拟开发一套商品库存销售系统，该系统的部分功能及初步需求分析结果如下所述：

1. 仓库信息包括仓库号、仓库名、仓库类型和仓库地址等；

2. 商店信息包括商店号、商店名、商店地址、店员编号、店员姓名、店员电话和岗位等，一个商店可以有多个店员，一个店员也可以在多个商店工作，但岗位有所不同；

3. 商品信息包括商品号、商品名和单价等；

4. 仓库与商品之间存在"库存"联系，每个仓库可存储多种商品，每种商品存储在多个仓库中，库存包括存取量、库存量和存取时间等；

5. 商店与商品之间存在着"销售"联系，一个商店可销售多种商品，一种商品可在多个商店里销售，销售包括销售时间和销售量等；

6. 仓库、商店、商品之间存在一个三元联系"供应"，反映了把某个仓库中存储的商品供应到某个商店，此联系有供应时间和供应量两个属性。

【概念模型设计】

根据需求阶段收集的信息，设计的部分实体联系图如图 1-1 所示。

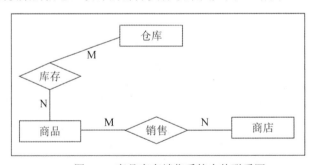

图 1-1 商品库存销售系统实体联系图

【关系模式设计】

仓库(仓库号,仓库名,仓库类型,仓库地址)

商品(商品号,商品名,单价)

商店(商店号,商店名,商店地址,店员编号,店员姓名,店员电话,岗位)

库存(仓库号,商品号,存取时间,存取量,库存量)

销售(商店号,商品号,销售时间,销售量)

供应((1) , (2) , (3) ,供应时间,供应量)

【问题 1】（4 分）

在"商品库存销售系统实体联系图"中画出三元联系"供应"。

【问题 2】（3 分）

根据题意，将关系模式中的空（1）～（3）补充完整。

【问题 3】（4 分）

供应关系的主键为＿＿(4)＿＿，外键为＿＿(5)＿＿、＿＿(6)＿＿、＿＿(7)＿＿。

【问题 4】（4 分）

a. 商店关系属于第几范式？为什么？

b. 如果要使商店关系满足第三范式，应如何修改？

试题一分析

本题考查数据库概念结构设计、逻辑结构设计及关系数据理论的相关知识及应用。

此类题目要求考生认真阅读题目对现实问题的描述，经过分类、聚集、概括等方法，从中确定实体及其联系。题目已经给出了 3 个实体及部分联系，需要根据需求描述，给出实体间的三元联系，并根据概念结构设计逻辑结构，同时对关系进行规范化处理。

【问题 1】

由"每个仓库可存储多种商品，每种商品存储在多个仓库中"可知仓库与商品间为 m∶n 联系；由"一个商店可销售多种商品，一种商品可在多个商店里销售"可知商店与商品间为 m∶n 联系；再由"仓库、商店、商品之间存在一个三元联系"可知仓库和商店之间存在 m∶n 联系。完整的实体联系图如图 1-2 所示。

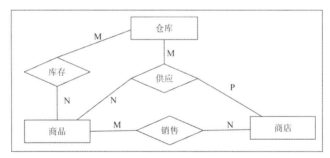

图 1-2　完整的商品库存销售系统实体联系图

【问题 2】

由"仓库、商店、商品之间存在一个三元联系'供应'，反映了把某个仓库中存储的商品供应到某个商店"和图 1-2 完整的实体联系图，根据概念模型转逻辑模型的原则，将三元联系"供应"转换成逻辑模型时，需要创建关系模型"供应"，对于 m∶n 的联系，要将联系对应的实体主码都加入到新的关系模型"供应"中，完整的"供应"关系模式如下：

供应 (仓库号,商品号,商店号,供应时间,供应量)

【问题 3】

"供应"关系反映了把某个仓库中存储的商品供应到某个商店，同时还需注意，可以给一个商店分时间多次供应一个仓库的一种商品，因此供应关系的主键为（仓库号，商品号，商店号，供应时间），外键为仓库号（参照"仓库"关系）、商品号（参照"商品"关系）及商店号（参照"商店"关系）。

【问题 4】

a.

第一范式是指在关系模型中，所有的域都应该是原子性的，即关系中的每一列都是不可分割的原子数据项。

第二范式在 1NF 的基础上，非码属性必须完全依赖于候选码（在 1NF 基础上消除非主属性对主码的部分函数依赖）。

商店（商店号，商店名，商店地址，店员编号，店员姓名，店员电话，岗位）关系中每一列都不可分割，属于第一范式；其主码是{商店号，店员编号}，而商店号→商店名，即存在部分函数依赖，因此不属于第二范式，只能属于第一范式。

b.

第三范式在 2NF 的基础上，任何非主属性不依赖于其他非主属性（在 2NF 基础上消除传递依赖），即第三范式不能存在部分函数依赖及传递函数依赖，因此需将商店关系分解为：

商店 (商店号,商店名,商店地址)
店员 (店员编号,店员姓名,店员电话)
工作 (商店号,店员编号,岗位)

参考答案

【问题 1】

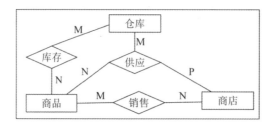

【问题 2】

　　（1）仓库号
　　（2）商店号
　　（3）商品号
　　注：（1）～（3）答案可以互换

【问题 3】

　　（4）仓库号，商店号，商品号，供应时间
　　（5）仓库号
　　（6）商店号
　　（7）商品号
　　注：①（4）中的四个属性不分先后顺序；
　　　　②（5）～（7）答案可以互换。

【问题 4】

a. 第一范式

商店（商店号，商店名，商店地址，店员编号，店员姓名，店员电话，岗位）关系的主码是{商店号，店员编号}，而商店号→商店名，因此存在部分函数依赖，属于第一范式。

b. 第三范式不能存在部分函数依赖及传递函数依赖，需将商店关系分解为：

商店(商店号,商店名,商店地址)
店员(店员编号,店员姓名,店员电话)
工作(商店号,店员编号,岗位)

试题二（共 15 分）

阅读以下说明，回答问题 1 至问题 3，将解答填入答题纸的对应栏内。

【说明】

某公司开发一套网上商城系统，其中服务端程序基于 ASP.NET+SQL Server 平台，采用 C#语言设计，客户端除了 PC 端的系统外（PC 端采用 C#语言开发基于 ASP.NET+SQL Server 平台的系统），还基于 Android 平台设计了 App，App 采用 Java 语言开发。

【问题 1】（7 分）

App 中包括一个积分兑换功能，兑换积分规则有两种：一是 500 积分兑换 10 元代金券，二是 1000 积分兑换 25 元代金券。在积分兑换界面包括一个积分余额的 TextView（@+id/pointsBalance）、一个用户输入要兑换的积分数的 EditText（@+id/pointsUse）、一个显示兑换结果的 TextView（@+id/result）、一个查看可兑换结果的 Button（@+id/call）及一个兑换的 Button（@+id/exchange）。

要求在单击查看可兑换结果按钮时，首先判断用户输入的积分数，如果已超过积分余额，显示"余额不足"，否则按照最大可兑换代金券数量的原则计算兑换结果，并将结果显示。以下是计算可兑换结果的主要程序，根据描述，完成代码。

```
public class CalculateResultActivity extends Activity {
    private TextViewnumBalanceText = null;
    private EditTextnumUseText = null;
    private Button callBtn = null;
    private TextViewresultView = null;
    @Override
    public void onCreate(Bundle savedInstanceState) {
        super.onCreate(savedInstanceState);
        setContentView(R.layout.main);
        numBalanceText = (TextView)findViewById(R.id._(1)_);
        numUseText = (EditText)findViewById(R.id._(2)_);
        callBtn = (Button)findViewById(R.id._(3)_);
        resultView = (TextView)findViewById(R.id._(4)_);
        callBtn.setOnClickListener(new OnClickListener() {
        @Override
        public void onClick(View v) {
        intnumBalance=Integer.parseInt(numBalanceText.getText().
```

```
toString());
            intnumUse = Integer.parseInt (numUseText.getText().toString());
            if(  (5)  ){
                Toast.makeText(MainActivity.this,"余额不足",Toast.LENGTH_SHORT).
show();
                return;
            }
            else{
              int num25=  (6)  ;
              int num10=  (7)  ;
              resultView.setText("可兑换: "+num25 + "张 25 元代金券, " + num10+
"张 10 元代金券");
            }
          }
        });
      }
    }
```

【问题 2】（3 分）

假定该购物系统的部分结构如图 2-1 所示，其中首页在网站根目录下，网页文件名为
"index.aspx"，所有产品的页面文件都放在网站根目录下的 "Products" 目录中，其中 "热销
产品" 网页文件名为 "BestSell.aspx"、"手机" 网页文件名为 "Mobile.aspx"、"iPad" 网页文
件名为 "iPad.aspx"、"蓝牙耳机" 网页文件名为 "Bluetooth.aspx"。根据这个站点结构创建一
个 Web.sitemap 站点地图文件，根据题意，补全站点地图文件程序。

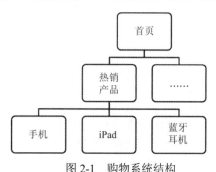

图 2-1　购物系统结构

```
<?xml version="1.0" encoding="utf-8" ?>
<sitemap xmlns="http://schemas.microsoft.com/AspNET/SiteMap-File-1.0" >
      <siteMapNode url="  (8)  " title="首页" description="首页">
        <siteMapNode url="~/  (9)  /BestSell.aspx" title="热销产品"
description="热销产品" >
          <siteMapNode url="~/  (9)  /Mobile.aspx" title="手机"
description="手机" />
            <siteMapNodeurl="~/  (9)  /iPad.aspx"title="iPad"description=
"iPad" />
```

```
            <siteMapNode  url="~/ __(9)__ /Bluetooth.aspx"  title=" 蓝牙耳机 "
description="蓝牙耳机" />
            < __(10)__ >
        <!--其他站点内容省略-->
        </siteMapNode>
    </siteMap>
```

【问题 3】(5 分)

在服务端 ASP.NET 程序的产品修改页面中，包括产品 ID 的显示控件 Label（ID：lblProductID），产品名称的文本框（ID：txtProductName），产品单价的文本框（ID：txtPrice），产品描述的文本框（ID：txtDetail），以及保存按钮（ID：btnSave）。当单击保存按钮时，将产品修改页面中的信息保存到产品表（表名：products）中，并返回当前路径下的产品查询页面（ProductList.aspx）。其中 SQL Server 数据库服务器地址为"135.40.3.21"，数据库名为"Business"，数据库登录用户名为"myBusiness"，密码为"@Business_China"，产品表（products）结构如表 2-1 所示。

表 2-1　products 表结构

字段名	数据类型	说明
productID	Nchar（20）	商品编号，主键
productName	Nchar（20）	商品名称
price	Float	单价
detail	Varchar（1000）	商品详情

根据题意，完成修改指定商品的代码。

```
protected void btnSave_Click(object sender, EventArgs e)
{
    string strcon = "server=135.40.3.21;database= __(11)__ ;uid=myBusiness;
pwd=@Business_China";
    SqlConnection con = new SqlConnection( __(12)__ ); //新建 SQL 连接
    string sqlStr = "update __(13)__ set productName='"+txtProductName.
Text ;
    sqlStr+="',price="+txtPrice.Text+",detail='"+txtDetail.Text;
    sqlStr +="' where __(14)__ ='"+ lblProductID.Text+"'";
    try
    {
        con.Open();  //打开 SQL 连接
        SqlCommand command = new SqlCommand(sqlStr, con);
        if(command.ExecuteNonQuery() >0)
        {  //提示成功信息
            Response.Write("<script> alert('修改成功');window. location.
href=' __(15)__ '; </script> ");
        }
        else
```

```
        {    //提示失败信息
            Response.Write("<script>alert(' 修改失败，请检查后重新修改 ')
</script>");
        }
    }
    //异常处理程序省略
}
```

试题二分析

　　本题考查基于 Android 平台的 App 开发、ASP.NET 站点地图、连接访问数据库等技术。

　　此类题目要求考生认真阅读题目对问题的描述，题目已经给出了部分程序，分析该部分程序代码，再根据需求描述，补全程序代码。

【问题 1】

　　根据题意，首先创建了 4 个对象，再分别根据 id 获取对象，其中积分余额文本框 id 为"pointsBalance"、兑换积分数的输入框 id 为"pointsUse"、查看可兑换结果的按钮 id 为"call"及显示兑换结果的文本框 id 为"result"。在单击查看可兑换结果的按钮时，分别获取积分余额文本框和兑换积分数输入框的内容并转换成整型值；然后判断当兑换积分数大于积分余额数时，显示"余额不足"，否则按照最大可兑换代金券数量的原则，应尽可能用 1000 积分兑换 25 元代金券，则最多可兑换 25 元代金券数量为"兑换积分数/1000"的整数值，可兑换 10 元代金券数量为"兑换积分数 MOD1000/500"的整数值，最后输出兑换结果。完整的程序代码如下：

```java
public class CalculateResultActivity extends Activity {
    private TextView numBalanceText = null;
    private EditText numUseText = null;
    private Button callBtn = null;
    private TextView resultView = null;
    @Override
    public void onCreate(Bundle savedInstanceState) {
        super.onCreate(savedInstanceState);
        setContentView(R.layout.main);
        numBalanceText = (TextView)findViewById(R.id.pointsBalance);
        numUseText = (EditText)findViewById(R.id.pointsUse);
        callBtn = (Button)findViewById(R.id.call);
        resultView = (TextView)findViewById(R.id.result);
        callBtn.setOnClickListener(new OnClickListener() {
        @Override
        public void onClick(View v) {
          int numBalance=Integer.parseInt(numBalanceText.getText().
toString());
            int numUse = Integer.parseInt (numUseText.getText().toString());
            if(numUse>numBalance){
                Toast.makeText(MainActivity.this, "余额不足", Toast.
LENGTHSHORT).show();
            return;
```

```
                }
                else{
                    int num25= numUse/1000;
                    int num10= numUse%1000/500;
                    resultView.setText("可兑换: "+num25 + "张25元代金券, " + num10+
"张10元代金券");
                }
            }
        });
    }
}
```

【问题 2】

根据题意，首页在网站根目录下，网页文件名为"index.aspx"，首页的路径应该为"~/index.aspx"，所有产品的页面文件都放在网站根目录下的"Products"目录中，其中"热销产品"网页文件名为"BestSell.aspx"，其路径应为"~/Products/BestSell.aspx"，"手机"网页文件名为"Mobile.aspx"，其路径应为"~/Products/Mobile.aspx"，"iPad"网页文件名为"iPad.aspx"，其路径应为"~/Products/iPad.aspx"，"蓝牙耳机"网页文件名为"Bluetooth.aspx"，其路径应为"~/Products/Bluetooth.aspx"。另外，XML 标记一般是成对出现。完整的程序代码如下：

```
<?xml version="1.0" encoding="utf-8" ?>
<siteMap xmlns="http://schemas.microsoft.com/AspNET/SiteMap-File-1.0" >
    <siteMapNode url="~/index.aspx" title="首页" description="首页">
        <siteMapNode url="~/Products/BestSell.aspx" title="热销产品"
description="热销产品" >
            <siteMapNode url="~/Products/Mobile.aspx" title="手机" description=
"手机" />
            <siteMapNode url="~/Products/iPad.aspx" title="iPad"
description="iPad" />
            <siteMapNode url="~/Products/Bluetooth.aspx" title="蓝牙耳机"
description="蓝牙耳机" />
        </siteMapNode>
        <!--其他站点内容省略-->
    </siteMapNode>
</siteMap>
```

【问题 3】

根据题意，首先设置数据库连接字符串，其中 SQL Server 数据库服务器地址为"135.40.3.21"，数据库名为"Business"，数据库登录用户名为"myBusiness"，密码为"@Business_China"，然后再根据连接字符串创建连接对象。题目要求根据产品编号（productID）的值修改产品（products 表）相应的值，修改成功时返回当前路径下的产品查询页面（ProductList.aspx），否则显示"修改失败"。完整的程序代码如下：

```
protected void btnSave_Click(object sender, EventArgs e)
{
    String strcon="server=135.40.3.21;database=Business;uid=myBusiness;
pwd=@Business_China";
    SqlConnection con = new SqlConnection(strcon);  //新建 SQL 连接
    String sqlStr="update products set productName='"+txtProductName.
Text;
    sqlStr +="', price ="+ txtPrice.Text +", detail ='"+ txtDetail.Text;
    sqlStr +="' where productID ='"+lblProductID.Text+"'";
    try
    {
        con.Open();  //打开 SQL 连接
        SqlCommand command = new SqlCommand(sqlStr, con);
        if (command.ExecuteNonQuery() >0)
        {  //提示成功信息
            Response.Write("<script> alert('修改成功');window. location.
href=' ProductList.aspx '; </script> ");
        }
        else
        {  //提示失败信息
            Response.Write("<script>alert('修改失败，请检查后重新修改')
</script>");
        }
    }
    //异常处理程序省略
}
```

参考答案

【问题 1】

（1）pointsBalance

（2）pointsUse

（3）call

（4）result

（5）numUse>numBalance

（6）numUse/1000

（7）numUse%1000/500

【问题 2】

（8）~/index.aspx

（9）Products

（10）/siteMapNode

【问题 3】

（11）Business

（12）strcon

（13）products

（14）productID

（15）ProductList.aspx

注：（13），（14）字母不区分大小写

试题三（共 15 分）

阅读以下说明，回答问题 1 至问题 3，将解答填入答题纸的对应栏内。

【说明】

在开发某大型电子商务系统项目过程中，为保证软件的开发质量，需要进行软件测试。某测试员需要完成销售情况统计模块及某函数的测试任务。

【问题 1】（5 分）

现有一个功能模块，需要验证员工编号输入是否正确。员工编号的编码规则如下：

（1）员工编号是由"地区码+顺序号"组成；

（2）地区码是以 0 开头的 3 位或 4 位数字；

（3）顺序号是以非 0 和非 1 开头的 4 位数字。

由上述规则设计员工编号的等价类（如表 3-1 所示）以及员工编号问题的部分测试用例（如表 3-2 所示），根据题意，填写（1）～（5）空。

表 3-1　员工编号问题的等价类表

输入条件	有效等价类	无效等价类
地区码	以 0 开头的 3 位地区码① 以 0 开头的 4 位地区码②	以非 0 开头的数字③ 　（1）　④ 以 0 开头且大于 4 位的数字⑤ 含有非数字字符⑥
顺序号	（2）　⑦	以 0 开头的数字⑧ 以 1 开头的数字⑨ 以非 0 和非 1 开头且小于 4 位的数字⑩ 以非 0 和非 1 开头且大于 4 位的数字⑪ 含有非数字字符⑫

表 3-2　员工编号问题的等价类测试用例

用例编号	输入数据		覆盖等价类编号	输出
	地区码	顺序号		
1	029	2345	①，⑦	有效
2	02a	4567	⑥	无效
3	0112	7452	（3）	有效
4	021	0045	（4）	（5）
5	010	18d2	①，⑫	无效
…	…	…	…	…

【问题 2】（8 分）

现有一个求给定序列中最小元素位置的函数，其中形参 i 和 n 分别代表序列的起始和结束位置。被测程序的流程图如图 3-1 所示。

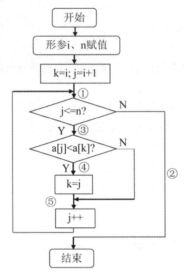

图 3-1　被测试程序的流程图

说明：流程图中数字代表程序执行的路径，形参 i 和 n、中间变量 k 和 j 都为整型变量。

现选用测试数据为"7，3，5，1，0，11，3，8，23，44"，依次将这些测试数据存放在数组 a 中，结合表 3-3 被测试程序的测试用例，填写（6）～（12）空。

表 3-3　被测试程序的测试用例

序号	循环次数	形参		中间变量		测试结果	执行路径
		i	n	j	k		
1	0	1	0	2	1		①-②
2	0	1	1	(6)	1		(7)
3	1	1	(8)	3	1		①-③-⑤-①-②
4	0	2	1	3	2		①-②
5	(9)	1	3	(10)	(11)		(12)
…	…	…	…	…	…	…	…

【问题 3】（2 分）

在表 3-3 被测试程序的测试用例中，当选用语句覆盖测试时，语句覆盖率为 100% 的测试用例为　(13)　（填写测试用例的序号）。

试题三分析

本题考查软件测试中，使用等价类测试、语句覆盖等测试方法完成程序中功能模块和函数的测试。

题目已经给出员工编号的等价类以及员工编号问题的部分测试用例，需要根据员工编号的编码规则，完善等价类和测试用例表中的内容；根据被测程序流程图，完成被测试程序的测试用例中的部分内容。

【问题 1】

本问题考查等价类软件测试方法。结合员工编号问题的等价类表、员工编号的编号规则，完成员工编号问题的等价类测试用例。

等价类划分法是黑盒测试中最基本、最常用的测试用例设计思想与方法，通过该方法可以将海量的随机输入数据测试变为少量的、更有针对性的测试。其具体方法就是将所有可能的输入数据，即程序的输入域划分成若干部分（子集），然后从每一个子集中选取少数具有代表性的数据作为测试用例。

等价类是指某个输入域的子集合，可有两种不同的情况：有效等价类和无效等价类。有效等价类是指对于程序的规格说明来说是合理的、有意义的输入数据构成的集合，利用有效等价类可以检验程序是否实现了规格说明中所规定的功能和性能要求。无效等价类与有效等价类相反，是指对程序的规格说明来说是无意义的、不合理的输入数据构成的集合，利用无效等价类可以检验程序是否具有容错性和较高的可靠性。

分析"地区码"的无效等价类，③、⑤和⑥的"以非 0 开头的数字""以 0 开头且大于 4 位的数字"以及"含有非数字字符（其他字符输入）"非法输入检测中，对"以 0 开头且小于 3 位的数字"的非法输入未包含，因此"地区码"的无效等价类④处应填写"以 0 开头且小于 3 位的数字"。

根据员工编号的编号规则"顺序号是以非 0 和非 1 开头的 4 位数字"可知，顺序号的有效等价类⑦处应填写"以非 0 和非 1 开头的 4 位数字"。

在员工编号问题的等价类测试用例表中，地区码"0112"覆盖了等价类②，顺序号"7452"覆盖了等价类⑦，因此第（3）空应填②，⑦，输出"有效"；地区码"021"覆盖了等价类①，顺序号"0045"覆盖了等价类⑧，因此第（4）空应填①，⑧，第（5）空的输出结果为"无效"。

【问题 2】

分析被测试程序的流程图可知，函数模块的主要功能是求给定序列（数组）中最小元素的位置，函数的形参为 n 和 i，中间变量为 k 和 j，数据类型均为整型。给定不同的形参值，执行过程为：

当 i=1，n=0 时，k=1，j=2，此时"j<=n"的值为"假"，执行路径为①-②，直接结束。

当 i=1，n=1 时，k=1，j=2，此时"j<=n"的值为"假"，执行路径为①-②，直接结束。因此第（6）空应填写"2"，第（7）空填写执行的路径为"①-②"。

当 i=1，n=2 时，k=1，j=2，此时"j<=n"的值为"真"，此时 a[j]即 a[2]=5，a[k]即 a[1]=3，选择条件"a[j]<a[k]"的值为"假"，执行路径为①-③-⑤，进行"j++"操作后，j=3，执行路径为①-③-⑤-①，此时"j<=n"的值为"假"，执行路径为①-③-⑤-①-②，直接结束。整个循环执行了 1 次。因此第（8）空形参 n 的值为"2"。

当 i=1，n=3 时，k=1，j=2，此时"j<=n"的值为"真"，此时 a[j]=a[2]=5，a[k]=a[1]=3，

选择条件 "a[j]<a[k]" 的值为 "假"，执行路径为①-③-⑤，进行 "j++" 操作后，j=3，执行路径为①-③-⑤-①，循环体完成 1 次执行；由于 "j<=n" 的值为 "真"，执行路径为①-③-⑤-①-③，a[j]=a[3]=1，a[k]=a[1]=3，选择条件 "a[j]<a[k]" 的值为 "真"，执行路径为①-③-⑤-①-③-④，k 和 j 的值一样都是 3；执行路径变为①-③-⑤-①-③-④-⑤，执行 "j++" 语句后，j 的值变为 4；当执行路径变为①-③-⑤-①-③-④-⑤-①时，完成第 2 次循环后，"j<=n" 的值为 "假"，执行路径为①-③-⑤-①-③-④-⑤-①-②，直接结束。整个循环执行了 2 次。因此第 (9) 空循环次数为 "2"，第（10）空中间变量 j 的值为 "4"，第（11）空中间变量 k 的值为 "3"，第（12）空整个程序执行的路径为 "①-③-⑤-①-③-④-⑤-①-②"。

【问题 3】

所谓语句覆盖，就是设计若干个测试用例，运行被测程序，使得每条可执行语句至少执行一次。而语句覆盖率的计算公式为 "语句覆盖率=被评价到的语句数量/可执行的语句总数×100%"，分析被测试程序的流程图可知，被测程序的 "被评价到的语句数量" 和 "可执行的语句总数" 在形参 n 和 i 满足某个条件时，它们是相等的，此时语句覆盖率就是 100%。

分析表 3-3 被测试程序的测试用例可知，在测试用例序号为 5 时，此时形参 i=1、n=3，整个循环将执行 2 次，所有的语句都会被执行，被测程序的 "被评价到的语句数量" 和 "可执行的语句总数" 相等，因此该测试用例对应的语句覆盖率为 100%。

参考答案

【问题 1】

（1）以 0 开头且小于 3 位的数字

（2）以非 0 和非 1 开头的 4 位数字

（3）②，⑦

（4）①，⑧

（5）无效

【问题 2】

（6）2

（7）①-②

（8）2

（9）2

（10）4

（11）3

（12）①-③-⑤-①-③-④-⑤-①-②

【问题 3】

（13）5

试题四（共 15 分）

阅读下列说明，回答问题 1 至问题 4，将解答填入答题纸的对应栏内。

【说明】

刘经理负责某公司一个电子商务网站建设的项目管理工作。为了更好地对该项目的开发过程进行监控，保证项目顺利完成，刘经理拟采用网络计划技术对项目进度进行管理，图 4-1 为该项目的网络进度计划图，表 4-1 为项目各项作业正常工作与应急工作的时间和费用。

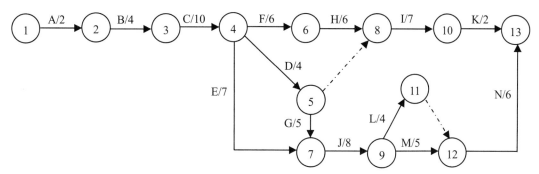

图 4-1　项目的网络进度计划图

表 4-1　项目各项作业正常工作与应急工作的时间和费用

作业代码	正常工作		应急时间	
	时间/天	费用/元	时间/天	增加的费用/元
A	2	1200	1	300
B	4	2500	3	200
C	10	5500	7	900
D	4	3400	2	700
E	7	1400	5	200
F	6	1900	4	300
G	5	1100	3	300
H	6	9300	4	600
I	7	1300	5	400
J	8	4600	6	200
K	2	300	1	100
L	4	900	3	100
M	5	1800	3	300
N	6	2600	3	360
间接费用 200 元/天				

【问题 1】（3 分）

运用网络图，确定该项目的关键路径为　(1)　。

【问题 2】（2 分）

项目完成的总工期为　(2)　天。

【问题 3】（7 分）

根据项目要求，工期缩短到 38 天完成，需要调整工作计划。按照时间-成本平衡法的目标，请给出具体的工期压缩方案并计算需要增加的最少费用：

最优压缩的作业依次是 ___(3)___ 压缩 ___(4)___ 天，___(5)___ 压缩 ___(6)___ 天，___(7)___ 压缩 ___(8)___ 天；

项目缩短工期增加成本最少 ___(9)___ 元。

【问题 4】（3 分）

项目工期缩短到 38 天，刘经理请财务部估算项目的费用，该项目费用变化了 ___(10)___ 元。

试题四分析

本题考查电子商务项目计划控制与优化的知识及应用，包括关键路径、工期、时间-成本平衡优化等知识点的应用。

此类题目要求考生掌握电子商务项目计划控制优化方法，关键路径寻找方法及单代号图、双代号图等；时间-成本平衡法的目标是在总成本增加最少的条件下压缩工期，使项目在最短时间完成。

【问题 1】

在关键路径法（CPM）中，路径上所有工作的持续时间总和称为该路径的总持续时间，将网络图中所有路径的作业时间进行比较，总持续时间最长的路径称为关键路径，关键路径上的工作称为关键工作，关键路径的长度就是网络计划的总工期。可用网络计算找关键路径，即总持续时间最长的路径，分别计算各路径：

ABCDGJMN =2+4+10+4+5+8+5+6=44

ABCDGJLN=2+4+10+4+5+8+4+6=43

ABCEJMN =2+4+10+7+8+5+6=42

ABCEJLN=2+4+10+7+8+4+6=41

ABCFHIK=2+4+10+6+6+7+2=37

ABCDIK=2+4+10+4+7+2=29

因此关键路径为 ABCDGJMN。

【问题 2】

由于关键路径的长度就是网络计划的总工期，因此总工期为 44 天。

【问题 3】

根据题目要求，工期缩短到 38 天完成，按照时间-成本平衡法的目标，即在总成本增加最少的条件下压缩工期，使项目在最短时间完成。每项工作的工期从正常时间缩短至应急时间都有自己的单位时间和成本。正常时间是在正常条件下完成工作需要的估计时间长度；正常成本是在正常时间内完成工作的预计成本。应急时间是完成工作的最短估计时间长度；应急成本是在应急时间内完成工作的预计成本。缩短工期的单位时间和成本可用如下公式计算：（应急成本–正常成本）/（正常时间–应急时间）。

要达到要求则要缩短 6 天，所以需要先将大于 38 天的 4 条路径中某些共同活动进行缩减。其中在 4 条路径的共同活动中计算。首先从单位增加成本最低的活动开始，单位增加成本依次为 J（200/2=100）、N（360/3=120）、B（200/1=200）、C（900/3=300）、A（300/1=300）。

首先 J 可以缩短 2 天，增加成本 200 元，还需缩短 4 天，然后 N 活动缩短 3 天，增加成本 360 元，还需缩短 1 天。

压缩到这里的时候，路径 ABCEJLN、ABCEJMN 和 ABCDGJLN 都是已经小于或等于 38 了的，所以这个时候只要保证关键路径 ABCDGJMN 还可压缩一天即可，由于 G 和 M 缩短 1 天的成本都是 150 元，所以在这两个活动中任意压缩一天即可。增加成本 150 元。本题答案为：（3）J，（4）2，（5）N，（6）3，（7）G 或 M，（8）1。

所以增加的总成本为：200（J）+360（N）+150（G 或 M）=710 元。

【问题 4】

题目中间接费用为每天 200 元，即工期缩短一天可减少费用 200 元，6 天共计 1200 元。增加费用为 710 元，因此项目缩短工期为 38 天后，该项目费用变化了 1200–710=490 元，即实际节省费用为 490 元。

参考答案

【问题 1】

（1）ABCDGJMN 或 (1-2-3-4-5-7-9-12-13) 或 A-B-C-D-G-J-M-N

【问题 2】

（2）44

【问题 3】

（3）J

（4）2

（5）N

（6）3

（7）G 或 M

（8）1

（9）710

【问题 4】

（10）490

试题五（共 15 分）

阅读下列说明，回答问题 1 至问题 4，将解答填入答题纸的对应栏内。

【说明】

A 品牌充分利用网络营销手段，在消费者形成购买决策前就与之充分互动，将消费者最想预先知晓的产品信息进行有效地传递，在广告预算没有增长的情况下，产生的销售业绩增长超过两倍。A 品牌网络营销的成功取决于以下方面：

首先，A 品牌通过调研获知，有 65% 的消费者在做出购买决定前，会进行至少 3 次的搜索；有 29% 的消费者会进行 5 次以上的搜索。而用户关注的信息主要体现在三个层面：价格、服务和产品性能的详细信息。因此，针对这三个层面的信息，A 品牌通过详细研究用户查询时可能出现的关键词组合方式，将产品名称的各种排列组合的关键词一并购买，让旗下所有产品名称都置于搜索结果的第一位。并且对关键词的选择以及结果的呈现方式做了优化，使消费者在决策前知晓相关的信息，从而促进产品的销量。

基于以上消费者分析，A 品牌对关键词及其组合进行选择、优化，大大提升 A 品牌被收录的机会。通过百度 A 品牌专区的促销公告、商品信息等图文并茂形式的呈现，这种新颖的内容呈现方式可以将潜在消费者吸引到 A 品牌网站进行消费。同时广告主在品牌专区亲手编辑栏目内容，将企业的最新信息前移，主动管理企业在搜索引擎上的品牌形象，实现网络平台和线下活动的良性互动。这样不但能够提升品牌形象，并且为 A 品牌网上商城带来了很多高质量的流量，大幅度地提高了品牌关键词的转化率，进而促进销售的大幅度提升。

此外，A 品牌与搜索运营商达成精诚合作，利用搜索引擎分 IP 显示关键词广告的功能，联合分散在全国各城市的经销商，进行当地市场的品牌精准传播。用户输入 A 品牌产品的名称后，在结果列表首位展示的是 A 品牌的官方网站，结果列表次位展示的是当地经销商的网站。

A 品牌的这一创举，首先达成了品牌的大面积覆盖，关于 A 品牌的一切产品都排在搜索结果首位，在用户心目中树立了良好的品牌形象。其次，达成了品牌的细分覆盖，能够根据用户所属地区提供有针对性的结果，为经销商的销售带来线索。最后，A 品牌与经销商联合进行营销，使得 A 的整体品牌形象得到高度统一，同时节省了各经销商各自为战带来的高额广告预算。

【问题 1】（3 分）

案例中 A 品牌采用的营销方法是 __(1)__ ，A 品牌采用该营销方法最基本的目标是 __(2)__ 和 __(3)__ 。

（1）的备选答案：

    A．移动营销   B．微博营销   C．E-mail 营销   D．搜索引擎营销

（2）～（3）的备选答案：

    A．被收录   B．提高转化率   C．提高品牌知名度   D．排名靠前

【问题 2】（5 分）

结合案例材料分析，A 品牌实施该营销的目标有四层：第一层是存在层，它的营销目标是 __(4)__ ，这是该营销的基础；第二层是表现层，它的营销目标是 __(5)__ ；第三层是关注层，它的营销目标是 __(6)__ ；第四层是转化层，它的营销目标是 __(7)__ 。其中 __(8)__ 属于战略层次的目标。

（4）～（7）的备选答案：

    A．在搜索结果中排名靠前

    B．通过用户访问量的增加进而提升销售业绩

    C．增加被主要搜索引擎收录的机会

    D．增加用户的点击（点进）率

（8）的备选答案：

    A．存在层   B．转化层   C．关注层   D．表现层

【问题 3】（3 分）

结合案例材料分析，A 品牌实施该营销采用的基本方法是：__(9)__ 、__(10)__ 、__(11)__ 。

（9）～（11）的备选答案：

    A．资源合作

    B．搜索引擎优化

　　C．购买关键词广告

　　D．竞价排名

　　E．PPC（按点击付费）广告

【问题 4】（4 分）

　　结合案例材料分析，列出 A 品牌提高知名度所采用的策略分别是__(12)__、__(13)__、__(14)__、__(15)__。

试题五分析

　　本题考查搜索引擎营销的目标和方法。

　　此类题目要求考生认真阅读案例材料，运用搜索引擎营销的相关知识对案例材料进行分析。

【问题 1】

　　搜索引擎营销（Search Engine Marketing，SEM）就是基于搜索引擎平台的网络营销，利用人们对搜索引擎的依赖和使用习惯，在人们检索信息的时候尽可能将营销信息传递给目标客户。通过对案例材料分析，A 品牌采用的营销方法是搜索引擎营销。一般认为，被搜索引擎收录和在搜索结果中排名靠前是搜索引擎营销的两个最基本的目标。

【问题 2】

　　搜索引擎营销的目标包括四个层次：增加被主要搜索引擎收录的机会、在搜索结果中排名靠前、增加用户的点击（点进）率、通过用户访问量的增加进而提升销售业绩。其中第一层是存在层，它的营销目标是增加被主要搜索引擎收录的机会，这是搜索引擎营销的基础；第二层是表现层，它的营销目标是在搜索结果中排名靠前；第三层是关注层，它的营销目标是增加用户的点击（点进）率；第四层是转化层，它的营销目标是通过用户访问量的增加进而提升销售业绩，它属于战略层次的目标。

【问题 3】

　　结合案例材料分析，A 品牌实施搜索引擎营销的方法包括：①搜索引擎优化。A 品牌对关键词及其组合进行选择、优化，大大提升 A 品牌被收录的机会。通过百度 A 品牌专区的促销公告、商品信息等图文并茂形式的呈现，同时广告主在品牌专区亲手编辑栏目内容。②资源合作。A 品牌与搜索运营商达成精诚合作，利用搜索引擎分 IP 显示关键词广告的功能，联合分散在全国各城市的经销商，进行当地市场的品牌精准传播。③竞价排名。A 品牌通过详细研究用户查询时可能出现的关键词组合方式，将产品名称的各种排列组合的关键词一并购买，让旗下所有产品名称都置于搜索结果的第一位。

【问题 4】

　　结合案例材料分析，A 品牌提高知名度所采用的策略有：①优化关键词。A 品牌对关键词的选择以及结果的呈现方式做了优化，使消费者在决策前知晓相关的信息，从而促进产品的销量。②优化内容。商品信息以图文并茂的形式呈现，这种新颖的内容呈现方式可以将潜在消费者吸引到 A 品牌网站进行消费。同时广告主在品牌专区亲手编辑栏目内容，将企业的最新信息前移，达到提升品牌形象的目的。③加强与搜索运营商合作。A 品牌与搜索运营商达成精诚合作，利用搜索引擎分 IP 显示关键词广告的功能，联合分散在全国各城市的经销商，

进行当地市场的品牌精准传播。④线上与线下活动的互动。A 品牌主动管理企业在搜索引擎
上的品牌形象，实现网络平台和线下活动的良性互动。⑤广告促销。用户输入 A 品牌产品的
名称后，在结果列表首位展示的是 A 品牌的官方网站，结果列表次位展示的是当地经销商的
网站。

参考答案

【问题 1】

（1）D 或搜索引擎营销

（2）A 或被收录

（3）D 或排名靠前

注：（2）～（3）答案可互换

【问题 2】

（4）C 或增加被主要搜索引擎收录的机会

（5）A 或在搜索结果中排名靠前

（6）D 或增加用户的点击（点进）率

（7）B 或通过用户访问量的增加进而提升销售业绩

（8）B 或转化层

【问题 3】

（9）A 或资源合作

（10）B 或搜索引擎优化

（11）D 或竞价排名

注：（9）～（11）答案可互换

【问题 4】

（12）～（15）只需答出以下五个要点（或与要点意思相近）中的任意四个即可。

要点 1：优化关键词（关键词选取/突出关键词密度）

要点 2：优化内容（新颖的内容呈现形式/原创网站的内容）

要点 3：加强与搜索运营商合作

要点 4：线上与线下活动的互动

要点 5：广告促销

第 7 章　2021 上半年电子商务设计师上午试题分析与解答

试题（1）

某公司要举办产品展销会，需要向上千名客户发送邀请函，该任务使用 Word 中的　（1）　功能最方便。

（1）A．复制　　　　　B．标签　　　　　C．邮件合并　　　D．信封

试题（1）分析

本题考查计算机应用的基础知识。

邮件合并是 Office Word 软件中的一种可以批量处理的功能。在 Office 中，先建立两个文档，一个 Word 文档是包括所有文件共有内容的主文档（比如未填写的信封等），另一个是包括变化信息的数据源 Excel 文档（填写的收件人、发件人、邮编等），然后使用邮件合并功能在主文档中插入变化的信息，用户可以将合并后的文件保存为 Word 文档，可以打印出来，也可以邮件形式发出去。

参考答案

（1）C

试题（2）

公司要统计每位销售人员每个月销售额的平均值，应该使用 Excel 中的　（2）　功能最方便。

（2）A．排序　　　　　B．分类汇总　　　C．条件格式　　　D．筛选

试题（2）分析

本题考查计算机应用的基础知识。

排序：在已有数据表中，按照其中一部分列的升序或降序对整个数据表的数据进行排列顺序。

分类汇总：在已有数据表中，按照其中某一列对整个数据表的数据进行分类，并对分类后的每一类数据分别汇总计算（可以求和、求最大值、求平均值等）。

条件格式：在已有数据表中，按照某种条件规则对数据表中符合该条件的数据设置为指定的格式，不符合条件的数据格式不变。

筛选：在已有数据表中，针对某一列或多列设定条件进行数据选择，将符合条件的数据展示出来。

参考答案

（2）B

试题（3）

在 PowerPoint 中，通过　（3）　功能，可以实现幻灯片的自动播放。

（3）A．动画设计　　　B．排练计时　　　C．自定义动画　　D．幻灯片切换

试题（3）分析

本题考查计算机应用的基础知识。

动画设计：根据 PowerPoint 提供的动画效果为幻灯片设计动画。

排练计时：可以在演示前先预演一遍，一边播放幻灯片，一边根据实际需要进行讲解，将每张幻灯片上所用的时间都记录下来，可以实现自动播放。

自定义动画：给幻灯片中的某个元素设计动画效果。

幻灯片切换：从一张幻灯片切换到下一张幻灯片时设计切换的效果。

参考答案

（3）B

试题（4）

公司文员在录入员工信息时，发现录入的身份证号后两位自动变成"00"，可以采用的方法是__（4）__。

（4）A．在身份证号前加"'"

　　　B．增加身份证号单元格宽度

　　　C．将身份证号单元格格式设为数字

　　　D．将身份证号单元格格式设为常规

试题（4）分析

本题考查计算机应用的基础知识。

在 Excel 中，数字的有效位数是 15 位，大于 15 位后数字会以 0 进行显示，解决的办法是将该单元格的格式设置为文本格式，可以通过菜单设置，也可以直接在单元格中第一个数字的前面加单引号"'"。

参考答案

（4）A

试题（5）

删除 Windows 中不需要的程序，不正确的操作方法是__（5）__。

（5）A．通过控制面板的"程序"组件

　　　B．在 Windows 桌面删除程序图标

　　　C．通过"开始"->"程序"找到对应程序的卸载命令

　　　D．通过"安全卫士""电脑管家"等第三方软件卸载程序

试题（5）分析

本题考查计算机操作系统的基础知识。

应用软件一般工作在操作系统之上，安装软件即把该软件的程序、数据等存储在计算机系统中，同时使该程序与操作系统建立关联，软件才能正常工作。删除软件程序与安装软件的过程恰好相反，需要删除程序、数据，同时删除该程序与操作系统的关联。因此，仅删除程序的桌面图标是不能卸载程序的。

参考答案

（5）B

试题（6）

在 Windows 系统中硬件"即插即用"是指 　(6)　 。

（6）A．此硬件不需要驱动程序就能使用

　　　B．可以将此硬件放到任何 I/O 插槽中即可使用

　　　C．Windows 可以自动识别此硬件，并自动安装相应的驱动程序

　　　D．Windows 可以自动识别此硬件，但尚需人工安装相应的驱动程序

试题（6）分析

本题考查计算机操作系统的基础知识。

即插即用（Plug-and-Play，PNP）的作用是自动配置（低层）计算机中的板卡和其他设备，PNP 的任务是把物理设备和软件（设备驱动程序）相配合，并操作设备，在每个设备和它的驱动程序之间建立通信信道。

参考答案

（6）C

试题（7）

以下关于信息的说法，不正确的是 　(7)　 。

（7）A．同一信息不能依附于不同的载体

　　　B．信息是现实世界事物的存在或运动方式的反映

　　　C．信息可以被多次使用

　　　D．信息可以转换成不同的载体形式被存储和传播

试题（7）分析

本题考查对信息的理解。

信息就是对客观事物的反映，从本质上看，信息是对社会、自然界的事物特征、现象、本质及规律的描述。信息最显著的特点是不能独立存在，信息的存在必须依托载体，而且信息可以被多种载体多次存储和传播。

参考答案

（7）A

试题（8）

某位图文件 xat.bmp 大小为 1MB，用画图程序另存为 xat.gif 后文件大小为 64KB，则文件的压缩比为 　(8)　 。

（8）A．8∶1　　　　　B．16∶1　　　　　C．32∶1　　　　　D．64∶1

试题（8）分析

本题考查图文件存储及大小转换的相关知识。

位图文件 xat.bmp 大小为 1MB，即 1MB=1024KB，用画图程序另存为 xat.gif 后文件大小为 64KB，由此可知缩小为原来的 64/1024=1/16，因此文件的压缩比为 16∶1。

参考答案

（8）B

试题（9）

多媒体计算机系统中，下列 __(9)__ 属于表现媒体。

（9）A．声音、图像　　　　　　　　　　B．显示器、打印机

　　　C．图像编码、声音编码　　　　　D．硬盘、光盘

试题（9）分析

本题考查多媒体计算机系统的相关知识。

按照国际电话电报咨询委员会（Consultative Committee on International Telephone and Telegraph）的定义，媒体可以归类为：

（1）感觉媒体：指直接作用于人的感觉器官，使人产生直接感觉的媒体，如引起听觉反应的声音，引起视觉反应的图像等。

（2）表示媒体：指传输感觉媒体的中介媒体，即用于数据交换的编码，如图像编码（JPEG、MPEG）、文本编码（ASCII、GB2312）和声音编码等。

（3）表现媒体：指进行信息输入和输出的媒体，如键盘、鼠标、扫描仪、话筒、摄像机等为输入媒体；显示器、打印机、喇叭等为输出媒体。

（4）存储媒体：指用于存储表示媒体的物理介质，如磁盘、光盘、ROM 及 RAM 等。

（5）传输媒体：指传输表示媒体的物理介质，如电缆、光缆、电磁波等。

参考答案

（9）B

试题（10）

在数字音频信息获取与处理过程中，需要包括①压缩、②采样、③A/D 变换、④解压缩、⑤D/A 变换、⑥存储，其正确的顺序是 __(10)__ 。

（10）A．①②③④⑤⑥　　　　　　　　B．②③①⑥④⑤

　　　C．②③①④⑤⑥　　　　　　　　D．②⑤①⑥④③

试题（10）分析

本题考查数字音频转换与处理的相关知识。

把模拟音频转成数字音频，在计算机语言里就称作采样，其过程所用到的主要硬件设备便是模拟/数字转换器（Analog to Digital Converter，ADC）。采样的过程实际上是将通常的模拟音频信号的电信号转换成许多称作"比特（Bit）"的二进制码 0 和 1，这些 0 和 1 便构成了数字音频文件。

音频信息的数字化编码的作用为：一是采用一定的格式来记录数字数据；二是采用一定的算法来压缩数字数据，以减少存储空间和提高传输效率。

压缩算法包括有损压缩和无损压缩。有损压缩指解压后数据不能完全复原，要丢失一部分信息。压缩编码的基本指标之一就是压缩比，它通常小于 1。压缩越多，信息丢失越多，信号还原后失真越大。根据不同的应用，应该选用不同的压缩编码算法。

之后为音频的存储使用，过程为解压缩和 D/A 变换。

因此正确顺序是采样、A/D 变换、压缩、存储、解压缩、D/A 变换。

参考答案

（10）B

试题（11）

在 EDI 的软件结构中，___（11）___具有接受来自用户接口模块命令和信息的功能。

（11）A．内部接口模块　　　　　　　B．报文生成及处理模块

　　　　C．格式转换模块　　　　　　　D．通信模块

试题（11）分析

本题考查 EDI 的软件结构及其功能。

内部接口模块是 EDI 系统和本单位内部其他信息系统及数据库的接口，一个单位信息系统应用程度越高，内部接口模块也就越复杂。

报文生成及处理模块的作用有两方面：一是接受来自用户接口模块和内部接口模块的命令和信息，按照 EDI 标准生成订单、发票、合同以及其他各种 EDI 报文和单证，经格式转换模块处理之后，由通信模块经 EDI 网络转发给其他 EDI 用户；二是自动处理由其他 EDI 系统发来的 EDI 报文。

由于 EDI 要在不同国家和地区、不同行业内开展，EDI 通信双方应用的信息系统、通信手段、操作系统、文件格式等都有可能不同，因此，按照统一的国际标准和行业标准是必不可少的。所有 EDI 单证都必须转换成标准的交换格式，转换过程包括语法上的压缩、嵌套、代码的替换，再加上必要的 EDI 语法控制字符，例如加上 UNB、UNE 等。在格式转换过程中要进行语法检查，对于语法出错的 EDI 应该拒收，通知对方重发。

通信模块是 EDI 系统与 EDI 通信网络的接口。根据 EDI 通信网络的结构不同，该模块功能也有所不同。但是有些基本的通信功能，如执行呼叫、自动重发、合法性和完整性检查、出错报警、自动应答、通信记录、报文拼装和拆卸等都是必备的，有些还需要地址转换等工作。

参考答案

（11）B

试题（12）

直播电商的特点不包括___（12）___。

（12）A．强互动性　　　　　　　　　B．强 IP 性

　　　　C．高度去中心化　　　　　　　D．强体验感

试题（12）分析

本题考查直播电商的概念和特点。

作为电商最受欢迎的销售方式，直播让电商行业的"人找货"模式改为"货找人"模式，进而提升交易效率。

直播为电商内容创造了一个更好的输出环境——实时互动。通过直播，电商主播可以在线上与用户进行实时互动。在直播间中，用户不懂的问题也可以在线上直接向主播提问，主播可以及时给予回答。同时还有更多的互动活动，如抽奖、抢大额优惠券、发红包等都可以在直播间进行，这些活动都可以增强用户在直播间的活跃度和参与感。

强 IP 特性。IP 是专利权的通称，具体来说，便是主播具备较强的 IP 特性，在用户思维

中有与众不同的标识，也是一种感情的寄予。

直播电商一方面具备大量种类丰富、多元化的主播，另一方面主播除了电子商务平台的微信公众号外也有自身的私域流量。总体而言，相对于以前的电子商务，直播电商更加适合区块链技术，因此是高度去中心化的。

直播电商无法达到实时信息的沟通，无法达到现场体验商品的感觉，因此强体验感的说法不恰当。

参考答案

（12）D

试题（13）

以下关于区块链的说法中，错误的是 （13） 。

（13）A．比特币的底层技术是区块链

B．区块链技术是一种全面记账的方式

C．区块链是加密数据按照时间顺序叠加生成临时、不可逆向的记录

D．目前区块链可分为公有链、私有链、联盟链三种类型

试题（13）分析

本题考查对区块链相关知识的理解。

从科技层面来看，区块链涉及数学、密码学、互联网和计算机编程等很多科学技术问题。从应用视角来看，区块链是一个分布式的共享账本和数据库，具有去中心化、不可篡改、全程留痕、可以追溯、集体维护、公开透明等特点。这些特点保证了区块链的"诚实"与"透明"，为区块链创造信任奠定基础。而区块链丰富的应用场景，基本上都基于区块链能够解决信息不对称问题，实现多个主体之间的协作信任与一致行动。

区块链是分布式数据存储、点对点传输、共识机制、加密算法等计算机技术的新型应用模式。它本质上是一个去中心化的数据库，同时作为比特币的底层技术，是一串使用密码学方法相关联产生的数据块，每一个数据块中包含了一批次比特币网络交易的信息，用于验证其信息的有效性（防伪）和生成下一个区块。

区块链是加密数据按照时间顺序叠加生成永久且不可逆向的记录，选项 C 说法错误。

参考答案

（13）C

试题（14）

根据 CNNIC（中国互联网络信息中心）发布的中国互联网发展状况统计报告：截至 2020 年 12 月，按市场占有量统计，排在首位的 App 是 （14） 。

（14）A．电子商务类 App　　　　　　　　B．生活服务类 App

C．游戏类 App　　　　　　　　　　　D．日常工具类 App

试题（14）分析

本题考查对电子商务相关应用最新数据的了解。

根据 CNNIC（中国互联网络信息中心）第 47 次发布的中国互联网发展状况统计报告，截至 2020 年 12 月，App 数量排在前四位的占全部 App 数量的比重分别为 25.7%、14.6%、

9.9%、9.0%，依次是游戏类 App、日常工具类 App、电子商务类 App 和生活服务类 App。

参考答案

（14）C

试题（15）

从网络环境看，企业电子商务系统由三个部分组成，其中　(15)　提供了企业内各部门之间的连接。

（15）A．IoT　　　　　B．Intranet　　　　　C．Extranet　　　　D．Internet

试题（15）分析

本题考查对电子商务系统的网络环境的理解。

网络环境是电子商务系统的底层基础，电子商务系统由三个部分组成，分别为企业内部网（Intranet）、企业外部网（Extranet）、因特网（Internet）。电子商务系统以企业内部网（Intranet）为基础，提供了企业内各部门之间的连接，实现企业内部工作流的电子化，在初步建成企业内部的信息系统之后，再逐步完善企业电子商务的外部环境，将企业的信息系统同合作伙伴或者外协厂商联系起来，将 Intranet 扩展到 Extranet，完成企业与企业间的电子交换，再通过 Internet 向消费者提供联机服务。

IoT 是物联网的缩写。

参考答案

（15）B

试题（16）

　(16)　是利用信息技术整合并连接在一起的应用软件，能够实现将企业内部各部门，包括财务、会计、生产、物料管理、质量管理、销售与分销、人力资源管理等全面整合规划。

（16）A．供应链管理（SCM）　　　　　B．企业资源计划（ERP）
　　　C．人力资源管理（HR）　　　　　D．客户关系管理（CRM）

试题（16）分析

本题考查对 ERP 等典型信息管理系统的理解。

企业资源计划（Enterprise Resource Planning，ERP）是将企业内部各部门，包括财务、会计、生产、物料管理、质量管理、销售与分销、人力资源管理等，利用信息技术整合并连接在一起的应用软件，是目前较为成熟的现代企业管理模式，它不但可以为整个企业资源做最有效的全面性整合规划，并且可以通过网络的及时反应性，有效缩减企业自身内部的作业时间，为多元化和以客户为中心的生产模式提供优化的系统平台。

供应链管理（SCM）是一种集成的管理思想和方法，它执行供应链中从供应商到最终用户的物流的计划和控制等职能。从单一的企业角度来看，是指企业通过改善上、下游供应链关系，整合和优化供应链中的信息流、物流、资金流，以获得企业的竞争优势。

客户关系管理（CRM）是指企业为提高核心竞争力，利用相应的信息技术以及互联网技术协调企业与顾客间在销售、营销和服务上的交互，从而提升其管理方式，向客户提供创新式的个性化客户交互和服务的过程。其最终目标是吸引新客户、保留老客户以及将已有客户转为忠实客户，增加市场。

参考答案

（16）B

试题（17）

微信为企业和个人提供了线上"小商店"的功能，为 __(17)__ 平台扩展了线上零售能力。

（17）A．即时通信　　　　B．搜索引擎　　　　C．智联网　　　　D．云服务

试题（17）分析

本题考查对即时通信平台电子商务应用的理解。

即时通信平台微信在 2020 年下半年推出"小商店"功能，为企业和个人提供无需开发、零成本的网上店铺。在新型冠状病毒感染的背景下，这种线上"地摊经济"有望成为传统电商平台的有力补充。"小商店"为即时通信平台拓展了线上零售能力。

参考答案

（17）A

试题（18）

分属不同关境的交易主体通过电子商务方式完成进出口贸易中的展示、洽谈和交易环节，并通过跨境物流送达商品、完成交割的一种国际商业活动，被称为 __(18)__ 。

（18）A．电子商务　　　　　　　　　　B．农村电商

　　　　C．跨境电子商务　　　　　　　　D．国际贸易

试题（18）分析

本题考查对跨境电子商务概念的理解。

跨境电商是指分属不同关境的交易主体，通过电子商务平台达成交易、进行支付结算，并通过跨境物流送达商品、完成交易的电子商务平台和在线交易平台。

参考答案

（18）C

试题（19）

__(19)__ 不是 B2C 电子商务模式的显著特点。

（19）A．用户数量巨大　　　　　　　　B．大额支付

　　　　C．商品种类丰富　　　　　　　　D．有利于企业降低销售成本

试题（19）分析

本题考查对 B2C 电子商务模式特点的掌握。

B2C 电子商务模式的显著特点有：用户数量巨大、小额支付、有利于企业降低销售成本、商品种类丰富。

参考答案

（19）B

试题（20）

__(20)__ 在移动电子商务模式中是主导要素。

（20）A．支付方式提供商　　　　　　　B．电信资源提供商

　　　　C．服务提供商　　　　　　　　　D．内容提供商

试题（20）分析

本题考查对移动电子商务模式构成要素的理解。

移动电子商务模式中的构成要素也称为移动商务价值链，是指直接或间接地通过移动平台进行产品或服务的创造、提供、传递和维持，以及从中获得利润的过程中形成的价值传递的链式结构。其中构建要素包括以下几个方面：①用户，即个人用户、商业用户等；②内容提供商，所指的产品及服务不仅包括有形的商品或传统的服务，也包括互联网内容服务；③技术相关的参与者，指设备供应商、网络提供商、基础设施提供商和平台提供商等；④其他参与者，如法律机构和政府机构等。

在移动电子商务模式的构成要素中，内容是根本，内容提供商决定移动电子商业模式，是主导因素。

参考答案

（20）D

试题（21）

访问某生鲜电商 App，选购商品、生成有效订单，并通过第三方支付平台完成在线支付，此过程不涉及 　(21)　。

（21）A．资金流　　　　B．信息流　　　　C．物流　　　　D．商流

试题（21）分析

本题考查电子商务活动线上交易过程的主要活动。

电子商务 App 线上部分的主要活动包括选购商品、生成有效订单，并通过第三方支付平台完成在线支付，线下部分为物流配送。

参考答案

（21）C

试题（22）

电子商务从不同角度有不同的划分方法，其中　(22)　是按交易主体的划分。

（22）A．B2B 商务　　　　　　　　B．直接电子商务
　　　C．Extranet 商务　　　　　　D．O2O 商务

试题（22）分析

本题考查电子商务分类的不同划分方法。

（1）按交易主体可分为：

①商业机构对消费者的电子商务（B2C）：一般以网络零售业为主，主要借助于 Internet 开展在线销售活动；

②商业机构之间的电子商务（B2B）：是企业与企业之间通过互联网进行产品、服务及信息的交换过程，包括的功能为供应商管理、库存管理、销售管理、信息管理、支付管理；

③商业机构和政府之间的电子商务（B2G）：涵盖了政府与企业之间的各项事务；

④消费者电子商务（C2C）：个人对个人的网络商务行为。

（2）按交易内容过程可分为：交易前、交易中、交易后三类电子商务。

（3）按照网络类型可分为：企业内部电子商务（Intranet），即企业内部管理、物流、信

息流和资金流的数字化、网络化；企业间电子商务（Extranet）；互联网电子商务（Internet）。

O2O 是线上到线下或线下到线上的商务模式。

参考答案

（22）A

试题（23）

情境感知是移动电商的一种应用模式，把用户的外部环境和自身需求变化考虑进来，为此向用户提供服务。__(23)__ 不是此种模式的价值体现。

（23）A．为用户提供更多便利　　　　　B．提供用户个性化服务

　　　　C．在任何移动场景下提供信息　　D．可以全方位进行数据采集

试题（23）分析

本题考查对移动电子商务中情境感知的理解。

情境感知技术对于用户体验设计的一个重要方向是"主动服务设计"，即计算机（特别是可移动计算机）可以通过情境感知，自适应地改变，特别是在用户界面的改变，为用户提供推送式服务。比如，手机铃声根据自适应变更为会议还是户外等。

自动化是指情境感知服务由传感器自动采集的数据触发而并非人，因此除了能够节省人们的时间精力外，更适用于夜间或危险环境等人们难以控制的情形，或者睡眠、遗忘与丧失意识等无法进行自主行为等情形。

全天候/方位是指情境感知服务不受人工工作的作息时间限制，通过传感器可以实现对被服务对象进行数据采集。

情境感知服务具有即时/前瞻性，其延迟仅受数据采集频率、传输速度和服务响应时间影响。

情境感知服务是基于服务对象的情境数据，因此这种服务是真正的个性化服务。

情境感知模式的价值体现中不包括在任何移动场景下提供信息。

参考答案

（23）C

试题（24）

一个网络节点数是 N，假设网络价值系数为 K，根据梅特卡夫（Metcalfe）法则，该网络价值是 __(24)__ 。

（24）A．K*N　　　　B．K^N　　　　C．N^K　　　　D．K*N^2

试题（24）分析

本题考查对梅特卡夫定律的理解和运用。

梅特卡夫定律是一个关于网络的价值和网络技术发展的定律，其内容是：一个网络的价值等于该网络内的节点数的平方，该网络的价值与联网的用户数的平方成正比。该定律指出，一个网络的用户数目越多，那么整个网络和该网络内的每台计算机的价值也就越大。

参考答案

（24）D

试题（25）

天猫"双十一"期间的节前预售是一种　(25)　电子商务活动。

（25）A．B2C　　　　　　B．B2B　　　　　　C．C2B　　　　　　D．O2O

试题（25）分析

本题考查电子商务模式的应用。

随着电子商务模式应用领域的不断扩大和信息服务方式的不断创新，电子商务的类型也层出不穷，主要可以分为以下几种类型：企业与消费者之间的电子商务（Business to Consumer，B2C）；企业与企业之间的电子商务（Business to Business，B2B）；消费者与消费者之间的电子商务（Consumer to Consumer，C2C）；线下商务与互联网之间的电子商务（Online To Offline，O2O）；社交电商，意指将具有社交属性的分享、讨论、互动等活动应用到电商领域的现象；消费者到企业的电子商务（Customer to Business，C2B），它是互联网经济时代新的商业模式，这一模式改变了原有生产者（企业和机构）和消费者的关系，是一种消费者贡献价值，　企业和机构消费价值的模式。

天猫"双十一"期间的节前预售，消费者登录天猫预售平台先付定金再付尾款购得商品，预售商品包括稀缺品、集采商品以及根据消费者个性定制的商品。预售模式属于 C2B（Customer to Business），即消费者对企业电商模式，该模式有助于商家更加精准地锁定消费者、提前备货，也能有效地管理上下游供应链。

参考答案

（25）C

试题（26）

2019 年美团推出"美团优选"，完成了同城零售高中低端市场布局，"美团优选"的业务模式是　(26)　。

（26）A．跨境电子商务　　　　　　　B．社区电子商务

　　　　C．农村电子商务　　　　　　　D．移动电子商务

试题（26）分析

本题考查电子商务的创新应用模式。

随着移动网络、智能手机的快速发展与信息技术的革新以及国家政策的推动，电子商务的应用越来越广泛，如跨境电子商务、社区电子商务、移动电子商务及农村电子商务。

社区电子商务是在社区的基础上开展的电子商务。美团优选是社区电子商务的代表，通过数以千计的优选团长去沟通用户，美团提供平台服务支持，优选商家提供货品，用户拼团成功后由美团方从商家提货送到团长指定的自提点，然后由团长去分发货品从而完成交易。这种交易模式下，商家赚取了利润，美团带来了流量，团长获得了收入，客户获得了性价比较高的货品。

参考答案

（26）B

试题（27）

为了确保信息安全，甲乙双方通过非对称加密及数字签名双层验证方式传输数据，甲有

一对密钥（$K_{甲公钥}$，$K_{甲私钥}$），乙有一对密钥（$K_{乙公钥}$，$K_{乙私钥}$），甲向乙发送数字签名 M，并对 M 加密：$M_密 = K_{乙公钥}（K_{甲私钥}（M））$，乙收到 $M_密$ 的解密方案是　（27）　。

（27）A．$K_{乙私钥}（K_{甲私钥}（M_密））$　　　　B．$K_{甲公钥}（K_{甲私钥}（M_密））$

C．$K_{甲公钥}（K_{乙私钥}（M_密））$　　　　D．$K_{甲私钥}（K_{乙公钥}（M_密））$

试题（27）分析

本题考查非对称加密算法的加解密过程及数字签名过程。

非对称加密算法实现机密信息交换的基本过程是：甲方生成一对密钥并将公钥公开，需要向甲方发送信息的其他角色（乙方）使用该密钥（即甲方的公钥）对机密信息进行加密后再发送给甲方；甲方再用自己的私钥对加密后的信息进行解密。甲方想要回复乙方时正好相反，使用乙方的公钥对数据进行加密，同理，乙方使用自己的私钥来进行解密。

数字签名的基本过程是：发送报文时，发送方用一个哈希函数从报文文本中生成报文摘要，然后用发送方的私钥对这个摘要进行加密，这个加密后的摘要将作为报文的数字签名和报文一起发送给接收方，接收方首先用与发送方一样的哈希函数从接收到的原始报文中计算出报文摘要，再用发送方的公钥来对报文附加的数字签名进行解密，如果这两个摘要相同，那么接收方就能确认该报文是来自发送方的。

参考答案

（27）C

试题（28）

在 RSA 算法中，选择两个质数 p=3，q=11，加密密钥为 e=3，则解密密钥 d 为　（28）　。

（28）A．5　　　　　　B．7　　　　　　C．11　　　　　　D．13

试题（28）分析

本题考查 RSA 算法的计算过程。

（1）选择一对不同的素数 p=3，q=11。

（2）计算 n=p×q=33。

（3）计算 f(n)=(p－1)×(q－1)=20。

（4）找一个与 f(n)互质的数 e=3，且 1<e<f(n)。

（5）计算 d，使得 d×e≡1 mod f(n)，可得 d=7,17,27,37……。

（6）公钥 KU=(e,n)，私钥 KR=(d,n)。

（7）加密时，先将明文变换成 0 至 n－1 的一个整数 M。若明文较长，可先分割成适当的组，然后再进行交换。设密文为 C，则加密过程为：$C≡M^e(\text{mod } n)$。

（8）解密过程为：$M≡C^{d*}(\text{mod } n)$。

参考答案

（28）B

试题（29）

利用认证技术实现网络商品的真伪查询，首先系统产生一个不重复的随机数并存储此数，然后对其加密，再将密文作为防伪码贴在商品上。当客户购到此件商品并查询真伪时，以下不属于系统判断真伪过程的是　（29）　。

（29）A．将客户输入的防伪码解密，并将所得明文与存储在系统中的随机数比较

　　　　B．若不匹配则提示客户商品是假货

　　　　C．若匹配则提示客户商品是真货，并从系统中移除此随机数

　　　　D．重新生成一个新的随机数

试题（29）分析

本题考查认证技术的使用。

利用认证技术实现网络商品的真伪查询，首先系统产生一个不重复的随机数并存储此数，然后对其加密，再将密文隐藏后作为防伪码贴在商品上。当客户购买到此件商品并查询真伪时，客户刮开防伪码，通过电话或网络提供防伪码，系统将客户输入的防伪码解密，并将所得明文与存储在系统中的随机数比较，若匹配则提示客户商品是真货，并从系统中移除此随机数（刮开查询后即失效），若不匹配则提示客户商品是假货。

参考答案

（29）D

试题（30）

信息威胁中的会话侦听与劫持技术属于　　（30）　　。

（30）A．密码分析还原　　　　　　　　B．协议漏洞渗透

　　　　C．应用漏洞分析与渗透　　　　　D．DoS 攻击

试题（30）分析

本题考查信息威胁的相关知识。

会话侦听是网络攻击的一种重要方式。利用会话侦听技术，入侵者可以通过重组数据包将网络内容还原，轻松地获得明文信息，不但可以轻易地以被监听者的身份进入各个网站，还可以通过搜集所得的用户密码表进入被监听人的计算机进行破坏。利用相关协议的漏洞，攻击者甚至还可以对所侦听的会话进行劫持，即以会话一方的身份继续进行会话，称为"会话劫持"。

参考答案

（30）B

试题（31）

黑客攻击的过程中，在获取访问权失败以后，攻击者一般的操作是　　（31）　　。

（31）A．扫描　　　　　　　　　　　　B．拒绝服务攻击

　　　　C．窃取　　　　　　　　　　　　D．踩点

试题（31）分析

本题考查黑客攻击的基本过程。

（1）搜索：黑客会利用各种渠道尽可能多地了解所要入侵的计算机。

（2）扫描：一旦黑客对所要入侵的计算机具体情况有足够的了解，就会开始对周边和内部网络设备进行扫描，以寻找潜在的漏洞。

（3）入侵：找到漏洞并得到计算机的访问控制权限后可侵入到目标计算机。若找不到漏洞，黑客也可能进行报复性破坏，即对计算机进行拒绝服务攻击。

（4）后门：入侵成功后放置后门，为今后可能的访问留下控制权限。

（5）清理：在实现攻击的目的后，黑客通常会采取各种措施来清理入侵的痕迹，并为今后可能的访问留下控制权限。

参考答案

（31）B

试题（32）

以下选项的措施中，不能防止计算机感染病毒的是 ___（32）___ 。

（32）A. 定期升级操作系统

   B. 定时备份重要文件

   C. 不打开来源不明的电子邮件附件

   D. 重要部门的计算机尽量做到物理隔绝

试题（32）分析

本题考查计算机病毒的防治知识。

常见的计算机病毒防治措施如下：

（1）不使用盗版或来历不明的软件，特别是不能使用盗版的杀毒软件。

（2）安装正版软件并经常进行升级。

（3）计算机在使用之前首先要进行病毒检查，以免机器带毒。

（4）对外来程序要使用查毒软件进行检查，未经检查的可执行文件不能拷入硬盘，更不能使用。

（5）对于带附件的电子邮件，不能随意打开，下载附件后要先杀毒再打开。

（6）重要的计算机要做到绝对安全，就必须进行物理隔离。

备份重要文件只能对部分文件起到保护作用，但无法防止计算机感染病毒。

参考答案

（32）B

试题（33）

电子商务网站经常会被不法分子做成网络钓鱼的圈套，如果发现误入网络钓鱼网站，不正确的措施是 ___（33）___ 。

（33）A. 更改账户的密码   B. 检查财务账号信息

   C. 向正确的电子商务公司报告   D. 退出网站

试题（33）分析

本题考查网络攻击中网络钓鱼的相关知识。

网络钓鱼（Phishing）是指攻击者利用欺骗性的电子邮件和伪造的 Web 站点来进行网络诈骗活动，受骗者往往会泄露自己的私人资料，如信用卡号、银行卡账户、身份证号等内容。诈骗者通常会将自己伪装成网络银行、在线零售商和信用卡公司等可信的品牌，骗取用户的私人信息。

如果发现已经误入网络钓鱼网站，可能自己的私人资料已经泄露，这时仅退出网站是没有任何作用的。

参考答案

（33）D

试题（34）

互联网时代信息泛滥是影响人们正常工作学习的重要因素，垃圾邮件就是一种典型的信息泛滥，以下措施不会减少垃圾邮件接收数量的是　　（34）　　。

（34）A．安装入侵检测软件

　　　 B．收到垃圾邮件后向有关部门举报

　　　 C．使用垃圾邮件筛选器帮助阻止垃圾邮件

　　　 D．共享电子邮件地址时应小心谨慎

试题（34）分析

本题考查反垃圾邮件的技术。

一般来说，凡是未经用户许可就强行发送到用户邮箱中的任何电子邮件都是垃圾邮件，对此，用户可以举报发件方，使用垃圾邮件筛选器可以有效地过滤垃圾邮件，保护自己的电子邮件地址可以有效防止垃圾邮件。入侵检测系统（Intrusion Detection System，IDS）是一种对网络传输进行即时监视，在发现可疑传输时发出警报或者采取主动反应措施的网络安全设备，但 IDS 不能防止垃圾邮件。

参考答案

（34）A

试题（35）

比特币从 2009 年诞生就受到人们的热捧，比特币属于　　（35）　　。

（35）A．数字黄金货币　　　　　　　　B．发行式密码数字货币

　　　 C．开放式采矿型密码数字货币　　D．央行数字货币

试题（35）分析

本题考查数字货币的类型。

数字货币目前主要有三种类型：数字黄金货币、密码货币和央行数字货币。数字黄金货币是一种以黄金重量命名的电子货币形式。密码货币指不依托任何实物，使用密码算法的数字货币。密码货币分为开放式采矿型密码数字货币（以比特币为代表）和发行式密码数字货币（以天元为代表）。央行数字货币（Central Bank Digital Currency，CBDC）是由央行发行的、加密的、有国家信用支撑的法定数字货币。

参考答案

（35）C

试题（36）

安全电子交易（SET）协议的安全措施中，　　（36）　　主要解决信息的完整性问题，即信息是否被修改过。

（36）A．信息摘要　　　B．数字信封　　　C．双重签名　　　D．认证

试题（36）分析

本题考查电子商务安全技术策略。

　　SET 协议采用对称加密技术和非对称加密技术提供数据加密、数字签名、数字信封等功能，保证了信息在网络中传输的机密性，数据的完整性和一致性，防止交易抵赖行为的发生。信息摘要技术用于验证信息的完整性，应用信息加密技术生成数字签名，表明签署者身份，签署者承认所签署的文件内容，保证交易的真实性和有效性；双重数字签名技术实现了客户订单信息和支付信息（信用卡账号、密码等）的隔离，保证商家只能看到客户的购买信息，看不到客户的支付信息，而银行只能看到客户的支付信息，看不到客户的购买信息；认证中心（CA）是一个权威的、受信任的第三方机构，其核心职能是发放和管理数字证书，用于证明和确认交易参与者的身份，保证电子商务交易过程中的身份可认证性；数字信封技术既解决了密钥分发和管理的安全问题，又保证了信息加密传递的速度。

参考答案

　　（36）A

试题（37）

　　　（37）　是银行金融网络系统和 Internet 网络之间的接口，是由银行操作的 Internet 传输的数据转换为金融机构内部数据的一组服务器设备。

　　（37）A．银行　　　　　　B．认证机构　　　　　C．支付网关　　　D．防火墙

试题（37）分析

　　本题考查电子支付系统的构成。

　　电子支付系统是客户、商家和金融机构之间使用安全电子手段交换商品或服务从而实现电子支付的系统，是融购物流程、支付工具、安全技术、认证体系、信用体系以及现在的金融体系为一体的综合系统。其构成主要有：银行、客户、商家、支付网关、认证机构和信用卡公司。其中，支付网关是银行金融网络系统和 Internet 之间的接口，是由银行操作的 Internet 传输的数据转换为金融机构内部数据的一组服务器设备；认证机构是负责为参与商务活动的各方发放数字证书，以确认各方的身份，保证电子商务支付安全性的机构；防火墙是一个由软件和硬件设备组合而成、在内部网和外部网之间、专用网与公共网之间的界面上构造的保护屏障，从而保护内部网免受非法用户的侵入。

参考答案

　　（37）C

试题（38）

　　以下关于第三方支付平台说法错误的是　（38）　。

　　（38）A．第三方支付平台可以帮助银行节省网关开发费用

　　　　　 B．我国第三方支付平台行业主要包括金融型和互联网型支付企业两类

　　　　　 C．争取最广泛银行的合作是第三方支付平台成功的关键

　　　　　 D．利用 SSL 支付协议比用第三方支付平台进行支付操作简单

试题（38）分析

　　本题考查第三方支付平台的基础知识。

　　第三方支付平台提供一系列的应用接口程序，将多种银行卡支付方式整合到一个界面上，负责交易结算中与银行的对接，使网上购物更加快捷、便利。消费者和商家不需要在不

同的银行开设不同的账户，可以帮助消费者降低网上购物的成本，帮助商家降低运营成本；同时，还可以帮助银行节省网关开发费用；利用第三方支付平台进行支付操作比 SSL、SET 等支付协议更加简单而易于接受。

我国第三方支付平台的行业主要包括以下两大类：一类是以支付宝、财付通、盛付通为首的互联网型支付企业；一类是以银联电子支付、快钱、汇付天下为首的金融型支付企业，侧重行业需求和开拓行业应用。

第三方支付平台和银行对接入的商家收取固定比例的交易费用，与第三方合作的银行越多，第三方经营业务的范围就越广，在同行业中的竞争能力就越强。由此可见，要争取最广泛银行的合作，是第三方支付平台成功的关键之一。

参考答案

（38）D

试题（39）

在以下电子支付系统所面临的风险中，　　(39)　　是中央银行最关心的金融风险。

（39）A．系统性风险　　　　　　　　　　B．操作风险

　　　　C．信用风险　　　　　　　　　　D．流动性风险

试题（39）分析

本题考查电子支付风险的类型。

支付系统风险通常包括系统风险和非系统风险。系统风险指支付过程中一方无法履行债务合同而造成其他各方陷入无法履约的困境，从而造成政策风险、国家风险、货币风险、利率风险和汇率风险。系统风险是各国中央银行最为关注的问题。非系统风险包括信用风险、流动性风险、操作风险、法律风险等。非系统风险与系统风险一样，由于其造成的损失难以控制，严重时会使整个支付体系处于不稳定状态，使人们丧失信心，它同样也会造成利率和汇率的波动，从而使整个金融体系产生动荡。

参考答案

（39）A

试题（40）

在　　(40)　　模式下，物流供应商是一个供应链和物流方案的集成商，它能对公司内部和具有互补性的服务供应商所拥有的不同资源、能力和技术进行整合和管理，并提供一整套供应链解决方案，也是货主的物流方案集成商。

（40）A．自营物流　　　B．第三方物流　　　C．联盟物流　　　D．第四方物流

试题（40）分析

本题考查电子商务物流模式的含义。

电子商务物流模式通常包括：自营物流、第三方物流、联盟物流和第四方物流。其中，自营物流模式是电商企业投资建设自己的仓库、配送中心等物流设施，并建立自己的配送队伍的一种配送方式；第三方物流是指独立于买卖双方之外的专业化物流公司，以签订合同的形式承包部分或全部物流配送服务工作；第四方物流是指一个供应链集成商，它对公司内部和具有互补性的服务供应商所拥有的不同资源、能力和技术进行整合和管理，提供一整套供

应链解决方案；联盟物流是一种介于自营和外包之间的物流模式，指多个物流企业通过建立一定的契约达成合作共识，进而构建企业间资源共享、风险共担、共同合作的合作伙伴关系。

参考答案

（40）D

试题（41）

在不同地域范围内，对"物"进行空间位移，以创造商品的空间效益为目的的活动是　（41）　。

（41）A. 运输　　　　　B. 仓储　　　　　C. 装卸　　　　　D. 包装

试题（41）分析

本题考查物流的基本职能。

物流的基本职能包括运输、仓储、配送、包装、装卸搬运、流通加工以及物流信息管理等。其中，运输是对物资进行较长距离的空间移动，解决物资在生产地点和需要地点之间的空间距离问题，从而创造商品的空间效益，实现其使用价值，以满足社会需要；仓储是对物品进行保存及对其数量、质量进行管理控制的活动；装卸搬运是指在同一地域范围内进行的，以改变物料的存放状态和空间位置为主要目的的活动；包装是指为在流通过程中保护产品，方便储运，促进销售，采用容器、材料和辅助物的过程中施加一定技术方法等的操作活动。

参考答案

（41）A

试题（42）

物流信息技术中的　（42）　广泛应用于自动识别、物品物流管理方面。

（42）A. 传感器技术　　　　　　　　B. RFID 标签

　　　C. 嵌入式系统技术　　　　　　D. 纳米技术

试题（42）分析

本题考查物流信息技术的基础知识。

RFID（射频识别）是一种非接触式自动识别技术，可以自动识别目标对象并通过射频信号获取相关数据，并且可以在各种恶劣环境下工作而无需人工干预。该技术广泛应用于自动识别、物品物流管理方面。

传感器技术通过感知周围环境或者特殊物质，比如气体感知、光线感知、温湿度感知、人体感知等，把模拟信号转化成数字信号，给中央处理器处理。传感器技术是物联网的关键技术。

嵌入式系统技术是综合了计算机软硬件、传感器技术、集成电路技术、电子应用技术为一体的复杂技术。物联网系统的控制操作、数据处理操作都是通过嵌入式技术实现的，物联网就是嵌入式产品的网络化。

纳米技术是用单个原子、分子制造物质的科学技术，研究结构尺寸在 1 至 100nm 范围内的材料的性质和应用。纳米技术可以提升传感器的性能，构建纳米级物联网（IoNT）。

参考答案

（42）B

试题（43）

供应链管理完整的内容是　（43）　。

（43）A．采购、储存、销售　　　　　　B．采购、制造、运输、储存、销售

　　　　C．采购、制造、运输、销售　　　D．采购、运输、储存、销售

试题（43）分析

本题考查供应链管理的相关知识。

供应链管理是一项利用网络技术解决企业间关系的整体方案，目的在于把产品从供应商及时有效地运送给制造商与最终客户，将物流配送、库存管理、订单处理等资讯进行整合，通过网络传输给各个参与方，其功能在于降低库存、保持产品有效期、降低物流成本以及提高服务品质，因此供应链管理的完整内容包括：采购、制造、运输、储存和销售。

参考答案

（43）B

试题（44）

供应链管理平台为企业提供的以下服务中，　（44）　属于平台支持服务的范畴。

（44）A．系统升级　　　　　　　　　　B．提供服务器托管

　　　　C．在线和现场培训　　　　　　　D．数据分析及决策支持

试题（44）分析

本题考查供应链管理平台的服务内容。

供应链管理平台的服务内容主要有以下三个方面：

（1）平台基础服务。平台基础服务主要是为企业提供供应链管理平台运行所需的基础硬件环境支持，包括提供服务器和网络设备，提供 IDC 服务器托管和网络接入，提供系统管理、数据管理、系统升级、安全保障等服务内容。平台基础服务让企业在应用供应链管理信息系统的过程中没有任何后顾之忧，并且不受退出成本的约束，以解决企业进行信息化建设中的高额硬件建设费用和维护、升级、管理上的人员费用。

（2）平台支持服务。平台支持服务的根本目标是确保客户能够正常应用安装在平台上的供应链管理软件，是直接与客户互动的服务内容，主要服务形式包括热线电话支持服务、网站支持服务、在线和现场培训服务等。

（3）平台增值服务。平台增值服务的根本目标是为客户创造新价值，主要手段是提供新服务或应用服务的新手段，具体的服务内容包括供应链管理平台移动接入，客户端供应链管理平台应用监测服务，最佳业务实践报告，供应链管理咨询，数据分析及决策支持等。

参考答案

（44）C

试题（45）

下列选项中，　（45）　不属于网络营销的职能。

（45）A．网站推广　　B．信息发布　　C．网络广告　　D．顾客服务

试题（45）分析

本题考查网络营销的职能。

网络营销的职能包括信息发布、网上调研、销售促进、网站推广、顾客服务、品牌建设、网上销售和顾客关系等八个方面。网络广告是网络推广的方式，而不属于网络营销的职能。

参考答案

（45）C

试题（46）

以下关于网络营销的说法正确的是　（46）　。

（46）A．网络营销就是电子商务

　　　　B．网络营销就是网上销售

　　　　C．网络营销将完全取代传统营销

　　　　D．网络营销是以互联网为主要手段开展的营销活动

试题（46）分析

本题考查网络营销的内涵。

网络营销是为最终实现产品销售、提升品牌形象而进行的活动。网上销售是网络营销发展到一定阶段产生的结果，但并不是唯一结果，因此网络营销本身并不等于网上销售。

网络营销和电子商务是一对紧密相关又具有明显区别的概念。电子商务的内涵很广，其核心是电子化交易，电子商务强调的是交易方式和交易过程的各个环节。而网络营销是企业整体营销战略的一个组成部分，无论是传统企业还是基于互联网开展业务的企业，也无论是否有电子化交易的发生，都需要网络营销。但网络营销本身并不是一个完整的商业交易过程，而是为了促成交易提供支持，因此是电子商务中的一个重要环节，尤其在交易发生之前，网络营销主要发挥信息传递的作用。网络营销和电子商务的这种关系表明，发生在电子交易过程中的网上支付和交易之后的商品配送等问题并不是网络营销所包含的内容。同样，电子商务体系中所涉及的安全、法律等问题也不适合全部包括在网络营销中。

网络营销是企业整体营销战略的一个组成部分，是为实现企业总体经营目标所进行的、以互联网为主要手段开展的营销活动。

无论是网络营销还是传统营销，其基本的营销原理是相同的。两者相结合形成一个相辅相成、互相促进的营销体系，而不是取代关系。

参考答案

（46）D

试题（47）

企业管理信息系统根据组织内部分为不同层次，其中　（47）　主要根据企业外部和内部环境，制定、规划长期发展方向。

（47）A．操作层　　　　B．策略层　　　　C．知识层　　　　D．管理层

试题（47）分析

本题考查企业管理信息系统的构成。

根据组织内部不同组织层次可将企业管理信息系统划分为操作层、知识层、管理层、策略层系统。①操作层系统支持日常管理人员对基本活动和交易进行跟踪和记录。②知识层系统用来支持知识和数据工作人员进行工作，帮助公司整理和提炼有用信息和知识，供上级进

行管理和决策使用，解决的主要是结构化问题。③管理层系统设计用来为中层经理的监督、控制、决策以及管理活动提供服务，主要解决半结构化问题。④策略层系统主要是根据外部环境和企业内部环境制定和规划长期发展方向。

参考答案

（47）B

试题（48）

以下不属于搜索引擎优化策略的是　　(48)　　。

（48）A．网站架构优化　　　　　　　B．网站内容优化

　　　　C．关键词优化　　　　　　　　D．外部链接建设

试题（48）分析

本题考查搜索引擎优化策略。

网站内容优化是搜索引擎优化的一个重要策略，网站内容优化主要包括：

（1）原创网站内容。原创文章较多的网站很容易被众多的网站引用，如果引用的文章所在的网站加了这个页面的链接地址，那么这个页面就会获得较好的评分，排名也会上升。

（2）提高关键字密度。为了提高在搜索引擎的排名位置，网站中页面的关键字密度不能太高，也不能太低，一般在 2%～8%较为合适。不要将所有的关键字或关键字段堆积在一起，这样搜索引擎会认为这是恶意行为而直接降低企业网站的排名。另外要做好关键字的布局。

（3）提高链接流行度。企业想使自己的网站获得 TOP 位置，不仅需要对页面进行优化，还需要增强其网站的高端链接流行度。

现在仅靠链接的数量取胜已经行不通，不仅需要关注链接的数量，还需将外来链接的质量放在首要地位。所以网站架构优化不属于搜索引擎优化策略。

参考答案

（48）A

试题（49）

利用 E-mail 进行广告活动不正确的做法是　　(49)　　。

（49）A．电子邮件签名包含公司名称、网址、电子邮件地址、口号及简单的描述

　　　　B．同时给众多客户发信，一般应采用"明发"方式

　　　　C．邮件的"主题"一定要鲜明

　　　　D．企业发送 E-mail 广告需经过用户的许可

试题（49）分析

本题考查通过 E-mail 进行广告活动的操作要点。

正确利用 E-mail 进行广告活动，需要注意以下问题：①正确使用电子邮件的签名。签名栏中应包含公司名称、网址、电子邮件地址、口号及简单的描述。②选择正确的发信方式。同时给众多客户发信，一般应采取"暗发"方式，让客户不会收到一大堆电子邮件地址，也不知道除了他自己外，你还给别的什么人发了信。③正确书写邮件的内容。邮件的"主题"一定要鲜明，能说清信的要点，以吸引收信者阅读，避免被当作垃圾邮件而被删除。④利用 E-mail 进行广告活动首先要获得用户的许可，否则邮件广告会被用

户作为"垃圾广告"删除。获得用户许可的方式有很多，如用户为获得某些服务而注册为会员，或者用户主动订阅的新闻邮件、电子刊物等。

参考答案

（49）B

试题（50）

病毒性营销的核心是　 (50) 　。

(50) A．有价值的产品或服务　　　　B．有吸引力的信息载体

　　　C．便捷的传播工具　　　　　　D．积极参与信息传递的公众

试题（50）分析

本题考查病毒性营销的基本要素。

美国电子商务顾问 Ralph F.Wilson 将一个行之有效的病毒性营销战略的基本要素归纳为以下六个方面：

（1）提供有价值的产品或服务。提供有价值的产品或服务是病毒性营销的核心。营销的目的在于满足消费者的需求，而这恰恰需要用消费者满意的产品或服务提升其满意度，进而对企业产生依赖感，增强其购买黏性。

（2）提供无须努力向他人传递信息的方式。人们愿意分享其看到的或听到的内容的前提就是便捷。如果传递一个信息需要花费大量的时间，势必造成传递成本的增加、消费者传播热情的降低。

（3）信息传递范围很容易大规模扩散。病毒性营销相对传统营销的特点是容易扩散，因此其携带的营销信息必须易于传递和复制，如 E-mail、图表、软件下载等。为了迅速扩散，传输手段必须操作简便，这样才能实现一传十、十传百的效应。

（4）利用公众的积极性和行为。公众积极性体现在其兴趣点和情感。企业要从消费者的情感需要出发，唤起和激发消费者的情感需求，诱导消费者心灵上的共鸣；另外也可利用消费者的民族自豪感、自我实现感、同情心理等设计相关的活动。

（5）利用现有的通信网络。企业要善于利用移动通信设备进行病毒性营销的设计和传播，方便消费者，增加他们的参与度。

（6）利用别人的资源进行信息传播。善于利用一些知名的网络、论坛、社区等传播载体，借用他们的人气和影响力，寻找自己的目标群体，发布自己的产品或服务信息。

参考答案

（50）A

试题（51）

微博营销最直接的价值表现是　 (51) 　。

(51) A．可以带来更多的潜在用户

　　　B．降低网站推广费用

　　　C．增加用户通过搜索引擎发现企业信息的机会

　　　D．降低了对读者调查研究的费用

试题（51）分析

本题考查微博营销的价值。

利用微博这种网络应用形式开展网络营销，其价值主要表现在以下几个方面：

（1）可以直接带来潜在用户。短小精练、有趣（有价值）的内容会吸引大量潜在用户浏览，从而达到向潜在用户传递营销信息的目的，用这种方式开展网络营销，是微博营销的基本形式，也是微博营销最直接的价值表现。

（2）微博营销的价值体现在降低网站推广费用方面。通过微博营销的方式，在微博内容中适当加入企业网站的信息（如某项热门产品的链接、在线优惠券下载网址链接等）达到网站推广的目的，这样的"微博推广"是极低成本的网站推广方法，降低了网站推广的费用，在不增加网站推广费用的情况下，提升了网站的访问量。

（3）微博文章内容为用户通过搜索引擎获取信息提供机会。通过微博文章，可以增加用户通过搜索引擎发现企业信息的机会。

（4）可以实现以更低的成本对读者行为进行研究。当微博内容受欢迎时，读者可以发表评论，从而可以了解读者对微博内容的看法，作者也可以回复读者的评论。当然，也可以在微博文章中设置在线调查表的链接，便于有兴趣的读者参与调查，这样扩大了网站在线调查表的投放范围，同时还可以直接就调查中的问题与读者进行交流，使得在线调查更有交互性，其结果是提高了在线调查的效果，也就意味着降低了调查研究费用。

参考答案

（51）A

试题（52）

以下不属于垂直搜索引擎的是　（52）　。

（52）A．域名搜索（instantdomainsearch.com）

　　　B．百度搜索引擎（baidu.com）

　　　C．股票搜索引擎（macd.cn）

　　　D．学术论文搜索引擎（scholar.google.com）

试题（52）分析

本题考查搜索引擎的分类。

搜索引擎通常进行如下分类：①全文搜索引擎。全文搜索引擎是广泛应用的主流搜索引擎。它的工作原理是计算机索引程序通过扫描文章中的每一个词，对每一个词建立一个索引，指明该词在文章中出现的次数和位置。当用户查询时，检索程序就根据事先建立的索引进行查找，并将查找的结果反馈给用户。典型的全文搜索引擎有 Google 和百度等。②分类目录搜索引擎。用户在查询信息时，可以选择按照关键词搜索，也可按照分类目录逐层查询。若以关键词搜索，返回的结果与全文搜索引擎一样，也是根据信息关联程度排列网站。需要注意的是，分类目录的关键词查询只能在网站的名称、网址和简介等内容中进行，它的查询结果也只是被收录网站首页的 URL 地址，而不是具体的页面。主要的分类目录搜索引擎有雅虎、新浪分类目录等。③元搜索引擎。元搜索引擎（Meta Search Engine）接受用户查询请求后，同时在多个搜索引擎上搜索，并将结果返回给用户。④垂直搜索引擎。垂直搜索引擎又称为行业搜索引擎，是搜索引擎的细分和延伸。当用户需要查询专业或者特定领域信息时，垂直搜索引擎是最好的选择，具有"专、精、深"的特点。垂直搜索引擎是有针对性地为某一特定领域、特定人群或特定需求提供的有一定价值的信息和相关服务，可以简单地说成是垂直搜索引擎领域的行业化分工。如域名搜索、股票搜索引擎、学术论文搜索引擎等。

参考答案

（52）B

试题（53）

身份鉴别是电子商务安全服务中的重要一环，以下关于身份鉴别叙述不正确的是　(53)　。

（53）A．身份鉴别一般不用提供双向的认证

　　　B．身份鉴别是授权控制的基础

　　　C．人脸识别是一种常用的身份鉴别方法

　　　D．数字签名机制是实现身份鉴别的重要机制

试题（53）分析

本题考查身份鉴别的技术。

身份鉴别是指在计算机及计算机网络系统中确认操作者身份的过程，从而确定该用户是否具有对某种资源的访问和使用权限，进而使计算机和网络系统的访问策略能够可靠、有效地执行，防止攻击者假冒合法用户获得资源的访问权限，保证系统和数据的安全，以及授权访问者的合法利益，可以利用数字签名实现身份鉴别，而且很多时候需要通信双方互相认证，鉴别的技术一般包括静态密码、智能卡、短信密码、动态口令、USB KEY、生物识别和双因素。

参考答案

（53）A

试题（54）

某公司申请到一个 C 类 IP 地址，但公司有 6 个部门都需要独立建立局域网，其中最大的一个子部门有 26 台计算机，则子网掩码应设为　(54)　。

（54）A．255.255.255.128　　　　　　　B．255.255.255.0

　　　C．255.255.255.192　　　　　　　D．255.255.255.224

试题（54）分析

本题考查 IP 地址子网划分的知识。

在 IPv4 中，默认情况下 C 类 IP 地址的最后 1 个字节（即后 8 位）表示主机号，题目中所述有 6 个部门，即最少要划分 6 个子网，每个子网最少要有 26 个主机，因此可以将 8 个字节的前 3 位作为网络号（2^3=8，即可划分 8 个子网），后 5 位作为主机号（2^5=32，除去全 0 和全 1 的特殊地址，即可表示 30 个主机），因此子网掩码是网络号全为 1，主机号全为 0，可得该子网掩码为 11111111.11111111.11111111.11100000，转化为十进制数为 255.255.255.224。

参考答案

（54）D

试题（55）

员工甲因工作调动，从公司办公室 A 搬到办公室 B，公司所有设备的 IP 地址均采用静态 IP，该员工办公计算机搬迁后需要做的是　__（55）__。

（55）A．修改 IP 地址，修改 DNS 地址

B．只修改 IP 配置

C．只修改 DNS 地址

D．无需修改，保持原有配置即可使用

试题（55）分析

本题考查 IP 地址配置的知识。

静态 IP 配置要求每一台计算机都必须配置固定的 IP 地址、子网掩码、网关、DNS 等信息。一般而言，一个办公室的计算机组成一个子网，将计算机从办公室 A 搬到办公室 B，原 IP 地址将无法使用，需要重新配置，但 DNS 一般在一个城区（至少一个单位）都是相同的，无需重新配置。

参考答案

（55）B

试题（56）

如果发现计算机无法上网，很有可能是无法连接到 DNS 服务器，可以通过　__（56）__　命令测试网络连通性。

（56）A．telnet　　　　B．ping　　　　C．ftp　　　　D．ipconfig

试题（56）分析

本题考查计算机网络中的常用命令。

（1）ping 命令，用来测试 TCP/IP 网络是否畅通或者网络连接速度。

（2）ipconfig 命令，用于显示所有适配器的 IP 地址、子网掩码和默认网关等。

（3）netstat 命令，一般用于检测本机各端口的网络连接情况。

（4）tracert 命令，验证通往过程主机路径的实用程序。

（5）ftp 命令，实现登录 ftp 服务器，并从服务器上下载、上传相关文件。

（6）telnet 命令，实现远程主机连接。

参考答案

（56）B

试题（57）

数据在网络中传输时需要将数据按一定大小封装成 IP 数据报分片，一般在　__（57）__　将这些分片重组。

（57）A．源主机　　　B．目标主机　　　C．路由器　　　D．交换机

试题（57）分析

本题考查 IP 数据报的传输过程。

TCP/IP 协议将要传输的数据分成 IP 数据报在网络中传输，主要过程分为分片、传输和重组三个阶段。

（1）分片：为了适合网络传输，在源主机上将一个数据报分成多个数据报的过程称为分片，被分片后的各个 IP 数据报可能经过不同的路径到达目标主机。

（2）传输：将分组后的数据报从源主机通过网络传输到目标主机。

（3）重组：当分了片的 IP 数据报到达最终目标主机时，目标主机对各分片进行组装，恢复成源主机发送时的 IP 数据报，这个过程称为 IP 数据报的重组。

路由器和交换机都是网络中转发数据的节点，只负责数据传输的路径选择和转发，不会对数据进行分组或重组。

参考答案

（57）B

试题（58）

建立电子商务网站平台之前，需要规划确定的内容不包括　（58）　。

（58）A．建设网站的目的　　　　　　　　B．确定网站的功能

　　　C．网站推广手段　　　　　　　　　D．投入费用

试题（58）分析

本题考查电子商务网站平台建设规划的知识。

网站系统建设之前需要规划，一般要确定经济可行性、技术可行性和社会可行性。

（1）经济可行性：进行"成本—收益"分析和"短期—长远利益"分析，成本即投入的费用。

（2）技术可行性：指决策的技术和决策方案不能突破设计开发人员所掌握的技术资源条件的边界。技术可行性分析要考虑系统的功能、系统的质量、系统的性能、系统的目标等因素。

（3）社会可行性：是在特定环境下对项目的开发与实施。社会可行性分析包括社会因素的可行性、法律可行性、使用可行性等。

网站推广手段是网站建成以后运营推广的方案。

参考答案

（58）C

试题（59）

在电子商务网站的基本构件中，　（59）　简化企业网站的产品管理、提高效率，并把筛选后的相应内容发给最终用户。

（59）A．工作流和群件子系统　　　　　　B．搜索引擎

　　　C．内容管理子系统　　　　　　　　D．目录服务器

试题（59）分析

本题考查电子商务网站基本构件的知识。

工作流和群件子系统：主要使工作人员和商业伙伴能通过因特网共享资源、协同工作。

搜索引擎：电子商务网站要具备优秀的搜索功能。如果消费者无法搜索到他们想要的商品，他们就会转移到其他网站。

内容管理子系统：主要是简化企业网站的产品管理、提高效率，并把筛选后的相应内容

发给最终用户。

　　目录服务器：主要用来管理防火墙内外的用户、资源和控制安全权限，同时为用户的通信和电子商务交易提供通道。

参考答案

　　（59）C

试题（60）

　　在电子商务平台开发中，开发人员通常会选择 JavaEE 平台提供的核心技术来降低开发的难度，以下技术中用来在不同商务过程中共享数据的是　（60）　。

　　（60）A．JDBC　　　　　　B．XML　　　　　　C．JavaMail　　　　　D．JAF

试题（60）分析

　　本题考查电子商务平台开发技术的相关知识。

　　XML（Extensible Markup Language）是一种可以用来定义其他标记语言的语言。它被用来在不同的商务过程中共享数据。

　　JavaMail 是用于存取邮件服务器的 API，它提供了一套邮件服务器的抽象类。不仅支持 SMTP 服务器，也支持 IMAP 服务器。

　　JavaMail 利用 JAF（JavaBeans Activation Framework）来处理 MIME 编码的邮件附件。

　　JDBC（Java Database Connectivity）API 为访问不同的数据库提供了一种统一的途径，像 ODBC 一样，JDBC 对开发者屏蔽了一些细节问题，另外，JDCB 对数据库的访问也具有平台无关性。

参考答案

　　（60）B

试题（61）

　　基于 Android 的移动端开发平台是一个以　（61）　为基础的开源移动设备操作系统。

　　（61）A．Windows　　　B．Unix　　　　　　C．Linux　　　　　　D．DOS

试题（61）分析

　　本题考查电子商务平台开发技术的相关知识。

　　Android 是一个以 Linux 为基础的开源移动设备操作系统，主要用于智能手机和平板电脑，由 Google 成立的 Open Handset Alliance（OHA，开放手持设备联盟）持续领导与开发。Android 系统对 Linux 内核进行了加强，在 Android 的系统架构中，底层以 Linux 核心为基础，由 C 语言开发，只提供基本功能；中间层包括函数库（Library）和虚拟机（Virtual Machine），由 C++开发；最上层是各种应用软件，包括通话程序、短信程序等，应用软件则由各公司自行开发，使用 Java 语言进行编码。

参考答案

　　（61）C

试题（62）

　　在网页中要给文字"电子商务设计师"增加模糊阴影的效果，要求阴影的颜色为红色，可以实现该功能的选项是　（62）　。

（62）A．<h1 style="text-shadow: 5px 5px 5px #00FF00">电子商务设计师</h1>

　　　　B．<h1 style="text-shadow: 5px 5px #FF0000">电子商务设计师</h1>

　　　　C．<h1 style="text-shadow: 5px 5px 5px #FF0000">电子商务设计师</h1>

　　　　D．<h1 style="text-shadow: 5px #FF0000">电子商务设计师</h1>

试题（62）分析

本题考查 Web 程序设计中 CSS3 样式表的基础知识。

在 CSS3 样式表中，text-shadow 属性是用于向文本设置阴影的，可以向文本添加一个或多个阴影，用逗号分隔。

text-shadow 属性的语法规则：

text-shadow: h-shadow v-shadow blur color;

其中，h-shadow 是必需的，作用是设置水平阴影的位置；v-shadow 是必需的，作用是设置垂直阴影的位置；blur 是可选的，作用是设置模糊的距离；color 是可选的，作用是设置阴影的颜色。

h-shadow 表示阴影的水平偏移距离，其值为正值时阴影向右偏移，为负值时阴影向左偏移；v-shadow 是指阴影的垂直偏移距离，其值为正值时阴影向下偏移，为负值时阴影向顶部偏移；blur 是指阴影的模糊程度，其值不能是负值，值越大则阴影越模糊，反之阴影越清晰，不需要阴影模糊时可以将 blur 值设置为 0；color 是指阴影的颜色，其可以使用 rgba 色。

例如：

<li style="text-shadow:1px　1px　2px　rgba(230,6,185,.4)">文字下阴影模糊效果取值：text-shadow:1px 1px 2px rgba(230,6,185,.4);</li>

参考答案

（62）C

试题（63）

在 HTML5 中，表单中插入专门为输入日期而定义的文本框，能够获取具体年、月和日的是　（63）　。

（63）A．<input type="date" name="user_date" />

　　　　B．<input type="week" name="user_date" />

　　　　C．<input type="month" name="user_date" />

　　　　D．<input type="time" name="user_date" />

试题（63）分析

本题考查 HTML5 中标签的基本应用情况。

在 HTML 中，<input> 标签规定用户可输入数据的输入字段。根据不同的 type 属性，输入字段有多种形态。输入字段可以是文本字段、复选框、密码字段、单选按钮、按钮等。

HTML5 中新增的 input 类型包括：number（数字）、date（日期）、color（颜色）、range（范围）等。与日期相关的常见形式分别为：

<input type="date" name="user_date" />：是最基本的日期选择器，你只能从日历中选择某个日期。

<input type="week" name="user_date" />：选择的不是一个日期，而是周。周数显示的格式为"----年 第—周"。

<input type="month" name="user_date" />：选择的是月份，同"date"类型相比，少了后面的日。具体显示格式为"----年--月"。

<input type="time" name="user_date" />：是最简单的一种显示，没有具体日期，只能选择时间。

<input type="datetime" name="user_date" />：既显示日期组件，又显示时间组件，其实就是"date"类型和"time"类型的组合。

<input type="datetime-local" name="user_date" />：本地时间的显示，具体显示格式为"----年--月--日 --:- -"。

参考答案

（63）A

试题（64）

在以下选项中，表示网页中相对路径正确的是　（64）　。

（64）A．D:/www/h1/hc.html

　　　B．../resources/image/logo.jpg

　　　C．https://www.test.com/HelloHBuilder/t1.css

　　　D．ftp://205.15.45.34/f.txt

试题（64）分析

本题考查网页编程中相对路径和绝对路径的基础知识。

在网页编程中，经常会涉及绝对路径与相对路径的概念（如超级链接、图片等）。绝对路径是指文件在硬盘上真正存在的路径，例如，文件"hc.html"存放在硬盘"D:/www/h1/"的文件夹下，则访问该文件的绝对路径为"D:/www/h1/hc.html"；相对路径是相对于某个基准目录的路径，包含 Web 的相对路径（HTML 中的相对目录），例如，在 Servlet 中，"/"代表 Web 应用的根目录。在相对路径表示中，"./"代表当前目录，"../"代表上级目录。

相对路径使用"/"字符作为目录的分隔字符，而绝对路径可以使用"\"或"/"字符作为目录的分隔字符。在网络中，以 https、ftp 开头的链接都是绝对路径。

参考答案

（64）B

试题（65）

在 JavaScript 的浏览器对象中，包含浏览器的信息并用于检测浏览器和操作系统版本的是　（65）　。

（65）A．Document　　　　　B．Location　　　　C．History　　　　D．Navigator

试题（65）分析

本题考查 JavaScript 的常见对象功能。

Window 是一个优先级很高的对象，该对象包含了丰富的属性、方法。程序员可以简单地操作这些属性方法，对浏览器窗口进行控制。

Navigator 对象管理着浏览器的基本信息，如版本号、操作系统等。例如，显示版本号可以使用如下代码来实现：

```
<script> document.write(navigator.appVersion) </script>
```

Location 是浏览器内置的一个静态的对象，它显示的是一个窗口对象所打开的地址。使用此对象时要考虑权限问题,不同的协议或者不同的主机不能互相引用彼此的 Location 对象。

JavaScript 的输入和输出需要通过对象来完成，Document 对象就是输出对象之一。Document 对象最主要的方法是 write()。

参考答案

（65）D

试题（66）

JSON 是一种轻量级的数据交换格式，采用完全独立于编程语言的文本格式来存储和表示数据。以下说法中，错误的是 （66） 。

（66）A．JSON 常用数据格式包括对象方式和数组方式

     B．JSON 比 XML 更小、更快，更易解析

     C．JavaScript 语法是 JSON 语法的子集

     D．JSON 解析器和 JSON 库支持许多不同的编程语言

试题（66）分析

本题考查 JSON 数据格式的基础知识。

JSON（JavaScript Object Notation）是一种轻量级的数据交换格式，易于阅读和理解，也易于机器解析和生成。JSON 采用独立于语言的文本格式，使用了类似于 C 语言家族的习惯（包括 C、C++、C#、Java、JavaScript 等），这些特性使得 JSON 成为理想的数据交换语言。

JSON 常用数据格式包括对象方式和数组方式。对象是一个无序的"'名称/值'对"集合，一个对象以"{"开始，以"}"结束。每个"名称"后跟一个":"（冒号），"'名称/值'对"之间使用","分隔。数组是值（value）的有序集合，一个数组以"["开始，以"]"结束，值之间使用","分隔。

JSON 比 XML 更小、更快,更易解析；JSON 解析器和 JSON 库支持许多不同的编程语言。

JSON 语法是 JavaScript 语法的子集。JSON 语法衍生于 JavaScript 对象标记法语法：数据在"'名称/值'对"中，数据由逗号分隔，花括号容纳对象，方括号容纳数组等。

参考答案

（66）C

试题（67）

在大数据从数据源经过分析挖掘到最终获得价值的整个环节中， （67） 需要根据处理的数据类型和分析目标，采用适当的算法模型，快速处理数据。

（67）A．数据分析环节　　　　　　　　B．知识展现环节

     C．计算处理环节　　　　　　　　D．数据准备环节

试题（67）分析

本题考查大数据处理的基础知识。

从数据在信息系统中的生命周期看，大数据从数据源经过分析挖掘到最终获得价值一般需要经过 5 个主要环节，包括数据准备、数据存储与管理、计算处理、数据分析和知识展现。

数据准备环节：在进行存储和处理之前，需要对数据进行清洗、整理，传统数据处理体系中称为 ETL（Extracting，Transforming，Loading）过程。

数据存储与管理环节：当前全球数据量正以每年超过 50%的速度增长，存储技术的成本和性能面临非常大的压力。大数据存储系统不仅需要以极低的成本存储海量数据，还要适应多样化的非结构化数据管理需求，具备数据格式上的可扩展性。

计算处理环节：需要根据处理的数据类型和分析目标，采用适当的算法模型，快速处理数据。

数据分析环节：需要从纷繁复杂的数据中发现规律，提取新的知识，是大数据价值挖掘的关键。

知识展现环节：在大数据服务于决策支撑场景下，以直观的方式将分析结果呈现给用户，是大数据分析的重要环节。

参考答案

（67）C

试题（68）

以下云计算服务实例中，属于 PaaS 类型的是　__（68）__。

（68）A．在线杀毒　　　　　　　　　　B．在线 ERP

　　　　C．在线开发平台　　　　　　　　D．网络硬盘

试题（68）分析

本题考查云计算服务模式的基础知识。

云计算服务模式又称服务资源池，可以从不同的层面和特点进行分类。然而，目前被业界最广泛认可和接受的划分法由 NIST 定义，即 SaaS（Software as a Service，软件即服务）、PaaS（Platform as a Service，平台即服务）和 IaaS（Infrastructure as a Service，基础设施即服务），基础设施在最下端，平台在中间，软件在顶端。

在线杀毒和在线 ERP 提供的是软件服务，网络硬盘是硬件，属于基础设施。

PaaS 的主要作用是将一个开发和运行平台作为服务提供给用户。

参考答案

（68）C

试题（69）

以下活动适用于《中华人民共和国电子商务法》的是　__（69）__。

（69）A．在实体店购买水果，通过微信或支付宝付款

　　　　B．在社交媒体上传自己的唱歌视频，吸粉并获得打赏

　　　　C．利用某基金 App 购买基金产品

　　　　D．利用网络提供新闻信息

试题（69）分析

本题考查《中华人民共和国电子商务法》的适用范围。

《中华人民共和国电子商务法》第二条第二款界定了电子商务的概念，根据该条规定，"电子商务，是指通过互联网等信息网络销售商品或者提供服务的经营活动"。按照这个界定，买方在经营者营业场所进行的交易，即使支付或者合同缔结环节通过互联网等信息网络完成，也不属于电子商务。因此，在实体店购买水果，通过微信或支付宝付款不在《中华人民共和国电子商务法》的适用范围之内。另外，考虑到某些服务行业的特殊性，该法律同时明确了金融类产品和服务以及利用信息网络提供新闻信息、音视频节目、出版以及文化产品等内容方面的服务不属于电子商务法管辖范围。

参考答案

（69）B

试题（70）

一般来说，电子合同生效的要件不包括__（70）__。

（70）A．电子合同缔约当事人具有相应的民事行为能力

B．缔约双方当事人意思表示自愿、真实、一致

C．合同必须采用双方当事人约定的形式

D．合同内容不违反法律或社会公共利益

试题（70）分析

本题考查电子合同生效的条件。

一般来说，电子合同生效需满足以下三个要件：①电子合同缔约当事人具有相应的民事行为能力；②缔约双方当事人意思表示自愿、真实、一致；③合同内容与形式不违反法律或社会公共利益。

此外，由于数据电文本身易修改的特性，在确定电子合同是否生效时，还应充分考虑合同生成、存储或传递数据电文的方法的可靠性。

参考答案

（70）C

试题（71）～（75）

The rapid expansion of e-commerce is radically altering our society. More and more economic activities use the Internet and new __（71）__ to do business or to purchase goods and services __（72）__. These interactions and transactions can take place between __（73）__, businesses and consumers. Of particular interest are the cross-border business-to-business (B2B) and business-to-consumer (B2C) transactions that look set to drastically reshape trade and business in Emerging Asia (Emerging Asia is comprised of the ten members of the Association of Southeast Asian Nations – Brunei Darussalam, Cambodia, Indonesia, Lao PDR, Malaysia, Myanmar, the Philippines, Singapore, Thailand and Viet Nam – plus China and India).

Global cross-border e-commerce is increasingly important in the international economy. It has introduced new dynamics to __（74）__. __（75）__ business-to-business (B2B) e-commerce, for example, typically involves fewer intermediate links between sellers and buyers, but it places higher demands on services, especially information, payment and logistics.

（71）A．IoT(Internet of Things)

　　　 B．ICT(Information and Communications Technology)

　　　 C．GPS(Global Positioning System)

　　　 D．GVCs (Global Value Chains)

（72）A．on line　　　　　　　　　　B．off line

　　　 C．recently　　　　　　　　　 D．lately

（73）A．organization　　　　　　　　B．government

　　　 C．organizations　　　　　　　 D．governments

（74）A．Internet access　　　　　　　B．international communication

　　　 C．international trade　　　　　　D．internal trade

（75）A．Cross-border　　　　　　　　B．Horizontal

　　　 C．Vertical　　　　　　　　　　 D．Industry-based

参考译文

电子商务的迅速发展正在从根本上改变我们的社会。越来越多的经济活动利用互联网和新的信息和通信技术工具在网上做生意或购买商品和服务。这些互动和交易可以在政府、企业和消费者之间进行。特别令人感兴趣的是跨境企业对企业（B2B）和企业对消费者（B2C）交易，这些交易似乎将彻底改变亚洲新兴经济体的贸易和商业（亚洲新兴经济体由东南亚国家联盟的十个成员组成，即文莱达鲁萨兰国、柬埔寨、印度尼西亚、老挝人民民主共和国、马来西亚、缅甸、菲律宾、新加坡、泰国和越南，再加上中国和印度）。

全球跨境电子商务在国际经济中的地位日益重要。它给国际贸易带来了新的动力。例如，跨境企业对企业（B2B）电子商务通常较少涉及卖家和买家之间的中间环节，但它对服务，特别是信息、支付和物流提出了更高的要求。

参考答案

（71）B　（72）A　（73）D　（74）C　（75）A

第8章　2021上半年电子商务设计师下午试题分析与解答

试题一（共15分）

阅读下列说明，回答问题1至问题3，将解答填入答题纸的对应栏内。

【说明】

假设某集团公司有多个仓库，存储多种零件，供给多个部门使用，公司规定：

1. 一种零件可以存放在多个仓库中，一个仓库可以存放多种零件；

2. 每个部门只有一个负责人；

3. 每个仓库每种零件只有一个库存数量；

4. 一个部门可以在不同的仓库领用零件，一个仓库可以供应多个部门；

5. 一个部门可以领用多种零件，一种零件也可以被多个部门领用；

6. 一个部门可以在不同的时间在同一个仓库领用同一种零件。

现拟开发一套零件库存管理系统，公司信息技术部门根据公司实际情况及规定初步设计了实体联系图，并创建关系模式 R 如下：

R (仓库编号，仓库名称，零件编号，零件名称，库存数量，领用部门编号，领用部门负责人，领用时间，领用数量)

经过数据库专业设计人员分析后，发现存在一些问题，需要优化设计。

【规范化分析】

关系模式 R 的基本函数依赖包括6个：

1. (仓库编号，零件编号)→领用部门编号

2. 领用部门编号→领用部门负责人

3. 仓库编号→仓库名称

4. ＿＿(1)＿＿→零件名称

5. ＿＿(2)＿＿→库存数量

6. (仓库编号，零件编号，领用部门编号，＿＿(3)＿＿)→领用数量

根据上述函数依赖，关系 R 的码为＿＿(4)＿＿，R 中存在非主属性对码的 ＿(5)＿ 和 ＿(6)＿，故 R 属于 1NF。

【规范化设计】

按照规范化设计原则，将 R 分解成 3NF 模式集如下：

仓库(仓库编号，仓库名称)

零件(零件编号，＿＿(7)＿＿)

部门(＿(8)＿，领用部门负责人)

库存(仓库编号，零件编号，＿＿(9)＿＿)

领用(仓库编号，零件编号，领用部门编号，＿＿(10)＿＿，领用数量)

【概念模型设计】

根据规范化设计结果，重新设计零件库存管理系统实体联系图如图 1-1 所示。

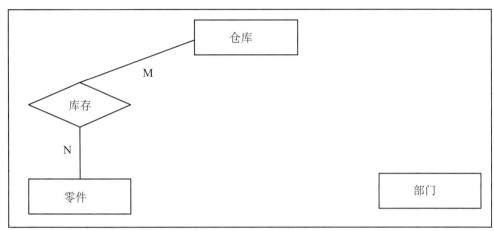

图 1-1　零件库存管理系统实体联系图

【问题 1】（6 分）

根据题意，将规范化分析中的空（1）～（6）补充完整。

【问题 2】（4 分）

根据题意，将规范化设计中的空（7）～（10）补充完整。

【问题 3】（5 分）

在"零件库存管理系统实体联系图"中画出三元联系"领用"，并标明联系类型。

试题一分析

本题考查数据库概念结构设计及规范化的处理过程。

此类题目要求考生认真阅读题目对现实问题的描述，经过分类、聚集、概括等方法，从中确定实体及其联系。题目已经给出部分设计，但并不合理，需要根据需求描述进行优化及规范化设计。

【问题 1】

在关系 R 中，存在零件编号，零件名称等属性，很显然这两个属性直接存在函数依赖：零件编号→零件名称。

根据题意，每个仓库每种零件只有一个库存数量，可知存在函数依赖：(仓库编号，零件编号) →库存数量。

根据题意，一个部门可以在不同的仓库领用零件，一个仓库可以供应多个部门；一个部门可以领用多种零件，一种零件也可以被多个部门领用；一个部门可以在不同的时间在同一个仓库领用同一种零件。可知存在函数依赖：(仓库编号，零件编号，领用部门编号，领用时间)→领用数量。

码是指能唯一标识整个实体的属性集，根据题意，关系 R 的码为(仓库编号，零件编号，领用部门编号，领用时间)，R 中存在函数依赖：零件编号→零件名称，即非主属性对码的部分依赖；同时还存在函数依赖：(仓库编号，零件编号)→领用部门编号，领用部门编号→领用部门负责人，即存在传递依赖。

【问题 2】

3NF 即要消除非主属性对码的部分依赖和传递依赖，需要对关系 R 进行分解如下：

仓库(仓库编号，仓库名称)

零件(零件编号，零件名称)

部门(领用部门编号，领用部门负责人)

库存(仓库编号，零件编号，库存数量)

领用(仓库编号，零件编号，领用部门编号，领用时间，领用数量)

【问题 3】

根据上述设计结果，共有 5 个关系，图中已经给出了其中的 4 个，还差一个"领用"关系，根据题意，仓库和零件存在多对多的联系，同时，仓库与部门之间也存在多对多的联系，由此可知，"领用"是一个三元联系。

参考答案

【问题 1】

（1）零件编号

（2）(仓库编号，零件编号)

（3）领用时间

（4）(仓库编号，零件编号，领用部门编号，领用时间)

（5）部分依赖

（6）传递依赖

注：（5）、（6）答案可以互换。

【问题 2】

（7）零件名称

（8）领用部门编号

（9）库存数量

（10）领用时间

【问题 3】

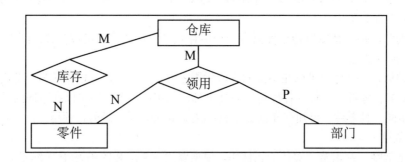

试题二（共 15 分）

阅读以下说明，回答问题 1 至问题 2，将解答填入答题纸的对应栏内。

【说明】

为了满足用户在移动端的使用需求，某电子商务公司开发了基于 Android 平台的个人理财 App，该 App 中的收入管理模块提供了收入的增加、修改和删除管理等功能。基于 Android 平台的 App 采用 Java 语言开发。

【问题 1】（5 分）

与收入信息相关的数据，都存储在收入信息表中，App 使用的所有数据都存储在 Android 系统集成的关系数据库 SQLite 中，收入信息表（表名为 tb_inaccount）结构如表 2-1 所示。

表 2-1　收入信息表

字段名	数据类型	描述	是否为空	备注
in_id	integer	编号	否	主键
in_money	decimal	收入金额	否	
in_type	varchar（10）	收入类型	是	
in_handler	varchar（100）	付款方	是	

在开发过程中，采用代码建库的方式完成了 App 中所需库的创建，请根据表 2-1 完成以下程序。

```
public void onCreate(__(1)__ db)    //创建数据库
{
//创建收入信息表
db.execSQL("create table __(2)__ (in_id integer __(3)__, in_money  "
+"__(4)__ not null, in_type varchar(10), in_handler varchar(__(5)__))");
//创建其他信息表
/** 程序代码  **/
}
```

【问题 2】（10 分）

在 App 收入管理界面的新增布局文件中，创建收入金额输入框（id 为 "tvInMoney"，必填项）、收入类别下拉列表框（id 为 "tvInType"）、付款方输入框（id 为 "tvInHandler"）及保存按钮（id 为 "btnInSave"），在保存按钮的监听器中编写是否保存成功的验证方法，要求收入金额不为空，且保存成功时显示 "数据添加成功！"，收入金额为空时显示 "请输入收入金额！"。根据描述，完成以下程序片段。

说明：Tb_inaccount 是对收入信息表中所有字段封装的实体类，在该类中包含了通过四个参数初始化对象的构造方法；InaccountDAO 类中提供了将实体对象 tb_inaccount 添加到数据库中的方法，方法原型为：public boolean add(Tb_inaccount tb_inaccount)。

```
public void onCreate(Bundle savedInstanceState) {
    super.onCreate(__(6)__);
    txtInMoney=(EditText) findViewById(R.id.__(7)__);
```

```
txtInHandler=(EditText) findViewById(R.id. (8) );
spType=(Spinner) findViewById(R.id. (9) );
btnInSaveButton=(Button) findViewById(R.id. (10) );
btnInSaveButton.setOnClickListener( new OnClickListener() {
    public void onClick(View arg0) {
        String strInMoney=txtInMoney. (11) .toString();
        if (!strInMoney.isEmpty()) {
            InaccountDAO inaccountDAO=new InaccountDAO();
            Tb_inaccount tb_inaccount=new Tb_inaccount(
                inaccountDAO.getMaxId()+1, Double. (12) (strInMoney),
                spInType. (13) .toString(),txtInHandler.
                (11) .toString());
            if(inaccountDAO.add(tb_inaccount))
                Toast.makeText(AddInaccount.this, "数据添加成功！",
                                    Toast.LENGTH_SHORT).show();
        } else {
            Toast.makeText(AddInaccount.this, " (14) ",
                                    Toast.LENGTH_SHORT).show();
        }
    }
});
}
```

试题二分析

本题考查基于 Android 平台的 App 开发，涉及 Android 中数据存储、SQL 语句、业务逻辑编码处理、编程语言应用等。

【问题 1】

数据存储是应用程序最基本的问题，在 Android 系统中，提供了多种数据存储技术，常用的主要包括：使用 SharedPreference 存储数据、使用文件存储数据、使用 SQLite 数据库存储数据以及使用 ContentProvider。

本问题考查使用 SQLite 数据库存储数据方式。SQLite 是一款轻型的数据库，主要为嵌入式设计开发，它能够支持 Windows/Linux/UNIX 等主流操作系统，同时能够跟很多编程语言相结合。其最大的特点是可以把各种类型的数据保存到任何字段中，而不用关心声明的数据类型。

SQLite 数据库的操作包括创建和打开数据库、创建表、向表中添加数据、从表中删除数据、修改表数据、关闭数据库、删除指定表、删除数据库、数据查询等。题目考查的是使用 SQL 语句创建数据表的操作。

Android 提供了一个名为 SQLiteDatabase 的类，该类封装了一些操作数据库的 API，使用该类可以完成对数据进行添加（Create）、查询（Retrieve）、更新（Update）和删除（Delete）操作（简称为 CRUD）。题目使用 SQLiteDatabase 类提供的 execSQL 方法实现数据表的创建。

根据表结构可以看出，in_id 为主键、in_money 的类型为 decimal、in_handler 的字段长度为 100，因此创建表的完整的 SQL 语句为"create table tb_inaccount (in_id integer primary key, in_money decimal not null, in_type varchar(10), in_handler varchar(100))"。

【问题 2】

在 Android 平台业务逻辑开发中，Bundle 类用于不同 Activity 之间的数据传递，该类是一个 final 类，是一个存储和管理 key-value 对的类。业务逻辑在重写的 OnCreate()方法中，初始化创建了 EditText 对象、Spinner 对象和 Button 对象。单击"保存"按钮，为该按钮设置监听事件，在监听事件中使用 Toast 类弹出信息提示；使用 InaccountDAO 对象的 add()方法将用户输入的信息保存在收入信息表中。

由于 super.onCreate(savedInstanceState)是调用父类 Activity 的 onCreate()方法，因此空（6）处填写 savedInstanceState。

在 Android 中，向屏幕中添加某些组件通常采用在 XML 布局文件中使用组件标记的方式添加，而在组件的"Android:id"属性中，为该组件设置唯一的组件 ID；在 OnCreate()方法中，通过 ID 获取布局文件中添加的组件。因此空（7）～（10）分别填写 EditText、Spinner 和 Button 组件的 id 值。

获取屏幕中各类组件的值通过调用各类对象提供的方法来实现。EditText 对象提供了"getText()"方法，Spinner 提供了"getSelectedItem()"方法，所以空（11）处填写 getText()，空（13）处填写 getSelectedItem()。

Tb_inaccount 是对收入信息表中所有字段封装的实体类，在该类中包含了通过四个参数初始化对象的构造方法，而信息表中，字段"收入金额"是数值型，调用"getText()"方法获取对象的值是字符串类型，为确保数据类型一致，需将字符串类型转换为 double 类型，因此空（12）处应填写"parseDouble"，该方法是 Double 类提供的专门用于数据类型转换的方法。根据题目描述可知，空（14）处应填写"请输入收入金额！"。

参考答案

【问题 1】

　　（1）SQLiteDatabase

　　（2）tb_inaccount

　　（3）primary key

　　（4）decimal

　　（5）100

　　注：（1）区分大小写

【问题 2】

　　（6）savedInstanceState

　　（7）tvInMoney

　　（8）tvInHandler

　　（9）tvInType

　　（10）btnInSave

　　（11）getText()

　　（12）parseDouble

　　（13）getSelectedItem()

（14）请输入收入金额！

注：（6）～（13）区分大小写

试题三（共 15 分）

阅读以下说明，回答问题 1 至问题 3，将解答填入答题纸的对应栏内。

【说明】

在开发某大型电子商务系统项目过程中，为保证软件的开发质量，需要进行软件测试。某测试员需要完成销售情况统计模块、快递资费模块及某函数的测试任务。

【问题 1】（7 分）

根据以下 FunCase 函数、程序流程图及使用判定覆盖的测试用例表，填写（1）～（5）空。

```
Int FunCase(int a,int b,int m)
{
    if(a>0 && b==0)
        m=m%a;
    if(a==2||m>1)
        m=m+1;
    return  m;
}
```

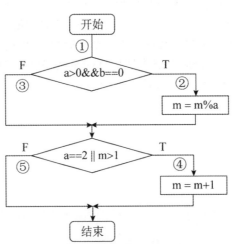

图 3-1　被测试程序的流程图

说明：流程图中数字代表程序执行的路径，a、b 和 m 的数据类型均为整型。

表 3-1　判定覆盖测试用例表

序号	测试用例			预期结果	执行路径
	参数 a	参数 b	参数 m	m	
1	2	0	(1)	0	①-②-④
2	(2)	0	−1	−1	①-②-⑤

续表

序号	测试用例			预期结果	执行路径
	参数 a	参数 b	参数 m	m	
3	2	不等于 0 的整数	- 1	(3)	(4)
4	1	(5)	1	1	①-③-⑤
…	…	…	…	…	…

【问题 2】（3 分）

判定覆盖的测试充分性也较弱，它只是判定整个判定表达式的最终取值结果，并不考虑具体某个条件的取值情况，必然会漏检一些条件。结合图 3-1 的流程图，查找该程序片段中采用判定覆盖测试方法的测试充分性较弱的原因。

【问题 3】（5 分）

在快递资费模块中，其收费标准为：

省内邮寄，快件 5 元/公斤，慢件 3 元/公斤；

省外邮寄，邮件重量不超过 20 公斤（含 20 公斤），快件 7 元/公斤，慢件 5 元/公斤；超过 20 公斤，快件 9 元/公斤，慢件 7 元/公斤。

现采用决策表方法完成快递资费模块的测试。在设计初始决策表时，根据条件桩的条件个数可知，在该决策表中需要的规则个数为　(6)　。

测试该功能模块的化简后决策表如表 3-2 所示，其中 C1：是否省内邮寄，C2：是否快件邮寄，C3：重量是否超过 20 公斤，e1：5 元/公斤，e2：3 元/公斤，e3：7 元/公斤，e4：9元/公斤。根据问题描述，完成表 3-2 中的空（7）～（10）。

注：在决策表中，"√"代表该动作执行，"×"代表该动作不执行。

表 3-2　化简后决策表

项目		1	2	3	4	5	6
条件	C1	Y	Y	N	N	N	N
	C2	Y	N	Y	Y	N	(8)
	C3	(7)	(7)	Y	N	Y	N
动作	e1	√	×	×	(9)	×	√
	e2	×	√	×	×	×	×
	e3	×	×	×	(10)	√	×
	e4	×	×	√	×	×	×

试题三分析

本题考查软件测试，使用判定覆盖、决策表等测试方法完成程序中功能模块和函数的测试。

【问题 1】

所谓判定覆盖是设计足够多的测试用例，使得程序中的每一个判断至少获得一次"真"和一次"假"，使得程序流程图中的每一个真假分支至少被执行一次。与条件覆盖有所不同，判定覆盖只关心判定表达式的值（真/假），而条件覆盖则涉及判定表达式中每个条件的值（真/假）。

分析 FunCase 函数和被测试程序流程图可知，变量 a、b 和 m 的值会影响程序执行的路径，而变量 m 的预期结果值与第一个选择条件、变量 a 以及形参 m 的值有关。

在测试用例表中，当 a=2，b=0 时，表达式"a>0 && b==0"的值为"真"；由执行路径"①-②-④"和 m 的预期结果（m=0）可知，表达式"a==2 || m>1"的值为"真"，因此要满足上述条件，参数 m 的取值为"负奇数"。当 m 取值为"负奇数"时，执行完条件表达式"a>0 && b==0"后 m=-1；执行完条件表达式"a==2 || m>1"后最终 m=0。

由执行路径"①-②-⑤"可知，序号 2 测试用例中，表达式"a>0 && b==0"的值为"真"，表达式"a==2 || m>1"的值为"假"，可以推出参数 a 的取值为"大于 2 的整数"。在参数 m=-1、b=0 时，当参数 a 的取值为"大于 2 的整数"时，执行完条件表达式"a>0 && b==0"后 m=-1，此时条件表达式"a==2 || m>1"的值为"假"，不执行路径④，m 的预期结果为-1。

当参数 a=2、参数 b 取值"不等于 0 的整数"、参数 m=-1 时，表达式"a>0 && b==0"的值为"假"，不执行路径②；表达式"a==2 || m>1"的值为"真"，执行完该表达式后 m=0，m 的预期结果仍为 0，执行路径为①-③-④。

由执行路径"①-③-⑤"可知，序号 4 测试用例中，表达式"a>0 && b==0"的值为"假"，表达式"a==2 || m>1"的值为"假"，可以推出参数 b 的取值为"不等于 0 的整数"。m 的预期结果值应该和参数 m 的值相等。

【问题 2】

判定覆盖的测试充分性也较弱，它只是判定整个判定表达式的最终取值结果，并不考虑其中某个条件的取值情况，因此必然会漏检一些条件。在日常测试中，判定表达式往往由多个条件组合而成，某个条件的取值结果可能会掩盖其他条件的取值结果情况。在表达式"a==2 || m>1"中，当"a==2"的值为"真"时，因复合表达式是"或"的关系，不管"m>1"的值为"真"或者"假"，整个表达式的最终取值结果均为"真"；在表达式"a>0 && b==0"中，当"a>0"的值为"假"时，因复合表达式是"与"的关系，不管"b==0"的值为"真"或者"假"，整个表达式的最终取值结果均为"假"。因此在判定覆盖中，某些测试用例仍然能够达到判定覆盖的标准，但无法发现上述的错误。

程序片段中采用判定覆盖测试，其测试充分性较弱的原因为："或"关系的第一个条件为真，则不判断第二个条件；"与"关系的第一个条件为假，则不判断第二个条件。

【问题 3】

决策表的构造目的是表达和获取规则，规则是任何条件组合的特定取值及其应当执行的操作。在决策表中，贯穿条件项和动作项的一列就是一条规则。因此在决策表中给出了多少条件组合情况，相应地也就有多少条规则，即条件项和动作项有多少列。由于每个条件有真、假两种取值情况，所以题目中给出 3 个条件，则该决策表中需要的规则个数为 8。

对化简后的决策表中规则 1、规则 2 进行分析，C1 取值均为"Y"时，是对"省内邮寄"条件的描述，因省内快递资费跟重量无关，因此无论 C2 取值为"Y"或"N"，C3 都是无关条件项，故第（7）空应填写"-"。

对化简后的决策表中规则 6 进行分析，C1 和 C3 取值均为"N"、执行动作 e1，是对"省外邮寄、邮件重量不超过 20 公斤、慢件"的描述，因此 C2 取值为"N"。

对化简后的决策表中规则 4 进行分析，C1 取值为"N"、C2 取值为"Y"、C3 取值为"N"，是对"省外邮寄、邮件重量不超过 20 公斤、快件"的描述，此时执行的动作应该是 e3（7 元/公斤），动作 e1 应该不执行。

参考答案

【问题 1】

（1）负奇数

（2）大于 2 的整数

（3）0

（4）①-③-④

（5）不等于 0 的整数

【问题 2】

"或"关系的第一个条件为真，则不判断第二个条件。

"与"关系的第一个条件为假，则不判断第二个条件。

【问题 3】

（6）8

（7）-

（8）N

（9）×

（10）√

试题四（共 15 分）

阅读下列说明，回答问题 1 至问题 4，将解答填入答题纸的对应栏内。

【说明】

科信公司是一家大型电子商务企业，目前需要进行电子商务平台横向联网的整合和相关应用软件开发。项目计划从 2020 年 1 月 1 日开始，2020 年 1 月 22 日完成，持续 22 天。表 4-1 所列是项目中每项任务持续时间和每天人员需求数。

表 4-1　每项任务持续时间和每天需求人数

任务名称（任务代号）	持续时间/天	每天需求人数
需求调研（A）	5	8
系统分析（B）	3	4
系统设计（C）	8	3
编程与测试（D）	7	2
硬件方案及配置（E）	7	5
集成与试运行（F）	4	9
培训与验收（G）	5	7

每项任务的逻辑关系和部分时间信息如图 4-1 所示。

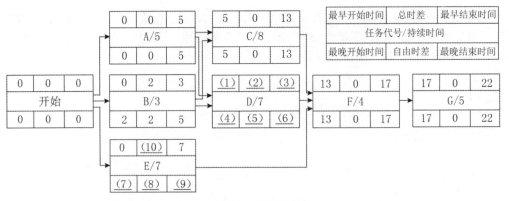

图 4-1　项目网络图

【问题 1】（5 分）

请根据图 4-1 的项目任务逻辑关系，计算并填写其中的（1）～（10）处空缺。

【问题 2】（3 分）

任务 D 的紧前任务是　(11)　、　(12)　，任务 E 的紧后任务是　(13)　。

【问题 3】（4 分）

请根据该项目网络图得出最早开始时间的甘特图，计算每天需要的劳动时数并填写完整表 4-2 中（14）～（21）处的空缺。

表 4-2　最早开始时间资源需求量表

工期	1	2	3	4	5	6	7	8	9
需求量（人数）	17	17	17	(14)	13	(15)	(16)	(17)	5
工期	10	11	12	13	14	15	16	17	18
需求量（人数）	5	5	(18)	(19)	9	9	9	(20)	(21)
工期	19	20	21	22					
需求量（人数）	7	7	7	7					

【问题 4】（3 分）

（1）如果把任务 E 工作持续时间调整到 11 天，那么该项目的关键路径为　(22)　。

（2）如果把任务 C 工作持续时间调整到 6 天，那么该项目的关键路径为　(23)　，项目完成总工期为　(24)　天。

试题四分析

本题考查电子商务项目的网络计划调整与时间优化的问题。

此类题目考查网络计划图画法和计算过程、甘特图画法与计算、求项目的关键路径方法、成本分析、时间优化、资源优化等问题，要求考生能计算项目关键路径的时长，能够根据电子商务项目任务画出项目甘特图、单代号、双代号网络图等。根据项目的甘特图，计算每周需要的劳动时数等。

【问题 1】

本问题是运用网络计划，并加注时间参数来编制进度计划。

网络时间参数是指网络计划及其工作、节点所具有的各种时间值。网络时间参数的计算应在各项工作的持续时间确定之后进行。

① 网络时间参数及含义。

工作持续时间是指一项工作从开始到完成的时间。

工作的最早开始时间（ES）是指在其所有紧前工作全部完成后，本工作有可能开始的最早时刻。工作的最早完成时间（EF）是指在其所有紧前工作全部完成后，本工作有可能完成的最早时刻。工作的最早完成时间等于本工作的最早开始时间与其持续时间之和。

工作的最迟完成时间（LS）是指在不影响整个任务按期完成的前提下，本工作必须完成的最迟时刻。工作的最迟开始时间（LF）是指在不影响整个任务按期完成的前提下，本工作必须开始的最迟时刻。工作的最迟开始时间等于本工作的最迟完成时间与其持续时间之差。

工作的总时差（TF）是指在不影响总工期的前提下，本工作可以利用的机动时间。工作的自由时差（FF）是指在不影响其紧后工作最早开始时间的前提下，本工作可以利用的机动时间。对于同一项工作而言，自由时差不会超过总时差。当工作的总时差为零时，其自由时差必然为零。

② 网络时间参数的计算。

网络参数的计算应在确定各项工作的持续时间之后进行，网络计划的起始节点的最早开始时间为零。

网络计划中各项工作的最早开始时间（ES）和最早完成时间（EF）的计算应从网络计划的起始节点开始，顺着箭线方向依次逐项计算。工作的最早开始时间等于该工作的各个紧前工作的最早完成时间的最大值，ES=max{紧前工作的 EF}；工作的最早完成时间等于该工作的最早开始时间加上其持续时间，EF=ES+本工作的持续时间。

网络计划中各项工作的最迟开始时间（LS）和最迟完成时间（LF）的计算应以项目规定或计算的工期为基准，从网络计划的终止节点，逆箭线方向依次逐项计算。某工作的最迟完成时间等于该工作的各项紧后工作的最迟开始时间的最小值，LF=min{紧后工作的 LS}；最迟开始时间等于本项工作的最迟完成时间减本项工作的持续时间，LS=LF－本工作的持续时间。

某项工作总时差（TF）等于该工作最迟完成时间与最早完成时间之差，或该工作最迟开始时间与最早开始时间之差，TF=LF－EF 或 TF=LS－ES。

某项工作自由时差（FF）的计算有两种情况：对于有紧后工作的工作，其自由时差等于本工作紧后工作的最早开始时间减去本工作最早完成时间所得之差的最小值，FF=min{ES(紧后工作)－EF}；对于无紧后工作的工作，也就是以网络计划终止节点为完成节点的工作，其自由时差等于计划工期与本工作最早完成时间之差。

根据题目中描述的每项任务持续时间和每天人员需求数，可得到项目双代号网络图，利用最早开始时间、最晚开始时间、最早结束时间、最晚结束时间、自由时差、总时差等相关知识，可得到完整的项目网络图，如图 4-2 所示。

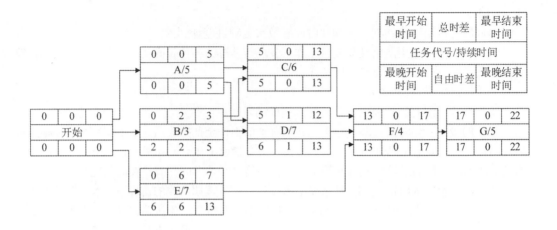

图 4-2　完整的项目网络图

根据图 4-1 的项目任务逻辑关系，计算可得（1）～（10）处分别填写：（1）5、（2）1、（3）12、（4）6、（5）1、（6）13、（7）6、（8）6、（9）13、（10）6。

【问题 2】

根据图 4-1 的项目任务逻辑关系可知任务 D 的紧前任务是 A 和 B，任务 E 的紧后任务是 F。

【问题 3】

根据该项目网络图得出最早开始时间的甘特图，根据甘特图可计算每天需要的劳动时数。甘特图可用来安排项目中各项工作的进度，同时还能和各项任务在不同阶段的需求数量结合，有利于对项目管理过程进行有效地控制，当项目中某些工作进度安排有机动时间时，可以利用机动时间安排工作的实施进度，使项目对资源的集中需求尽可能分散，得到合理利用。依据图 4-2 完整的项目网络图完成项目甘特图，如图 4-3 所示。

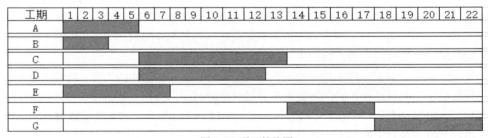

图 4-3　项目甘特图

根据甘特图和表 4-1 每项任务持续时间和每天需求人数计算人力资源负荷图。给出在项目周期内的各个阶段所需要的人力资源。资源计划的结果是制订资源的需求计划，对各种资源需求及需求计划加以描述，并以图表的形式予以反映。最早开始时间资源需求量表如表 4-3 所示。

表 4-3　最早开始时间资源需求量表

工期	1	2	3	4	5	6	7	8	9
需求量（人数）	17	17	17	13	13	10	10	5	5
工期	10	11	12	13	14	15	16	17	18
需求量（人数）	5	5	5	3	9	9	9	9	7
工期	19	20	21	22					
需求量（人数）	7	7	7	7					

【问题 4】

（1）如果把任务 E 工作持续时间调整到 11 天，任务 E 是非关键路径，因为任务 E 自由时差和总时差为 6，而任务 E 工作持续时间为 7 天，11–7 为 4 天，小于 6，在可调整时差之内，因此关键路径没变。由图 4-1 项目网络图可知，该项目的关键路径为 ACFG，完成总工期为 22 天。

（2）如果把任务 C 工作持续时间调整到 6 天，任务 C 在原来的关键路径上。因此需要重新计算图 4-1 项目网络图，得到如图 4-4 所示的调整后的项目网络图。

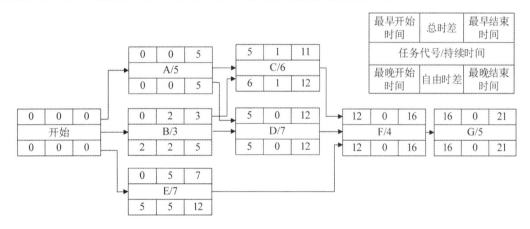

图 4-4　调整后的项目网络图

由图 4-4 调整后的项目网络图可知，此时该项目的关键路径变为 ADFG，项目完成总工期为 21 天。

参考答案

【问题 1】

（1）5

（2）1

（3）12

（4）6

（5）1

（6）13

（7）6

（8）6

（9）13

（10）6

【问题 2】

（11）A

（12）B

（13）F

【问题 3】

（14）13

（15）10

（16）10

（17）5

（18）5

（19）3

（20）9

（21）7

【问题 4】

（22）ACFG

（23）ADFG

（24）21

试题五（共 15 分）

阅读下列说明，回答问题 1 至问题 4，将解答填入答题纸的对应栏内。

【说明】

UQ 创立于 1985 年，截至 2021 年 5 月，全球共计超过 2000 家店铺，每年售出超过 10 亿件商品，UQ 在开展移动营销方面有很多亮点。

UQ 拥有智能手机的 App，为推广其 App，UQ 给下载其 App 的顾客提供特殊的优惠。例如用户下载 App 并登录后，就可以看到当天打折的商品，在 UQ 的店里几乎每天都有几种商品在打折。UQ 的 App 利用打折优惠券和二维码，实现线上和线下用户的双向引流。

在 UQ 的 App 中，可以通过地理位置查看附近的店铺，当用户接近 UQ 实体店铺的时候，主动推送附近店铺的优惠券，以促进用户进店消费。

2015 年，UQ 品牌成立 30 周年之际，通过微信平台开展"呐喊吧，UQ 人"全球家乡话 PK 赛活动，吸引用户用方言模仿 UQ 店铺广播员，播报 30 周年信息，生成语音店员证，引发在朋友圈的病毒式传播。另外通过植入 KOL（关键意见领袖）并挑选优秀作品进行官方推荐，在全国店铺进行播放，激发用户的参与热情。

2019 年上半年，UQ 超过 600 家店实现了 AR 购物体验，消费者到店使用手机 QQ 扫海报，就能让海报"动"起来，将实体店铺与 AR 体验相结合，融合了线上线下的 AR 互动体验，为消费者带来了全新的浸入式购物体验。

UQ 在社交网络上开展了一系列 O2O 促销活动也让人印象深刻。UQ 在 Facebook、Twitter、人人网等社交网络上设计了一款基于 SNS 的社交小游戏，你可以选择自己喜欢的卡通形象作为你在网络世界里的替身，去参加促销排队。在游戏中，你或许会见到队伍里有你的 SNS 好友，他们中奖的消息也会通知你，让你心中涌起一阵欣喜和亲切。到队尾的时候，游戏会立即告诉你是否中奖，如果两手空空也没关系，5 分钟后又可以再去排队，而且可以一遍遍这样重复下去，直到中奖为止。最基本的奖项是打折优惠券，你可以拿着它去该品牌的门店消费。如果足够幸运，你还会在排队中抽中大奖。中奖者的名字将会在游戏页面下方一遍遍滚动，当你看到自己或者朋友赫然在列时，会发出由衷的微笑。

正是凭着这种轻量级的社交游戏，UQ 成功地将线上的消费者带到了实体店，完成促销目标。

【问题 1】（8 分）

结合案例材料分析，UQ 开展移动营销的实现方式有四种：一是 __(1)__ ，其营销目的是 __(2)__ ；二是 __(3)__ ，其营销目的是 __(4)__ ；三是 __(5)__ ，其营销目的是 __(6)__ ；四是 __(7)__ ，其营销目的是 __(8)__ 。

(1)、(3)、(5)、(7) 答案从以下选项中选择。

      A．微博　　　　B．App　　　　C．VR　　　　D．微信

      E．AR　　　　F．LBS

【问题 2】（3 分）

结合案例材料分析，UQ 利用微信开展营销采用的策略有：__(9)__ 、__(10)__ 、__(11)__ 。

【问题 3】（2 分）

结合案例材料分析，UQ 的 App 如何实现从 App 直接引流到门店？__(12)__ 。UQ 的 App 又如何实现将线下门店里的用户吸引到线上？__(13)__ 。

【问题 4】（2 分）

结合案例材料分析，UQ 利用在 __(14)__ 植入 __(15)__ 开展了一系列 O2O 促销活动，从而让消费者体验到在 UQ 活动中交友的乐趣，同时让消费者不会感到排队的寂寞，最终吸引并留住消费者。

试题五分析

本题考查移动营销的方式、目的和策略。

此类题目要求考生认真阅读案例材料，运用移动营销的相关知识对案例材料进行分析，解答问题。

【问题 1】

移动营销就是利用无线通信媒介作为传播内容和沟通的主要渠道所进行的跨媒介营销。移动营销的实现方式有多种，通过对案例材料的分析，UQ 开展移动营销的实现方式及营销目的是：①App。UQ 的 App 利用打折优惠券和二维码，目的是实现线上和线下用户的双向

引流。②微信。UQ 品牌成立 30 周年之际，通过微信平台开展"呐喊吧，UQ 人"全球家乡话 PK 赛活动，旨在激发用户的参与热情。③LBS。在 UQ 的 App 中，可以通过地理位置查看附近的店铺，当用户接近 UQ 实体店铺的时候，主动推送附近店铺的优惠券，目的是促进用户进店消费。④AR。UQ 将实体店铺与 AR 体验相结合，融合了线上线下的 AR 互动体验，旨在为消费者带来全新的浸入式购物体验。

【问题 2】

通过对案例材料的分析，UQ 利用微信开展营销采用的策略包括：①事件营销。2015 年，UQ 品牌成立 30 周年之际，通过微信平台开展"呐喊吧，UQ 人"全球家乡话 PK 赛活动开展营销。②发挥意见领袖的影响力。在 "呐喊吧，UQ 人"全球家乡话 PK 赛活动中，通过植入 KOL（关键意见领袖）并挑选优秀作品进行官方推荐，在全国店铺进行播放，激发用户的参与热情。③病毒性营销。通过"呐喊吧，UQ 人"全球家乡话 PK 赛活动，吸引用户用方言模仿 UQ 店铺广播员，播报三十周年信息，生成语音店员证，引发在朋友圈的病毒式传播。

【问题 3】

结合案例材料分析，UQ 的 App 通过以下途径实现线上和线下用户的双向引流：①将线上用户吸引到线下。在 UQ 的 App 中，可以通过地理位置查看附近的店铺，当用户接近 UQ 实体店铺的时候，主动推送附近店铺的优惠券，以促进用户进店消费。②将线下用户吸引到线上。在 UQ 的店里几乎每天都有几种商品在打折，利用 UQ 的 App 扫描实体店的促销商品的打折优惠券二维码，这样就将线下用户吸引到线上。

【问题 4】

结合案例材料分析，UQ 在 Facebook、Twitter、人人网等社交网络上设计了一款基于 SNS 的社交小游戏，让消费者体验到在 UQ 活动中交友的乐趣，同时给用户一定的物质激励，让消费者不会感到排队的寂寞，最终吸引并留住消费者。

参考答案

【问题 1】

（1）B 或 App

（2）双向引流

（3）D 或微信

（4）激发用户参与

（5）F 或 LBS

（6）促进线下销售

（7）E 或 AR

（8）增强用户浸入式购物体验

注：（1）与（2）对应、（3）与（4）对应、（5）与（6）对应、（7）与（8）对应，顺序可互换。

【问题 2】

（9）发挥意见领袖的影响力

（10）发挥口碑效应或病毒式传播

（11）事件营销

注：（9）～（11）答案可互换。

【问题 3】

（12）用户下载 App，然后用户到实体店，商家扫描 App 显示的优惠券二维码

（13）UQ 店内商品的优惠券二维码只能用 UQ 的 App 才能扫描识别

【问题 4】

（14）社交网络

（15）游戏

第9章 2022 上半年电子商务设计师上午试题分析与解答

试题（1）

Excel 的某个单元格可以正常显示数据，但经过重新计算一组数据后出现"########"，这是由于 __(1)__ 所致。

(1) A. 单元格显示宽度不够   B. 使用非法数据计算

      C. 计算公式出错   D. 数据格式出错

试题（1）分析

本题考查 Excel 的常见应用。

当 Excel 出错时，会显示不同的符号表示该单元格有错误。这些符号的意义是表示 Excel 的不同错误类型。常见的 Excel 错误如下：

（1）#N/A，当在函数或公式中没有可用数值时，将产生错误值"#N/A"。最典型的情况是 VLOOKUP 函数（或其他查找函数）找不到要查找的值。

（2）#DIV/0!，当值或公式被零除时，将会产生错误值"#DIV/0!"。

（3）#VALUE!，当使用错误的参数或运算对象类型时，或者当公式自动更正功能不能更正公式时，将产生错误值"#VALUE!"。最常见的是不能识别文本的函数参数中出现了文本，比如加减乘除运算中包含了文本。

（4）#REF!，删除了被公式引用的单元格，或当单元格引用无效时将产生错误值"#REF!"。这种错误一般由删除行（或删除列）操作所致。

（5）#NAME?，当公式或函数无法识别公式中的文本时，将出现此错误值"#NAME?"。通俗来说，就是出现了 Excel 不能识别的公式（只要是以"="开头的，Excel 会默认为公式）。

（6）#NUM!，当公式或函数中某个数字有问题时将产生错误值"#NUM!"，即公式中使用了无效或错误的参数。

（7）#NULL!，使用了不正确的区域运算符或不正确的单元格引用，或为两个并不相交的区域指定交叉点时（求交集）将产生错误值"#NULL!"。

（8）#####，主要代表的是当前单元格宽度满足不了数值的长度，会出现显示不全的情况。当更改单元格数字格式时（或加大列宽），"#####"符号消失，显示原来的结果。

参考答案

（1）A

试题（2）

采用点阵汉字 24×24 形式，表示 10 个汉字信息需要 __(2)__ 字节。

(2) A. 576   B. 5760   C. 72   D. 720

试题（2）分析

本题考查计算机系统基础知识。

点阵字体是把每一个字都分成 N×N 或 M×M 个点，然后用每个点的虚实（虚实可以用 0 或者 1 来表示）来表示字符的轮廓。

一个 24×24 点阵的汉字占据 24×24 个位（bit），一个字节=8 个位（bit），那么 24×24 点阵的汉字就占据了 24×24/8 个字节。用公式表示就是 24×24/8=72 个字节，即 1 个汉字字形所占的字节数=水平点阵×垂直点阵/8，那么 10 个汉字就是 72×10=720 字节。

参考答案

（2）D

试题（3）

为了减少在线观看网络视频卡顿，经常采用流媒体技术，以下关于流媒体的说法中，不正确的是　(3)　。

（3）A．流媒体需要缓存

　　　　B．流媒体视频资源不能下载到本地

　　　　C．流媒体技术可以用于观看视频、网络直播

　　　　D．流媒体资源文件格式可以是 asf、rm 等

试题（3）分析

本题考查流媒体技术的相关知识。

Internet 是以包传输为基础进行的异步传输，由于每个数据包可能选择不同的路由，所以这些数据包到达客户端（用户计算机）的时间延迟就会不同，因此在客户端就需要缓存系统来消减延迟和抖动的影响，以及保证接收到数据包的传输顺序的准确性。

与传统媒体需要下载整个视频后才能浏览的传输方式相比，在流媒体文件的播放过程中，由于不再需要把所有的文件都放入缓存系统，因此对缓存容量的要求是很低的。但同时用户也可以根据需要将视频资源完整下载到本地。

流媒体技术广泛用于多媒体新闻发布、网络广告、电子商务、视频点播、远程教育、远程医疗、网络电台、实时视频会议、网络直播等互联网信息服务。

常见的流媒体格式有 mov、asf、3gp、viv、swf、rt、rp、ra、rm 等。

参考答案

（3）B

试题（4）

Excel 中，可以使用　(4)　功能校验用户输入数据的合法性。

（4）A．数据有效性　　　　　　　　B．数据筛选

　　　　C．条件格式　　　　　　　　　D．单元格保护

试题（4）分析

本题考查计算机应用软件 Excel 的常用功能。

（1）数据有效性功能：可有效避免无效、错误信息的录入，防止输入单元格中数据录入不按照规定的范围或者格式进行录入，保证输入数据的完整统一。

（2）数据筛选功能：在已有数据表中，针对某一列或多列设定条件进行数据选择，将符合条件的数据展示出来。

（3）条件格式功能：在已有数据表中，按照某种条件规则对数据表中符合该条件的数据设置为指定的格式，不符合条件的数据格式不变。

（4）单元格保护功能：锁定一些单元格，以防止其他人误篡改或删除数据。

参考答案

（4）A

试题（5）

现有全校学生的 Excel 成绩表，要给每位学生发送一份《成绩报告单》，最合适使用 Word 的___（5）___功能。

（5）A．邮件合并　　　　B．复制　　　　C．绘制表格　　　　D．信封

试题（5）分析

本题考查计算机应用软件 Word 的常用功能。

邮件合并是 Office Word 软件中一种可以批量处理的功能。在 Office 中，先建立两个文档，一个 Word 文档，即包括所有文件共有内容的主文档（比如未填写的成绩报告单），和一个包括变化信息的数据源 Excel 文档（学生的姓名、学号、班级、成绩等），然后使用邮件合并功能在主文档中插入变化的信息，合成后的文件用户可以保存为 Word 文档，可以打印出来，也可以邮件形式发送出去。

参考答案

（5）A

试题（6）

以下选项中，不属于计算机操作系统主要功能的是___（6）___。

（6）A．管理计算机系统的软硬件资源

　　　B．充分发挥计算机资源的效率

　　　C．为其他软件提供良好的运行环境

　　　D．存储数据

试题（6）分析

本题考查计算机操作系统的相关知识。

操作系统是管理计算机硬件与软件资源的计算机程序。操作系统需要处理一些基本事务，如管理与配置内存、决定系统资源供需的优先次序、控制输入设备与输出设备、操作网络与管理文件系统等。操作系统也提供一个应用软件运行的平台，有可以让用户与系统交互的操作界面。操作系统主要包括以下几个方面的功能：

（1）进程管理，主要工作是进程调度，在单用户单任务的情况下，处理器仅为一个用户的一个任务所独占，进程管理的工作十分简单。但在多道程序或多用户的情况下，组织多个作业或任务时，就要解决处理器的调度、分配和回收等问题。

（2）存储管理，主要工作是存储分配、存储共享、存储保护、存储扩张等。

（3）设备管理，主要工作是设备分配、设备传输控制、设备独立性等。

（4）文件管理，主要工作是文件存储空间的管理、目录管理、文件操作管理、文件保护。

（5）作业管理，主要工作是处理用户提交的任何要求。

操作系统是软件，可以进行存储管理，但本身不能存储数据。

参考答案

（6）D

试题（7）

一般智能手机包括运行内存和机身内存，以下关于运行内存的说法中，不正确的是　　(7)　　。

（7）A．也称手机 RAM

　　　B．用于暂时存放处理器所需的运算数据

　　　C．能够永久保存数据

　　　D．手机运行内存越大，性能越好

试题（7）分析

本题考查计算机存储部件基础知识。

智能手机包括运行内存和机身内存，它们的区别如下：

从属性上来说，机身内存具有存储数据的作用，属于机身自带的存储设备，类似于计算机的硬盘。而运行内存也称 RAM，属于手机的虚拟内存，虚拟内存的数值越大，可运行的程序就越多，手机的反应速度也更快，类似于计算机的内存。

从性能来说，运行内存的性能优点在于其读写速度，而机身内存的优势则在于这种内存的大小，在同等功能下的不同手机中比较，运行内存越大，它的性能也就相应地越好。手机中的程序一般都安装在机身内存中，要运行的时候读入运行内存，运行结束后从运行内存中释放。

参考答案

（7）C

试题（8）

分辨率为 1366×7689（约为 2^{20}）的彩色图像（24b/像素），以 25 帧/秒的速度播放，则视频信号传播速率约为　　(8)　　。

（8）A．450 Mb/s　　　　B．24 Mb/s　　　　　　C．600 Mb/s　　　　D．25 Mb/s

试题（8）分析

本题考查视频数据量相关知识的应用。

该彩色图像的数据量为 1366×7689×24/1024/1024≈24Mb，其中 1366×7689 约为 2^{20}，即 1024×1024。图像以 25 帧/秒的速度播放，视频信号传播速率约为 24Mb×25 帧/秒=600Mb/s。

参考答案

（8）C

试题（9）

以下选项中，　　(9)　　不表示数字视频的格式。

（9）A．MPG　　　　　B．ASF　　　　　　　C．MP3　　　　　　D．RM

试题（9）分析

本题考查数字视频格式方面的基础知识。

最常用的视频格式有 AVI 格式、RM 格式、MPEG（MPG）格式和 DivX 格式等。其中 AVI 格式的视频在所有 Windows 系统中都能运行。RM 格式的特点是用户可以使用 RealPlayer 或 RealOne Player 实现在线播放，无须下载音视频内容，RMVB 格式打破了原有 RM 格式中平均压缩采样的方式，在保证平均压缩比的基础上合理利用比特率资源。MPEG 格式是跨平台的视频格式，DivX 格式是一种视频编码标准。ASF 适合在网络上播放，基于 Windows Media 的文件被定义为 ASF 文件。它支持多种网络上的数据传送，也适用于在当前支持该格式的个人计算机和其他设备上进行本地播放、广播以及编辑。MP3 是一种音频编码方式。

参考答案

（9）C

试题（10）

用一张 650MB 的 CD-ROM 存放双声道立体声，采样频率为 44.1kHz，采样位数为 16 位的激光唱盘（CD-A），可存放　（10）　分钟的音乐。

（10）A．60　　　　　　B．360　　　　　　C．90　　　　　　D．120

试题（10）分析

本题考查多媒体音频方面的知识。

音频文件大小的计算公式如下：

文件的字节数/秒=采样频率(Hz)×采样位数(位)×声道数/8。根据公式计算一秒钟时间内的不压缩数据量为(44.1×1000×16×2)/8=0.168MB/s，那么一个 650MB 的 CD-ROM 可存放的时间为(650/0.168)/(60×60)=1.07 小时，约为 60 分钟。

参考答案

（10）A

试题（11）

彩色图像的每个像素用 R、G、B 三个分量表示，若三个分量的像素位数分别为 8、8、8，则最大颜色数目为　（11）　种。

（11）A．2^3　　　　　　B．2^8　　　　　　C．2^{16}　　　　　　D．2^{24}

试题（11）分析

本题考查彩色图像方面的知识。

R、G、B 三个分量，即三个通道，每个通道为 8 位二进制，3×8=24 位，则最大颜色数目为 2^{24} 种。

参考答案

（11）D

试题（12）

　（12）　用于代表一个独特的数字资料，作为虚拟商品所有权的电子认证。

（12）A．BTC　　　　　　B．NFC　　　　　　C．NFT　　　　　　D．e-CNY

试题（12）分析

本题考查数字货币方面的基础知识。

NFC 是 Near Field Communication 的缩写，即近距离无线通信技术。

NFT（Non-Fungible Token）指非同质化代币，是用于表示数字资产（包括 jpg 和视频剪辑形式）的唯一加密货币令牌，可以买卖。

e-CNY 为数字人民币，是由中国人民银行发行的数字形式的法定货币，由指定运营机构参与运营并向公众兑换。

参考答案

（12）C

试题（13）

运用互联网、物联网技术，感知消费习惯，预测消费趋势，引导生产制造，为消费者提供多样化、个性化的产品和服务是___（13）___。

（13）A．智慧健康　　　　　　　　B．智慧交通
　　　 C．智慧零售　　　　　　　　D．智慧金融

试题（13）分析

本题考查智慧+应用场景的相关知识。

智慧健康是以智能技术、健康技术、网络技术等创新科学技术为支撑的，为人类健康提供服务功能的复杂动态系统。

智慧交通是在交通领域充分运用物联网、云计算、人工智能、自动控制、移动互联网等现代电子信息技术的面向交通运输的服务系统。

智慧零售是运用互联网、物联网技术，感知消费习惯，预测消费趋势，引导生产制造，为消费者提供多样化、个性化的产品和服务。

智慧金融（AiFinance）是依托于互联网技术，运用大数据、人工智能、云计算等金融科技手段，使金融行业在业务流程、业务开拓和客户服务等方面得到全面的智慧提升，实现金融产品、风控、获客、服务的智慧化。

参考答案

（13）C

试题（14）

根据 CNNIC 第 49 次中国互联网络发展状况统计报告显示，截至 2021 年 12 月，我国即时通信用户规模达 10.07 亿，在个人用户和企业用户两端均保持发展。以下选项中，___（14）___ 不是针对即时通信个人用户端的描述。

（14）A．即时通信用户规模面临增长瓶颈
　　　 B．小程序与广告业务的协同作用开始体现
　　　 C．硬件产品层出不穷
　　　 D．视频类内容呈现形式受到重视

试题（14）分析

本题考查 CNNIC 中国互联网络发展（即时通信）方面的应用与发展现状。

即时通信作为网民最常用的互联网应用，在 2021 年上半年在个人用户和企业用户两端均保持进一步发展。

在个人端，随着即时通信用户规模增长乏力，厂商更加重视利用小程序、视频号等功能

提升存量用户的变现能力。一是即时通信用户规模面临增长瓶颈。数据显示，目前最主流的两款即时通信产品中，QQ 移动端月活跃账户数自 2018 年的峰值（7.00 亿户）开始下滑，至 2021 年第一季度已降至 6.06 亿，且当季度同比下降 12.6%；而微信的全球月活跃账户数自 2019 年第一季度的同比增幅就已下滑至个位数，且在 2021 年第一季度同比增长仅为 3.3%。二是小程序与广告业务的协同作用开始体现。微信小程序有效连接了广告与交易环节，提升了广告主的销售转化率与投资回报率，从而推动即时通信平台的广告业务营收高速增长。数据显示，腾讯 2021 年第一季度社交及其他广告营收达到 185 亿元，同比增长达到 27%。三是视频类内容呈现形式受到重视。腾讯在 2020 年大力推广"视频号"功能，并在 2021 年第一季度将视频团队与微视团队合并，在丰富短视频内容的同时寻求其与社交之间的协同效应。但即时通信企业在社交领域的优势能否被拓展到短视频领域，目前尚未得到市场验证。

在企业端，即时通信开始向企业数字化基础设施的方向发展，并逐渐渗透到企业运营的各个环节中。一是配套工具日渐丰富。即时通信厂商针对客户同步工作、共享资料、沉淀成果、固化流程等需求，将文档、云盘、会议、知识库等多种工具融入企业即时通信中，从而形成"协同办公套件"，以此为客户提供全面、完善的企业级服务。二是硬件产品层出不穷。即时通信厂商的服务从软件工具向硬件工具层面不断渗透，包括视频会议一体机、考勤机、门禁机、打印机、前台设备等智能硬件均已经出现较为成熟的产品，从而对客户的数字化智能化办公形成更加全面的支撑。三是应用场景更加多样。在办公场景外，企业即时通信厂商还越来越注重政务、零售、医疗等场景下的功能拓展。尤其在政务场景下，钉钉、企业微信等产品均已形成相应解决方案，助力数字化区县建设与网格化管理。

参考答案

（14）C

试题（15）

消费者在某电子商城购买一本电子书，这种在线阅读行为属于 __（15）__ 。

（15）A．在线付费浏览　　　　　　　B．在线娱乐

　　　 C．在线出版　　　　　　　　　D．广告支付

试题（15）分析

本题考查 B2C 商务模式盈利方面的知识。

在线付费浏览模式指的是企业通过网页安排向消费者提供计次收费性网上信息浏览和信息下载的电子商务模式。付费浏览模式让消费者根据自己的需要，在网址上有选择地购买一篇文章、一章书的内容或者参考书的一页；数据库里的内容也可付费获取。

参考答案

（15）A

试题（16）

农村电商可以有效实现供求信息的无缝对接，在 __（16）__ ，通过不断改善农村的消费环境带动农村消费，促进工业品下行，推动农村市场消费潜力得到有效释放。

（16）A．供给侧　　　　B．需求侧　　　　C．物流中心　　　　D．卖方市场

试题（16）分析

本题考查城乡网络零售方面的市场特点和应用。

根据 CNNIC 中国互联网络发展状况统计报告显示：网络零售城乡流通体系逐步打通，农村市场消费潜力得到有效释放。数据显示，2021 年上半年，全国农村网络零售额达 9549.3 亿元，同比增长 21.6%，其中实物商品网络零售额 8663.1 亿元，同比增长 21.0%。在供给侧，政府、企业等多方参与下沉市场数字化基础设施建设，优化传统的农产品供应链模式，助力农产品向外地销售。如京东、阿里巴巴、苏宁等将供应链、物流等零售新基建不断向下延伸，通过溯源体系、技术输出、品牌赋能、渠道拓展等措施促进农产品上行。在需求侧，通过不断改善农村的消费环境带动农村消费，促进工业品下行。全国建制村已经全部实现了直接通邮，乡镇快递网点覆盖率已经达到 98%，解决了农村居民网络购物过程中的物流配送难题。

参考答案

（16）B

试题（17）

以下关于网上订单处理流程的叙述中，错误的是　(17)　。

（17）A．可以通过改善订单处理的流程，使订单处理的周期缩短

　　　　B．对客户订单处理的全程跟踪信息

　　　　C．提高库存量，使企业获得竞争优势

　　　　D．订单处理的业务流程包括订单准备、订单传递等

试题（17）分析

本题考查网上订单处理流程方面的基础知识。

订单处理是物流配送的重要流程，改善订单处理过程，缩短订单处理周期，提高订单满足率与供货正确率，更好地对客户订单处理的全程跟踪信息；提高客服水平的同时降低物流总成本，确保企业竞争优势。降低库存量，使企业获得竞争优势。选项 C 是提高库存量，所以说法是错误的。

参考答案

（17）C

试题（18）

B2B 模式中，以提供加盟代理服务为主的行业网站主要赢利模式是收取品牌企业的　(18)　。

（18）A．竞价排名费、会员费，以竞价排名费为主

　　　　B．交易佣金、会员费，以交易佣金为主

　　　　C．广告费、会员费，以会员费为主

　　　　D．广告费、会员费，以广告费为主

试题（18）分析

本题考查 B2B 盈利模式方面的知识。

以提供加盟代理服务为主要经营模式的 B2B 行业网站，产品直接面对消费者的企业，

一般会找加盟商、代理商来销售产品，一般这种企业的经营模式为设计+销售类型或设计+生产+销售类型。此类网站都是围绕品牌公司、经销商的需求来设计功能和页面，比如服装网站，就要做好动态、图库、流行趋势等行业资讯内容，全面收集服装品牌信息，建立数量大、准确度高的加盟商、代理商数据库。这类网站的赢利模式主要是收取品牌企业的广告费、会员费，尤其是广告费占大部分比例。

参考答案

（18）D

试题（19）

电子商务技术支持的四个层次分别是：①报文和信息传播层，②贸易服务层，③网络层，④多媒体信息发布层，自下向上的顺序是　（19）　。

（19）A．④③②①　　　　　　　　　　B．③④①②

　　　C．②①④③　　　　　　　　　　D．①②③④

试题（19）分析

本题考查电子商务的框架方面的知识。

电子商务的框架是对电子商务的概括描述，是电子商务的基本要素的有结构的组合。电子商务的技术支持分为四个层次和两个支柱。自底向上的四个层次是网络层、多媒体信息发布层、报文和信息传播层，以及贸易服务层。四个层次之上是电子商务的应用。

参考答案

（19）B

试题（20）

企业生产某种产品 1000 个时，总成本为 5000 元，产品平均成本为 5 元。依据边际成本递减规律的经济学原理，若生产 1001 个时，比较合理的总成本是　（20）　。

（20）A．4995 元　　　B．5000 元　　　C．5004 元　　　D．5050 元

试题（20）分析

本题考查对边际成本递减规律的理解与应用。

边际成本递减规律是指在产品生产的初期，一般会需要较大的固定成本投入，等达到一定的生产规模时，再生产一个额外的产品的成本就越来越低。比如，一个机器每天能生产 1000 个产品，当你投入该机器开始生产产品时，在 2000 个产品以内，每多生产一个产品，单个产品的成本都会降低。

参考答案

（20）C

试题（21）

物品在流通中，随着买卖关系的发生，商品所有权发生转移的过程是　（21）　。

（21）A．资金流　　　B．信息流　　　C．物流　　　D．商流

试题（21）分析

本题考查电子商务流的具体内容。

信息流：指的是提供商品信息并在技术方面给予支持，同时也要提供售后服务，比如常

见的报价单、转账通知单等交易凭证，同时还包括支付信用与支付能力。

商流：指的是产品在购买与运输之间转移所有权的一个过程，也就是商品交易的所有活动。

资金流：指的是资金的具体转移过程，通常是付款与转账等，利用计算机与网络实现。

物流：作为最特殊的一种，指的是在商品或服务流动过程中的运输、储存、配送、保管以及物流等相关活动。

参考答案

（21）D

试题（22）

华为商城是典型的 B2C 电子商务平台，其类型是　(22)　。

（22）A．经营着离线商店的零售商　　　　B．没有离线商店的虚拟零售商

　　　　C．网络交易服务商　　　　　　　　D．产品制造商直销商城

试题（22）分析

本题考查 B2C 电子商务分类方面的应用。

（1）没有离线商店的虚拟零售商。网站建设要在商品陈列展示、信息系统智能化等方面进一步细化。对于新老客户的关系管理，需要精细客户体验的内容，提供更加人性化、直观的服务。选择较好的物流合作伙伴，增强物流实际控制权，提高物流配送服务质量。

（2）产品制造商直销商城。核心产品领域内继续挖掘新亮点。积极扩大产品线与产品系列，完善售前、售后服务，提供多样化的支付手段。例如华为商城、联想商城等。

（3）经营着离线商店的零售商。传统零售商自建网站销售，将丰富的零售经验与电子商务有机地结合起来，有效地整合传统零售业务的供应链及物流体系，通过业务外包解决经营电子商务网站所需的技术问题，典型代表就是国美。

（4）网络交易服务商。中小企业要选择具有较高知名度、点击率和流量的第三方平台；其次要有懂得网络营销、熟悉网络应用、了解实体店运作的网店管理人员；再次是要以长远发展的眼光看待网络渠道，增加产品的类别。

参考答案

（22）D

试题（23）

下列叙述中，不正确的是　(23)　。

（23）A．数字经济就是基于数字技术的经济，而数字技术的发展往往与互联网技术的发展紧密相连，所以很多时候数字经济也常被称作互联网经济或网络经济

　　　　B．比特币是一种特定的虚拟商品，不具有与货币等同的法律地位

　　　　C．区块链技术进行支付由交易双方完成，涉及中间机构，实现点到点交易

　　　　D．智能合约是一个运行在安全环境下的计算机程序

试题（23）分析

本题考查数字经济方面的概念和应用。

区块链技术进行支付是由交易双方直接完成，不涉及中间机构，实现点到点交易，减少

中间环节，因此选项 C 的说法错误。

参考答案

（23）C

试题（24）

某电商平台根据用户消费记录分析用户消费偏好，预测未来消费倾向，这是 __(24)__ 技术的典型应用。

（24）A．物联网 　　　　B．区块链 　　　　C．云计算 　　　　D．大数据

试题（24）分析

本题考查大数据应用方面的基础知识。

大数据是以容量大、类型多、存取速度快、应用价值高为主要特征的数据集合，正快速发展为对数量巨大、来源分散、格式多样的数据进行采集、存储和关联分析，从中发现新知识、创造新价值、提升新能力的新一代信息技术和服务业态。坚持创新驱动发展，加快大数据部署，深化大数据应用，已成为稳增长、促改革、调结构、惠民生和推动数据治理能力现代化的内在需要和必然选择。大数据产业指以数据生产、采集、存储、加工、分析、服务为主的相关经济活动，包括数据资源建设、大数据软硬件产品的开发、销售和租赁活动，以及相关信息技术服务。消费金融对大数据的依赖是天然形成的。比如消费贷、工薪贷、学生贷，这些消费型的金融贷款很依赖对用户的了解。所以必须对用户画像进行分析提炼，通过相关模型展开风险评估，并根据模型及数据从多维度为用户描绘一个立体化的画像。

参考答案

（24）D

试题（25）

企业将分享、讨论、互动等活动应用到电商领域的商业模式属于 __(25)__ 。

（25）A．O2O 模式 　　　　　　　　B．社交电商模式
　　　　C．B2C 模式 　　　　　　　　D．品质电商模式

试题（25）分析

本题考查电子商务模式的类型。

电子商务模式的类型通常包括 O2O 模式、品质电商模式、B2C 模式和社交电商模式等。其中，B2C 表示企业对消费者的电子商务，这种形式的电子商务一般以网络零售业为主；O2O 是把线上的消费者带到现实的商店中去——在线支付线下商品、服务，再到线下去享受服务。通过打折（如团购）、提供信息、服务（如预定）等方式，把线下商店的消息推送给互联网用户，从而将他们转换为自己的线下客户。社交电商是指将具有社交属性的分享、讨论、互动等活动应用到电商领域。品质电商是通过源头的直采、加强品控、封闭物流全程可追溯、快速送达和优质的服务等一系列举措，来确保售卖商品的品质和质量。

参考答案

（25）B

试题（26）

B2B 电子商务模式演进经历了四个阶段，在 __(26)__ 阶段，企业在作业流程中引入了事

前、事中、事后流程，通过上下游一起协商合作，使市场更加透明。

　　（26）A．电子数据交换　　　　　　　B．基本的电子商务

　　　　　C．电子交易集市　　　　　　　D．协同商务

试题（26）分析

　　本题考查 B2B 模式的演进。

　　B2B 电子商务发展经历了四个阶段：电子数据交换（EDI）、基本的电子商务、电子交易集市、协同商务。

　　第一阶段：电子数据交换。在此阶段中，企业与组织之间通过制定各种通信标准来管制数据传输的工作。在此阶段中，企业和厂商所形成的网络是封闭的，因为信息技术并未普及、所需的费用昂贵，并不是所有的企业均有足够的资金引进 EDI，在此阶段，电子商务弹性低、成本高。

　　第二阶段：基本的电子商务。在此阶段中，买卖双方直接在网站上进行交易，并不依赖中间交易商，是从网站一对一进行，在网站上设置在线目录，卖给专业的厂商。在此阶段，弹性变高、成本降低，但仍是单向互动，同时市场的效率并不高，且市场透明度也不高。

　　第三阶段：电子交易集市。在此阶段中，产生了第三方供应者，目的在于形成一个电子交易集市，提供大家一起交易的地方，在流程方面，由单向交易发展到双向交易，随着订单的复杂性增强，互动性更加丰富，沟通协调也增强。

　　第四阶段：协同商务。在此阶段中，扩大了企业运作的范围，在作业流程中，引入了事前、事中、事后流程，除了注重自己企业运作的内部流程，还通过上下游一起协商合作，市场更加透明化。

参考答案

　　（26）D

试题（27）

　　网络的　__(27)__　是对系统中各类活动进行跟踪记录，为以后安全事件追踪、漏洞分析提供一些原始证据。

　　（27）A．入侵检测　　　　　　　　　B．漏洞扫描

　　　　　C．安全审计　　　　　　　　　D．查杀病毒

试题（27）分析

　　本题考查计算机网络安全的相关知识。

　　入侵检测是帮助系统对付网络攻击，扩展了系统管理员的安全管理能力（包括安全审计、监视、进攻识别和响应），它从计算机网络系统中的若干关键点收集信息，并分析这些信息，看看网络中是否有违反安全策略的行为和遭到袭击的迹象。

　　漏洞扫描是指基于漏洞数据库，通过扫描等手段对指定的远程或者本地计算机系统的安全脆弱性进行检测，发现可利用漏洞的一种安全检测（渗透攻击）行为。

　　网络安全审计是一种基于信息流的数据采集、分析、识别和资源审计封锁过程，通过实时审计网络数据流，根据用户设定的安全控制策略，对受控对象的活动进行审计。

　　查杀病毒是指通过计算机杀毒软件查杀计算机内潜在的病毒，以保护计算机的安全可

靠性。

"对系统中各类活动进行跟踪记录，为以后安全事件追踪、漏洞分析提供一些原始证据"是安全审计的功能。

参考答案

（27）C

试题（28）

在 RSA 算法中，选择两个质数 p=7，q=11，设定公钥为(77，13)，则私钥为　（28）　。

（28）A.（77，13）　　　B.（77，37）　　　C.（77，11）　　　D.（77，23）

试题（28）分析

本题考查 RSA 算法的计算过程。

（1）选择一对不同的素数，p=7，q=11。

（2）计算 n=p×q=77。

（3）计算 f(n)=(p-1)×(q-1)=60。

（4）找一个与 f(n)互质的数 e=13，且 1<e<f(n)。

（5）计算 d，使得 $d*e\equiv 1\ mod\ f(n)$，可得 d=37,97,157……。

（6）公钥 KU=(e,n)，私钥 KR=(d,n)。

（7）加密时，先将明文变换成 0 至 n-1 的一个整数 M。若明文较长，可先分割成适当的组，然后再进行交换。设密文为 C，则加密过程为：$C\equiv M^e(mod\ n)$。

（8）解密过程为：$M\equiv C^d*(mod\ n)$。

参考答案

（28）B

试题（29）

使用手机要养成良好的安全防护习惯，下列选项中不属于良好的手机安全防护习惯的是　（29）　。

（29）A. 未成年人的手机终端不安装支付 App

　　　B. 不通过链接打开银行页面，只使用官方 App

　　　C. 通过应用市场下载软件并认真阅读软件条款

　　　D. 使用公共 Wi-Fi 进行支付

试题（29）分析

本题考查信息安全的相关知识。

公共 Wi-Fi 的使用注意事项如下：

（1）公共 Wi-Fi 在使用时一定要咨询公众场所管理人员，确定 Wi-Fi 名称无误，以免掉进黑客陷阱。

（2）设置手动连接 Wi-Fi，防止有些手机自动寻找网络并自动连接。

（3）手机上安装杀毒软件，不给不法分子可乘之机。

（4）使用公共 Wi-Fi 时可以看看视频和新闻，尽量不要执行敏感操作和支付类操作，这样容易泄露自己的账户密码。

（5）使用公共 Wi-Fi 时如果出现一些广告链接或下载一些 App 或分享一些个人信息要提高警惕，这些操作包含陷阱的可能性比较大。

参考答案

（29）D

试题（30）

以下关于 DoS（拒绝服务攻击）的描述中，正确的是　(30)　。

（30）A. 目的是使计算机或网络无法提供正常的服务

　　　　B. 目的是窃取目标系统上的机密信息

　　　　C. 如果目标系统没有漏洞，DoS 攻击就不可能成功

　　　　D. 如果目标计算机的处理速度足够快，DoS 攻击将没有影响

试题（30）分析

本题考查计算机网络信息安全的相关知识。

拒绝服务攻击通常是利用传输协议中的某个弱点、系统或服务存在的漏洞，对目标系统发起大规模的进攻，使其无法处理合法用户的正常请求和提供正常服务，最终导致网络服务瘫痪，甚至系统死机。DoS 攻击使目标系统瘫痪，是一种典型的损人不利己的攻击。

参考答案

（30）A

试题（31）

以下关于网络后门的叙述中，不正确的是　(31)　。

（31）A. 当用户打开攻击者发送的藏有木马的邮件时，从而创建后门

　　　　B. 后门可能是软件开发者预留的

　　　　C. 目的是保持对目标主机长期控制

　　　　D. 管理员可以通过修改密码阻止后门攻击

试题（31）分析

本题考查计算机网络信息安全的相关知识。

网络后门的功能是保持对目标主机的长久控制。后门（Back Door）是指一种绕过安全性控制而获取对程序或系统访问权的方法。在软件的开发阶段，程序员常会在软件内创建后门以便可以修改程序中的缺陷。如果后门被其他人知道，或是在发布软件之前没有删除，那么它就成了安全隐患。

参考答案

（31）D

试题（32）

以下选项中，不属于网络钓鱼行为的是　(32)　。

（32）A. 以银行升级为由，发送虚假网银地址

　　　　B. 黑客利用各种手段，将用户引导到假冒的网站上

　　　　C. 黑客以网购退货为由，骗取用户钱财

　　　　D. 黑客利用欺骗性的电子邮件骗取用户泄露重要信息

试题（32）分析

本题考查计算机网络信息安全的相关知识。

网络钓鱼是通过大量发送声称来自于银行或其他知名机构的欺骗性垃圾邮件，意图引诱收信人给出敏感信息（如用户名、口令、账号 ID、ATM PIN 码或信用卡详细信息）的一种攻击方式。

参考答案

（32）C

试题（33）

诈骗者以快递员身份致电小王，称他的快递因为疫情不能按时送达，请联系 XX 工作人员处理。小王电话联系后，对方要求提供自己的私人信息进行详细查询，查询后称并没有滞留快递包裹。一周以后，小王发现自己多个账号被盗，小王最有可能遇到的情况是　（33）　。

（33）A．社会工程学诈骗　　　　　　　B．电话诈骗

C．账号被盗与此事无关　　　　D．通过电话植入木马

试题（33）分析

本题考查计算机网络信息安全的相关知识。

社会工程学诈骗是一种利用"社会工程学"来实施的网络攻击行为。

在计算机科学中，社会工程学指的是通过与他人的合法交流，来使其心理受到影响，做出某些动作或者是透露一些机密信息的方式。这通常被认为是一种欺诈他人以收集信息、行骗和入侵计算机系统的行为。

现实中运用社会工程学的犯罪很多。短信诈骗（如诈骗银行信用卡号码）、电话诈骗（如以知名人士的名义去推销诈骗）等都运用了社会工程学的方法。

参考答案

（33）A

试题（34）

以下关于认证技术的描述中，错误的是　（34）　。

（34）A．数字证书是由个人通过加密算法生成的一种网络数字身份证书

B．数字签名是非对称密钥加密技术与数字摘要技术的应用

C．身份认证用来对信息系统中实体的合法性进行验证

D．基于生物特征的认证一般分为验证和识别两个过程

试题（34）分析

本题考查计算机网络信息安全的相关知识。

数字安全证书就是参与网上交易活动的各方（如持卡人、商家、支付网关）身份的代表，每次交易时，都要通过数字安全证书对各方的身份进行验证。基于数字证书的关键性，数字证书必须有一个大家都信赖的公正的第三方认证机构（即 CA 中心）来颁发和管理。

数字签名（又称公钥数字签名）是只有信息的发送者才能产生的别人无法伪造的一段数字串，这段数字串同时也是对信息的发送者发送信息真实性的一个有效证明。数字签名是非对称密钥加密技术与数字摘要技术的应用。

身份认证又称"验证""鉴权"，是指通过一定的手段，完成对用户身份的确认。

生物特征认证又称为"生物特征识别"，是指通过计算机利用人体固有的物理特征或行为特征鉴别个人身份。生物特征认证的核心在于如何获取这些特征，并将其转换为数字形式存储在计算机中，并利用可靠的匹配算法来完成验证与识别个人身份的过程。

参考答案

（34）A

试题（35）

关于电子货币的特有属性，以下说法中，错误的是____（35）____。

（35）A．电子货币是无形货币

B．电子货币的流通不需要其他的附属设备

C．电子货币的防伪只能采用加密算法或认证技术实现

D．电子货币是信息货币

试题（35）分析

本题考查电子货币与传统货币相比具有的特有属性。

电子货币较传统货币具有的特有属性包括：①电子货币是无形货币；②电子货币是一种在线货币；实体货币无需其他附属设备即可当面交换和进行流通，而电子货币的流通必须有一定的基础设施；③电子货币是信息货币；④电子货币的防伪性，传统货币的防伪可依赖于物理设置，而电子货币的防伪只能采取技术上的加密算法或认证系统来实现。

参考答案

（35）B

试题（36）

以下关于微博营销的说法中，错误的是____（36）____。

（36）A．内容重点在于表达系统的、严谨的企业新闻或产品介绍

B．互动性强

C．短小精炼、时效性强

D．字数受限

试题（36）分析

本题考查微博营销的特点。

企业运用微博开展营销需要把握它的特点：①微博内容应短小精练，重点在于表达现在发生了什么有趣（有价值）的事情，而不是系统的、严谨的企业新闻或产品介绍；②微博注重时效性，同时，微博的传播渠道除了相互关注的好友（粉丝）直接浏览之外，还可以通过好友的转发转向更多的人群传播；③门槛低，140 个字发布信息，远比博客发布容易；④互动性强，能与粉丝即时沟通，及时获得用户反馈。

参考答案

（36）A

试题（37）

以下关于大额电子支付系统与小额电子支付系统的叙述中，错误的是____（37）____。

（37）A．大额电子支付主要用于商业贸易领域，小额电子支付主要用于消费领域
　　　　B．大额电子支付需要国家处理中心清算
　　　　C．小额电子支付系统最常见的主要有移动支付、网上银行业务等
　　　　D．大额电子支付一般在公共网络进行

试题（37）分析

本题考查大额电子支付系统和小额电子支付系统的基础知识。

大额电子支付主要用于商业贸易领域，金额一般较大，而小额电子支付主要适用于消费领域，服务对象主要是消费者或个人，支付金额一般较小。出于安全和监管方面的原因，大额电子支付系统需在专用网络上提供巨额支付服务。小额电子支付系统最常见的主要有移动支付、自动柜员机 ATM、销售点终端 POS、自动清算所 ACH 以及部分网上银行业务。大额电子支付需要国家处理中心清算。

参考答案

（37）D

试题（38）

提升第三方支付平台信任的方式不包括 　（38）　。

（38）A．第三方支付平台依附于大型门户网站
　　　　B．第三方支付平台和大型商业银行合作
　　　　C．国家相关管理部门对第三方支付平台的信用进行审核和管理
　　　　D．降低第三方支付平台的市场准入门槛

试题（38）分析

本题考查第三方支付平台的信用。

第三方支付平台的信用度需要通过以下途径建立：

（1）一些第三方支付平台本身依附于大型门户网站，这些网站资金雄厚，从业时间长，参与网上交易的各方无形中建立了对这些门户网站的信任。如淘宝网、易趣 eBAY、腾讯等。

（2）通过和大型商业银行合作，大大提升第三方支付平台的信用度，如 Yeepay 易宝支付和工商银行的合作等。

（3）国家相关管理部门对第三方支付平台的信用进行审核和管理，通过颁发证书，制定一系列措施和办法，管理和监督第三方支付平台，帮助其树立社会信誉。

参考答案

（38）D

试题（39）

在支付系统的非系统风险中，　（39）　是威胁金融机构生存的最主要和最直接的风险，因此，各金融机构都将对该风险的防范放在首位。

（39）A．信用风险　　　B．法律风险　　　C．流动性风险　　　D．操作风险

试题（39）分析

本题考查支付系统的非系统风险。

支付系统风险通常包括系统风险和非系统风险。非系统风险包括信用风险、流动性风险、

操作风险、法律风险等。

信用风险指支付过程中因一方无法履行债务所带来的风险。

流动性风险是在支付过程中一方无法如期履行合同的风险。流动性风险往往是威胁金融机构生存的最主要和最直接的风险。因此，各金融机构都将保持流动性放在首位，把在保持流动性的前提下追求最大盈利作为经营原则。

操作风险，指由于系统本身的原因而造成的风险，由于技术问题，如计算机失灵、管理及控制系统缺陷等引致的风险。

法律风险指由于缺乏法律支持、法律不完善或有缺陷而带来的风险，由于支付各方的权利和义务的不确定性，从而妨碍支付系统功能的正常发挥。

参考答案

（39）C

试题（40）

制定电子商务物流方案重点考虑的因素中，___（40）___是最难确定的因素。

（40）A．电子商务消费者的地区分布　　　　B．配送细节

　　　　C．物流成本　　　　　　　　　　　　D．库存控制

试题（40）分析

本题考查制定电子商务物流方案考虑的因素。

在制定物流方案时，以下因素应该重点考虑：①电子商务消费者的地区分布。一般情况下对不同区域采取不同的物流服务政策。②配送细节。同有形市场一样，电子商务物流方案中配送环节是完成物流过程并产生成本的重要环节，需要精心设计配送细节。③电子商务物流方案，要根据物流服务提供商的不同，扬长避短，发挥各自的优势，实现供应链集成，共同完成向消费者提供电子商务和物流服务的工作。④物流成本与库存控制。因为很难预测商品的销售量，库存就成为商业经营和物流中的最难确定的因素，物流服务中需要严格考虑库存控制问题以降低物流成本，最大程度降低物流资源如库存能力和运输能力等的浪费，提高整个社会效率。

参考答案

（40）D

试题（41）

物流的职能中，___（41）___成本在物流总成本中的比例高达50%以上，因此降低该成本有利于提高社会整体经济运行质量和总体竞争力。

（41）A．运输　　　　　B．配送　　　　　C．装卸搬运　　　　　D．仓储

试题（41）分析

本题考查物流的职能。

物流的基本职能是指物流活动应该具有的基本能力以及通过对物流活动最佳的有效组合，形成物流的总体功能，以达到物流的最终经济目的。物流的基本职能分别是运输、储存、配送、包装、装卸搬运、流通加工以及上述职能的物流信息管理等七大职能。其中，运输成本在物流总成本中的比例高达50%以上。因而，运输成本降低的潜力大，无论在物流领域还

是国民经济领域都占有举足轻重的位置，同时，运输在现代物流中又是个最重要的子系统。

参考答案

（41）A

试题（42）

以下关于矩阵式条形码的叙述中，正确的是　　（42）　　。

（42）A．矩阵式条形码标签依赖于扫描的方向

　　　　B．矩阵式条形码伸缩性差

　　　　C．矩阵式条形码单元只能是方形

　　　　D．矩阵式条形码可以使用电荷耦合器件图像扫描器

试题（42）分析

本题考查矩阵式条形码的特点。

矩阵式条形码比堆叠式条形码有更高的数据密度，标签不依赖于扫描的方向。矩阵式条形码单元可以是方形、六边形或者圆形，数据通过这些明暗区域的相对应位置进行编码，编码模式使用了检错和纠错技术来改善可读性，并可以阅读部分损坏的符号。矩阵式条形码有很好的伸缩性，既可作为产品上的小标识符，也可作为运输包装箱上由传送机扫描的符号。所有短阵式条形码需使用电荷耦合器件（CCD）图像扫描器。

参考答案

（42）D

试题（43）

供应链管理涉及的领域不包括　　（43）　　。

（43）A．物流　　　　　B．供应　　　　　C．人力资源　　　　D．生产计划

试题（43）分析

本题考查供应链管理的内容。

供应链管理（Supply Chain Management）是一项利用网络技术解决企业间关系的整体方案。目的在于把产品从供应商及时有效地运送给制造商与最终客户，将物流配送、库存管理、订单处理等资讯进行整合，通过网络传输给各个参与方，其功能在于降低库存、保持产品有效期、降低物流成本以及提高服务品质。因此，供应链管理涉及物流、供应、生产等领域，不涉及人力资源。

参考答案

（43）C

试题（44）

牛鞭效应扭曲了供应链内的　　（44）　　，呈现从零售商到批发商、制造商、供应商，订购量的波动幅度递增，导致供应链失调。

（44）A．供给信息　　　B．价格信息　　　C．需求信息　　　D．物流信息

试题（44）分析

本题考查供应链失调产生的原因。

牛鞭效应指在供应链内，由零售商到批发商、制造商、供应商，订购量的波动幅度递增。

牛鞭效应扭曲了供应链内的需求信息，从而使得对需求状况有着不同的估计，其结果导致供应链失调。

参考答案

（44）C

试题（45）

　　__（45）__ 接受用户查询请求后，同时在多个搜索引擎上搜索，并将结果返回给用户。

（45）A．元搜索引擎　　　　　　　　B．全文搜索引擎

　　　　C．分类目录搜索引擎　　　　D．垂直搜索引擎

试题（45）分析

本题考查搜索引擎的类型。

搜索引擎通常包括：①全文搜索引擎。全文搜索引擎是广泛应用的主流搜索引擎。它的工作原理是，计算机索引程序通过扫描文章中的每一个词，对每一个词建立一个索引，指明该词在文章中出现的次数和位置，当用户查询时，检索程序就根据事先建立的索引进行查找，并将查找的结果反馈给用户。②分类目录搜索引擎。用户在查询信息时，可以选择按照关键词搜索，也可按照分类目录逐层查询。如以关键词搜索，返回的结果与全文搜索引擎一样，也是根据信息关联程度排列网站。需要注意的是，分类目录的关键词查询只能在网站的名称、网址和简介等内容中进行，它的查询结果也只是被收录网站首页的 URL 地址，而不是具体的页面。③元搜索引擎。元搜索引擎（META Search Engine）接受用户查询请求后，同时在多个搜索引擎上搜索，并将结果返回给用户。④垂直搜索引擎。又称行业搜索引擎，是搜索引擎的细分和延伸。当用户需要查询专业或者特定领域信息时，垂直搜索引擎是最好的选择，具有"专、精、深"的特点。

参考答案

（45）A

试题（46）

　　开展网络市场调研，首先应 __（46）__ 。

（46）A．确定调研目标　　　　　　　B．设计调研方案

　　　　C．确定调研问题　　　　　　　D．撰写调研报告

试题（46）分析

本题考查网络市场调研的程序。

网络市场调研一般包括以下几个步骤：

（1）确定调研问题。确定调研问题是实现调研目标的前提条件之一，同时也是问卷设计不可或缺的基础。

（2）确定调研目标。

（3）设计调研方案。当调研问题和目标明确后，便是设计调研方案。具体内容包括确定资料来源、调查方法、调查手段、抽样方案等。

（4）收集信息。

（5）整理和分析信息。

（6）撰写调研报告。撰写调研报告是整个调研活动的最后一个重要的阶段。

参考答案

（46）C

试题（47）

网络营销就是　__(47)__　。

（47）A．营销的网络化

　　　B．利用 Internet 等电子手段进行营销活动

　　　C．在网上销售产品

　　　D．在网上宣传产品

试题（47）分析

本题考查网络营销的含义。

人们对网络营销有不同的认识：有人认为网络营销就是营销的网络化，有人将网络营销等同于在网上销售产品，有人则把域名注册、网站建设这些基础网络服务内容认为是网络营销，也有些人认为在网上宣传产品就是网络营销。这些观点都从某些方面反映出网络营销的部分内容，但并没有完整地表达出网络营销的全部内涵，也无法体现出网络营销的实质。

笼统地说，凡是以互联网为主要手段开展的营销活动，都可称之为网络营销。

参考答案

（47）B

试题（48）

RFM 分析法是企业评价客户价值最有用的方法，以下对 RFM 分析法的描述中，正确的是　__(48)__　。

（48）A．R 值越大，客户的购买金额越低

　　　B．R 值越大，客户的活跃度越高

　　　C．R 值越小，客户的购买金额越低

　　　D．R 值越小，客户的活跃度越高

试题（48）分析

本题考查客户价值分析的方法。

RFM 分别对应英文 "Recency" "Frequency" "Monetary" 的首字母。它是评价客户价值最有用的方法，是基于客户最近购买、消费频率以及消费金额这三个指标进行客户价值分析。企业运用 RFM 分析法可以在衡量客户盈利能力的同时，有效识别高价值客户。分析客户价值的基本要素：近度、频度和额度。

近度（R）：是指最近一次消费时间。理论上，近度越小的顾客，更容易在此消费。

频度（F）：是指一段时间范围内购买的次数。往往频度越高的客户更有可能继续来消费。

额度（M）：是指一段时间范围内花费的金额。消费额度越大，重复购买的可能性越大。

参考答案

（48）D

试题（49）

将产品或品牌有代表性的视觉符号或内容，策略性地融入到影视娱乐节目、游戏或软文中，给受众留下深刻印象的广告形式为　__(49)__ 。

(49) A. 原生广告　　　B. 富媒体广告　　　　　　C. 植入式广告　　　D. Web 站点广告

试题（49）分析

本题考查网络广告的形式。

网络广告包括 Web 站点广告、植入式广告、富媒体广告、原生广告、电子邮件广告等多种形式。

Web 站点广告是最早应用于互联网中的广告形式，具有链接功能，用户点击后可进入所链接的网页，从而获取更多的信息。

电子邮件广告是通过电子邮件发送广告，具有针对性强、费用低廉、广告内容不受限制的特点。

富媒体广告（Rich-Media Advertisement）是以动画、声音和视频为媒介的网络广告。

植入式广告（Product Placement Advertising）是将产品或品牌的有代表性的视觉符号甚至内容，策略性地融入影视娱乐节目、游戏或软文中，给观众留下深刻印象的一种广告方式。

原生广告（Native Advertising）是基于用户体验出发，软性植入品牌营销信息的广告。

参考答案

(49) C

试题（50）

某品牌白酒在广告中宣称自己是"塞外茅台"，这运用的广告定位策略是　__(50)__ 。

(50) A. 抢先定位　　　　　　　　　　　　B. 比附定位
　　　C. 品牌形象定位　　　　　　　　　　D. 空隙定位

试题（50）分析

本题考查网络广告定位策略。

网络广告定位策略通常包括以下六种：①抢先定位，即利用人们先入为主的认知心理特点，使网络广告宣传的产品、服务或企业形象率先占领消费者的心理位置。②比附定位，即通过与竞争品牌的比较来确定自身市场地位的一种定位策略。其实质是一种借势定位，借竞争者之势，衬托自身的品牌形象。③空隙定位，是根据商品的特性，结合消费者的需求差异，寻求更小的细分市场或创造新的需求来填补消费者心目中的空隙。④品牌形象定位策略，多用于高档消费品市场，利用产品个性和消费者的不同消费心态，通过广告将产品或品牌形象植入消费者心中并形成牢固的品牌地位。⑤企业形象定位，是指企业根据环境变化的要求、本企业的实力和竞争对手的实力，选择自己的经营目标及领域、经营理念，为自己设计出一个理想的、独具个性的形象位置。⑥企业文化定位，是指企业在一定的社会经济文化背景下，根据企业的发展历程、发展战略、人员构成、目前管理方面需要解决的突出问题等现状进行调查研究，对企业文化中的某些要素进行重点培植和设计，使之在公众或竞争者心中留有深刻印象，从而树立起具有自身独特个性、有别于其他企业的独特形象和位置的企业战略活动，是塑造企业文化的首要一环。

参考答案

（50）B

试题（51）

微信营销的特点不包括　(51)　。

(51) A. 点对点精准营销　　　　　　B. 形式灵活多样
　　　C. 运营成本低　　　　　　　　D. 弱关系

试题（51）分析

本题考查微信营销的特点。

微信营销的特点包括：

（1）点对点精准营销。微信拥有庞大的用户群，借助移动终端、天然的社交和定位等优势，每条信息都可以推送给每个微信用户，并且能够让每个用户都有机会接收到这条信息，继而帮助商家实现点对点精准化营销。

（2）形式灵活多样。微信营销的形式有多种，可以使用漂流瓶、位置签名、二维码、开放平台、公众平台等方式。

（3）强关系的机遇。微信公众号的内容既可以主动推送，也可以把接收信息的权利交给用户，让用户自己选择感兴趣的内容。通过微信，企业可以和客户实时互动，答疑解惑，可以讲故事甚至可以"卖萌"，用一切形式让企业与消费者形成朋友的强关系，并将这些强关系用户转化为订单。

（4）运营成本低。微信本身是免费的，使用微信发布各种信息也不需要任何费用。

参考答案

（51）D

试题（52）

病毒性营销属于　(52)　。

(52) A. 微信营销　　　B. 事件营销　　　C. 微博营销　　　D. 口碑营销

试题（52）分析

本题考查对病毒性营销概念的理解。

病毒性营销是一种常用的网络营销方法，常用于进行网站推广、品牌推广等。病毒性营销利用用户口碑传播原理，在互联网上，这种"口碑传播"更为方便，可以像病毒一样迅速蔓延，因此病毒性营销成为一种高效的信息传播方式，而且，由于这种传播是用户之间自发进行的，因此几乎是不需要费用的网络营销手段。

参考答案

（52）D

试题（53）

某电子商务公司要设计一个具有 NAT 功能的无线局域网，必须选用的设备是　(53)　。

(53) A. 无线网卡　　　B. 无线网桥　　　C. 无线路由器　　　D. 无线接入点

试题（53）分析

本题考查计算机网络设备的相关知识。

NAT（Network Address Translation）是指网络地址转换。当局域网内部的一些主机本来已经分配到了本地 IP 地址（即仅在本局域网内使用的专用地址），但又想和因特网上的主机通信时，可使用 NAT 方法。

这种方法需要在局域网（私网 IP）连接到因特网（公网 IP）的路由器上安装 NAT 软件。装有 NAT 软件的路由器叫作 NAT 路由器，它至少有一个有效的外部全球 IP 地址（公网 IP 地址）。这样，所有使用本地地址（私网 IP 地址）的主机在和外界通信时，都要在 NAT 路由器上将其本地地址转换成全球 IP 地址，才能和因特网连接。

参考答案

（53）C

试题（54）

某商务集团要将一个 B 类网络 172.10.0.0 划分成尽可能多的子网，每个子网需容纳 500 台主机，则子网掩码应为　(54)　。

(54) A．255.10.0.0　　　　　　　　　　B．255.255.255.0

　　　C．255.255.252.0　　　　　　　　　D．255.255.254.0

试题（54）分析

本题考查 IP 地址子网划分的相关知识。

在 IPv4 中，默认情况下 B 类 IP 地址最后 2 个字节（后 16 位）表示主机号，题目中每个子网最少要有 500 台主机，需要划分成尽可能多的子网，因此可以将 16 个字节的后 9 位作为主机号（2^8=256，2^9=512），前 7 位作为网络号，子网掩码是网络号全为 1，主机号全为 0，可知该子网掩码为 11111111.11111111.11111110.00000000，表示为十进制数是 255.255.254.0。

参考答案

（54）D

试题（55）

某保密单位屏蔽了单位的有线及无线计算机网络，同时也禁用了笔记本电脑的外设接口，现临时急需从手机传输一份文件到笔记本电脑，最适合采用的方法是　(55)　。

(55) A．Ad-Hoc 模式　　　　　　　　　　B．申请开放网络

　　　C．通过数据线传输　　　　　　　　　D．通过电子邮件发送

试题（55）分析

本题考查无线网络连接技术的相关知识。

Ad-Hoc（点对点）模式：Ad-Hoc 模式就和以前的直连双绞线概念一样，是 P2P 的连接，当无线设备无法与其他网络连接了，一般无线终端设备可以采用 Ad-Hoc 模式互联。Ad-Hoc 结构是一种省去了无线中介设备 AP 而搭建起来的对等网络结构，只要安装了无线网卡，设备彼此之间即可实现无线互联。其原理是网络中的一台计算机主机建立点到点连接，相当于虚拟 AP，而其他计算机就可以直接通过这个点对点连接进行网络互联与共享。

参考答案

（55）A

试题（56）

URL 包括了网络协议及服务器的地址及资源的路径等信息，如果在浏览器地址栏输入 www.abc.com，该 URL 中的网络协议是__（56）__。

（56）A．HTTP(S)　　　　　B．FTP　　　　　C．FILE　　　　　D．无协议

试题（56）分析

本题考查计算机网络协议的相关知识。

URL（Uniform Resource Locator，统一资源定位符），是对可以从互联网上得到的资源的位置和访问方法的一种简洁的表示，是互联网上标准资源的地址。

基本 URL 包含协议、服务器名称（或 IP 地址）、路径和文件名，如"协议://授权/路径?查询"。完整的、带有授权部分的普通统一资源标志符语法如下：协议://用户名:密码@子域名.域名.顶级域名:端口号/目录/文件名.文件后缀?参数=值#标志。

URL 中协议（scheme）表示浏览器如何处理将要打开的文件，最常用的协议是超文本传输协议（Hyper Text Transfer Protocol，缩写为 HTTP，也可能是 HTTPS，表示在 HTTP 的基础上加入安全加密协议 SSL），这个协议可以用来访问 Web 服务，是浏览器使用的默认协议。

参考答案

（56）A

试题（57）

电子商务活动双方通过网络通信工具进行交流，计算机进行数据封装时，需要对方计算机的__（57）__信息。

（57）A．IP 地址和 MAC 地址　　　　　B．IP 地址和网关地址

　　　　C．IP 地址和端口号　　　　　　　D．IP 地址和 DNS 地址

试题（57）分析

本题考查计算机网络协议的相关知识。

数据包利用网络在不同设备之间传输时，为了可靠和准确地发送到目的地，并且高效地利用传输资源（传输设备和传输线路），事先要对数据包进行拆分和打包，在所发送的数据包上附加上目标地址（包括 IP 地址和端口号）、本地地址（包括 IP 地址和端口号），以及一些用于纠错的字节，安全性和可靠性较高时，还要进行加密处理等，这些操作就叫数据封装。而对数据包进行处理时通信双方所遵循和协商好的规则就是协议。

参考答案

（57）C

试题（58）

建立电子商务系统总体规划原则不包括__（58）__。

（58）A．支持企业的总目标　　　　　B．便于实施

　　　　C．兼顾各管理层的要求　　　　D．使用云服务器

试题（58）分析

本题考查电子商务系统规划的相关知识。

电子商务系统总体规划原则是指从宏观全局出发要考虑的因素，一般包括：

（1）技术的先进性；

（2）符合企业信息化的整体技术战略；

（3）满足开放、可扩充的要求；

（4）与现行的应用具有良好的兼容性；

（5）方便成熟性；

（6）安全性。

使用云服务器属于具体的技术方案。

参考答案

（58）D

试题（59）

在电子商务网站的基本构件中，　（59）　主要是改善网站服务质量，包括：流量管理、动态数据缓存、网络动态负载、知识管理等。

（59）A．应用服务器　　　　　　　　B．性能优化工具

　　　C．内容管理子系统　　　　　　D．安全服务器

试题（59）分析

本题考查电子商务系统基本构件的相关知识。

应用服务器（Application Server）：主要用于企业较大规模电子商务应用的开发、发布和管理，同时实现与企业原有系统的集成。

性能优化工具：改善网站服务质量，包括流量管理、动态数据缓存、网络动态负载（Load Balancing）、知识管理等。

内容管理子系统：简化企业网站的产品管理、提高效率，并将相应的、经过筛选的内容发送给最终用户。

安全服务器：包括数据安全、应用安全和交易完全。其基本内容用于防火墙阻止对网络的非授权访问，在安全和个人的角色授权的基础上，只需一次登录就可以访问网站的所有应用，通过提供一种对在线交易的每一方的可信任的授权方式，帮助客户、合作伙伴和员工访问 Internet 应用。

参考答案

（59）B

试题（60）

以下关于面向对象程序设计中类和对象的描述中，错误的是　（60）　。

（60）A．类是对象的抽象，对象是类的具体实例

　　　B．类是一个静态的概念，对象是一个动态的概念

　　　C．多个对象可以属于同一个类

　　　D．类和对象的生命周期是一样的

试题（60）分析

本题考查面向对象程序设计中类和对象关系的基础知识。

面向对象程序设计（Object Oriented Programming，OOP）是一种计算机编程架构，以对象为核心。类是对现实世界的抽象，包括表示静态属性的数据和对数据的操作，对象是类的实例化。对象间通过消息传递相互通信，来模拟现实世界中不同实体间的联系。

类是一个抽象的概念，它不存在于现实中的时间、空间里，类只是为所有的对象定义了抽象的属性与行为。对象是类的一个具体，是一个实实在在存在的东西。

类是一个静态的概念，类本身不携带任何数据；对象是一个动态的概念，每一个对象都存在着有别于其他对象的属于自己的独特属性和行为，属性可以随着它自己的行为而发生改变。

类的生命周期主要包含加载、准备、解析、初始化、使用和卸载。以 Java 语言为例，其对象的生命周期主要包含创建阶段（Created）、应用阶段（In Use）、不可见阶段（Invisible）、不可达阶段（Unreachable）、收集阶段（Collected）、终结阶段（Finalized）、对象空间重分配阶段（De-allocated）。所以在面向对象程序设计中，类和对象的声明周期是不一致的。

参考答案

（60）D

试题（61）

在 Android 电子商务平台中，应用框架层提供了开发应用程序所需的类库，使开发人员可以方便、快速地构建应用整体框架。以下技术中能提供图片、音视频等非代码资源的是　(61)　。

（61）A．Location Manager　　　　B．XMPP 服务

　　　　C．Notification Manager　　　D．Resource Manager

试题（61）分析

本题考查 Android 应用框架层的基础知识。

Android 应用框架层提供了开发 Android 应用程序所需的一系列类库，通常是系统 API 接口，使开发人员可以方便、快速地构建应用整体框架。在 Android 应用框架层中包含了 10 个不同的功能模块，其中 Resource Manager（资源管理器）提供图片、音视频等非代码资源；Location Manager（位置管理器）提供位置信息服务；XMPP 服务是 Google 提供的后台推送服务；Notification Manager（通知管理器）使用户可以自定义状态栏中的提示信息。

参考答案

（61）D

试题（62）

以下选项中，可以实现背景图片水平方向重复显示的是　(62)　。

（62）A．div{background-image:url('../img/bg.gif') repeat-x;}

　　　　B．div{background-image:url('../img/bg.gif') repeat-y;}

　　　　C．div{background:url('../img/bg.gif') repeat-x;}

　　　　D．div{background:url('../img/bg.gif') repeat-y;}

试题（62）分析

本题考查 Web 程序设计中 CSS3 样式表的基础知识。

background-image 用于将图片作为背景，可以与它配合使用的属性有 background-repeat、background-position 以及 background-size。background-image 元素的背景占据了元素的全部尺寸，包括内边距和边框，但不包括外边距。

background 属性主要用于设置背景，CSS2 中有 5 个主要的背景（background）属性，background-color 指定填充背景的颜色，background-image 引用图片作为背景，background-position 指定元素背景图片的位置，background-repeat 决定是否重复背景图片，background-attachment 决定背景图是否随页面滚动。

background 与 background-image 是包含关系，前者可以完成后者的功能，但后者不可以。

A 和 B 选项语法错误。D 选项是实现背景图片垂直方向重复显示功能。

参考答案

（62）C

试题（63）

在 HTML5 中，与 JavaScript 一起使用来动态显示任务进度的标记是　（63）　。

（63）A．<range>　　　　　　　　　　　B．<ruby>

　　　 C．<progress>　　　　　　　　　 D．<summary>

试题（63）分析

本题考查对 HTML5 标签的基本应用。

在 HTML5 新增表单 type 属性值中，type="range" 用于包含一定范围内数字值的输入域。range 类型显示为滑动条。滑动条对应的属性包括最大值 max、最小值 min、规定合法数字间距 step 和默认值 value。

<progress>标签用在图片文件上传下载时，动态显示任务进度条的状态效果，一般情况都是与 JavaScript 一起使用来显示任务的进度。

<summary>标签用来为 details 元素定义一个可见的标题，当用户单击该标题的时候，将显示出详细信息。<Summary>标签必须和<details>标签配合使用，单独使用没有任何意义。

<ruby>标签定义 ruby 注释（中文注音或字符），一般与<rp><rt>标签一起使用。<rt> 标记定义对 ruby 注释的内容文本，当浏览器不支持<ruby>标签的时候就会用<rp>显示内容。

例如：

```
<ruby>
  汉 <rp>(</rp><rt>Han</rt><rp>)</rp>
  字 <rp>(</rp><rt>zi</rt><rp>)</rp>
</ruby>
```

参考答案

（63）C

试题（64）

在标准的 SQL 中，　（64）　用于将查询结果按列的值进行分组。

（64）A．JOIN　　　　　　　　　　　　B．UNION

　　　 C．ORDER BY　　　　　　　　　 D．GROUP BY

试题（64）分析

本题考查数据库标准语言 SQL 的基础知识。

SQL（Structured Query Language，结构化查询语言）是关系数据库的标准语言，它是一个通用的、功能极强的关系数据库语言。目前几乎所有的关系数据库管理系统软件都支持 SQL。

在标准语言 SQL 的查询语句中，通常使用一些关键字或子句实现不同的查询功能。其中，使用 ORDER BY 子句用于对查询返回的结果按一列或多列排序；使用 GROUP BY 子句用于将查询结果按某一列或多列的值分组，值相等的为一组；关键字 JOIN 用于在多表查询中，把来自两个或多个表的行结合起来，在标准语言 SQL 中，通常有 LEFT JOIN、RIGHT JOIN、INNER JOIN、OUTER JOIN 等多种用法，用于实现不同的查询功能；关键字 UNION 用于合并两个或多个 SELECT 语句的结果集，在合并时 UNION 内部的每个 SELECT 语句必须拥有相同数量的列，列也必须拥有相似的数据类型，每个 SELECT 语句中的列的顺序必须相同。

参考答案

（64）D

试题（65）

在 DOM 中通过元素 ID 号能正确修改字体样式的选项是 ___（65）___ 。

（65）A．document.getElementById("元素 id "). fontSize = "25px";

　　　　B．document.getElementsByName("元素 id ").fontSize = "25px";

　　　　C．document.getElementById("元素 id").style.color = "red";

　　　　D．document.getElementsByName ("元素 id ").style.color = "red";

试题（65）分析

本题考查 DOM 对象模型的基本概念及应用。

在 DOM 对象模型中，document 是文档对象，通过 document 对象可以获取所有 HTML 文档中的元素对象。DOM 最顶层是 window 对象，window 对象下面是 document（文档对象）、navigator（浏览器对象）、screen（屏幕对象）、history（浏览历史对象）、location（URL 对象）。document 对象是 window 对象的属性，在 JavaScript 函数中可以直接使用 document 对象，而不必写 window.document。

document 对象是文档的根节点，当浏览器开始载入 HTML 文档时，该对象就开始存在，它作为一个入口去操作网页内容，可以直接调用。document 对象提供了不同方法，用于对 HTML 文档中所有元素进行访问。

在 document 对象提供的方法中，document.getElementById()方法用于返回一个匹配特定 ID 的元素。对于已定义了 ID 的 HTML 标签元素，JavaScript 可以通过"document.getElementById(" 元素 id").style.color"修改标签元素的 CSS 样式；document.getElementsByName() 方法用于获取指定属性 name 值的所有元素； document.getElementsByTagName()用于获取指定标签名的所有元素。

所以题目选项中 A、B 和 D 语法错误。

参考答案

（65）C

试题（66）

以下关于 JSON 和 XML 的说法中，错误的是　__(66)__　。

（66）A．JSON 是一种轻量级的数据交换格式，XML 属于重量级数据格式

　　　　B．JSON 和 XML 都具有跟编程语言无关性的特点

　　　　C．XML 使用元素和属性描述数据，JSON 对象是一个无序的"名称/值"集合

　　　　D．JSON 和 XML 都可以通过标准的 JavaScript 函数进行解析

试题（66）分析

本题考查 JSON 与 XML 数据格式的主要区别。

JSON（JavaScript Object Notation）是一种轻量级的数据交换格式，易于阅读和理解，也易于机器解析和生成。JSON 采用独立于语言的文本格式，使用了类似于 C 语言家族（包括 C、C++、C#、Java、JavaScript 等）的习惯，这些特性使得 JSON 成为理想的数据交换语言。

XML（Extensible Markup Language）是一种可以用来定义其他标记语言的语言。它被用来在不同的商务过程中共享数据。相比 JSON 这种轻量级的数据交换格式，XML 被称为重量级的。

JSON 使用 JavaScript 语法来描述数据对象，但是 JSON 仍然独立于语言和平台。XML 是互联网数据传输的重要工具，它可以跨越互联网的任何平台，不受编程语言和操作系统的限制，可以说它是一个拥有互联网最高级别通行证的数据携带者。

JSON 对象是一个无序的"名称/值"键值对的集合，以"{"开始，以"}"结束，允许嵌套使用，每个名称和值成对出现，名称和值之间使用"："分隔，键值对之间用"，"。XML 使用标签和属性来定义和描述数据，可以根据标签的嵌套关系来描述数据的结构形式。

XML 必须使用 XML 解析器进行解析。而 JSON 可通过标准的 JavaScript 函数进行解析。

参考答案

（66）D

试题（67）

在人工智能的关键技术中，__(67)__ 是以符号形式描述物理世界中的概念及其相互关系，该技术常用于搜索引擎、智能问答、语言理解等领域。

（67）A．机器学习　　　　　　　　B．知识图谱

　　　　C．人机交互　　　　　　　　D．生物特征识别

试题（67）分析

本题考查人工智能关键技术的基础知识。

在人工智能领域，包含了机器学习、知识图谱、自然语言处理、人机交互、计算机视觉、生物特征识别、AR/VR 等七个关键技术。

其中，人机交互主要研究人和计算机之间的信息交换，主要包括人到计算机和计算机到人的两部分信息交换，是人工智能领域的重要的外围技术。人机交互是与认知心理学、人机

工程学、多媒体技术、虚拟现实技术等密切相关的综合学科。

生物特征识别技术是指通过个体生理特征或行为特征对个体身份进行识别认证的技术。

知识图谱本质上是结构化的语义知识库，是一种由节点和边组成的图数据结构，以符号形式描述物理世界中的概念及其相互关系，其基本组成单位是"实体-关系-实体"三元组，以及实体及其相关"属性-值"对。

机器学习（Machine Learning）是一门涉及统计学、系统辨识、逼近理论、神经网络、优化理论、计算机科学、脑科学等诸多领域的交叉学科，研究计算机怎样模拟或实现人类的学习行为，以获取新的知识或技能，重新组织已有的知识结构使之不断改善自身的性能，是人工智能技术的核心。

参考答案

（67）B

试题（68）

在云计算服务模式中，在线开发平台是一种 __（68）__ 模式。

（68）A．IaaS   B．PaaS   C．RaaS   D．SaaS

试题（68）分析

本题考查云计算服务模式的基础知识。

云计算服务模式中，PaaS 模式下，用户不需要管理和控制云计算底层基础设施，直接使用和控制应用程序即可；SaaS 模式下，用户可以直接通过客户端使用云计算服务，不需要管理任何软硬件；IaaS 模式下，只提供云计算服务的基础设施，用户可以部署和运行任意软件。在线开发平台、在线运营平台、在线测试平台、中间件都属于 PaaS 模式，随需租赁的数据中心属于 IaaS 模式，在线杀毒、在线 ERP 等属于 SaaS 模式。

RaaS（Robot as a Service，机器人即服务）是 SaaS 模式的延伸，是一种正在快速发展的机器人商业模式。与传统的机器人产品销售模式相比，RaaS 支持租用机器人设备或者订阅服务的方式，可以让客户更方便地获取机器人自动化的好处。RaaS 模式下，客户不再关注机器人设备本身，不用购买昂贵的机器人设备，更不用考虑设备复杂专业的维修保养工作。

参考答案

（68）B

试题（69）

电子商务法调整的对象是 __（69）__ 。

（69）A．商家和消费者之间的服务关系

       B．电子商务活动中产生的各种社会关系

       C．企业和员工之间的劳务关系

       D．实体社会中的各种商事活动的法律标准

试题（69）分析

本题考查电子商务法的含义。

电子商务法是指调整电子商务活动中所产生的社会关系的法律规范的总称。电子商务的快速发展不但带来了全新的商务规则和方式，也给传统法律带来了冲击和挑战。电子商务交易过程涉及商家、电信服务提供者、消费者、金融管理者等多个当事人，其中任何一个环节出现问题都可能引起纠纷，需要相关法律法规来规范和约束。

参考答案

（69）B

试题（70）

以下关于电子合同的叙述中，正确的是　（70）　。

（70）A．电子合同的成立即为合同的生效

　　　　B．电子合同成立后就会受到法律的约束

　　　　C．电子合同以数据电文为载体

　　　　D．电子合同的生效地点一般为合同成立的地点

试题（70）分析

本题考查电子合同成立和生效的界定。

我国对电子合同的成立沿用了传统合同法的到达主义规则，并在《中华人民共和国合同法》中进行了明确规定：采用数据条文形式订立合同，收件人指定特定系统接收数据电文的，该数据电文进入该特定系统的时间视为到达时间，未指定特定系统的，该数据电文进入收件人的任何系统的首次时间视为到达时间。采用数据电文形式订立的合同，收件人的主营业地为合同成立的地点；没有主营业地的，其经常居住地为合同成立的地点。当事人另有约定的，按其约定。这些都为我国电子商务活动中合同当事人开始履行合同义务的时间、管辖范围的确定提供了重要的法律依据。

合同成立后并不一定能受到法律的约束，只有符合法律规定生效要件的合同才会产生法律约束力。一般来说，电子合同生效需满足三个要件：①电子合同缔约当事人具有相应的民事行为能力；②缔约双方当事人意思表示自愿、真实、一致；③合同内容与形式不违反相关法律法规或社会公共利益。

参考答案

（70）C

试题（71）～（75）

In 2018, e-commerce industry showed fast development. Monthly unique devices where e-commerce apps were started reached the peak of 970 million units in Nov. 2018, 1.12 times of the number in Nov. 2017. Methods that lower the 　（71）　, such as social e-commerce, new retailing and deep development in segment markets, served as the drivers of the continuous growth in （72）　, and the penetration rate of the e-commerce industry fluctuates around 70%.

Social e-commerce experienced explosive increase in monthly unique devices with improvement in user stickiness. In 2018, many 　（73）　 platforms boomed up, including group purchase platforms represented by Pinduoduo, experience sharing communities like Xiaohongshu. This led to 　（74）　 of social e-commerce in 2018. 2018 witnessed many other events in social e-commerce as well. The monthly unique devices of social e-commerce apps rocketed up from 187 million units in Dec. 2017 to 317 million units in Dec. 2018; Pinduoduo got listed; and social e-commerce platforms had admiring achievements regarding their ability to ＿＿（75）＿＿ compared with other e-commerce platforms.

（71）A．seller's cost of sales　　　　　B．manufacturer's production cost
　　　C．shopper acquisition cost　　　　D．Producer purchase cost

（72）A．social-economic　　　　　　　B．e-commerce
　　　C．traditional commerce　　　　　D．international trade

（73）A．business-to-consume　　　　　B．business-to-business
　　　C．new retailing　　　　　　　　D．social e-commerce

（74）A．the decline　　　　　　　　　B．the prosperity
　　　C．the recession　　　　　　　　D．the reduction

（75）A．attract users' attention　　　　B．attract users' satisfaction
　　　C．reduce users' attention　　　　D．attract users' observation

参考译文

2018 年，电子商务产业发展迅速。2018 年 11 月，启动电子商务应用程序的月度独特设备达到 9.7 亿台的峰值，是 2017 年 11 月的 1.12 倍。降低购物者购买成本的方法，如社交电子商务、新零售和细分市场的深度开发，是电子商务持续增长的驱动力，电子商务行业的渗透率在 70%左右波动。

随着用户粘性的提高，社交电子商务每月独特设备的数量呈爆炸式增长。2018 年，许多社交电商平台蓬勃发展，包括以拼多多为代表的团购平台、小红书等体验分享社区。这导致了 2018 年社交电子商务的繁荣。2018 年，社交电子商务领域也发生了许多其他事件。社交电子商务应用的每月独特设备数量从 2017 年 12 月的 1.87 亿台飙升至 2018 年 12 月的 3.17 亿台；拼多多上市；与其他电子商务平台相比，社交电子商务平台在吸引用户注意力方面取得了令人钦佩的成就。

参考答案

（71）C　　（72）B　　（73）D　　（74）B　　（75）A

第10章 2022上半年电子商务设计师下午试题分析与解答

试题一（共15分）

阅读下列说明，回答问题1至问题4，将解答填入答题纸的对应栏内。

【说明】

假设某集团企业在全国各地建有多个工厂，雇佣员工生产产品，并通过多个经销商销售，现需开发对生产和销售活动进行管理的系统，请根据下述需求描述完成该系统的数据库设计。

1. 工厂包括工厂编号、厂名、地址、厂长等信息，其中一个工厂只能有一个厂长，厂长也属于工厂的员工，一个工厂可以生产多种产品；

2. 产品包括产品编号、产品名称、规格、单价等信息，一种产品也可以在多个工厂生产；

3. 每个工厂按照集团分配的计划任务数量生产产品，并确定生产时间；

4. 员工包括员工号、姓名、电话等信息，每个工厂雇佣多名员工，且每名员工只能在一个工厂工作，不同工厂聘用员工的聘期和工资不同；

5. 经销商包括经销商编号、公司名称、联系人、联系电话、所属区域、区域负责人等信息，其中每个经销商只能属于一个区域，且一个区域只能有一个负责人，经销商可以从不同的工厂销售各种产品，需要记录产品的销售时间及数量。

【概念模型设计】

根据以上描述进行需求分析，初步设计的部分实体联系图如图1-1所示。

图1-1 系统实体联系图

【关系模式设计】

根据需求分析，初步设计系统关系模型如下：

工厂（工厂编号，厂名，地址，厂长）

员工（员工号，姓名，电话）

产品（产品编号，产品名称，规格，单价）

经销商（经销商编号，公司名称，联系人，联系电话，所属区域，区域负责人）

生产（工厂编号， ___(1)___ ，任务数量，生产时间）

销售（ ___(2)___ ， ___(3)___ ， ___(4)___ ，销售时间，数量）

【问题 1】（4 分）

在图 1-1 中画出工厂与员工之间的联系，并标明联系类型；画出工厂、产品、经销商三个实体间的联系，并标明联系类型。

【问题 2】（4 分）

根据题意，将关系模式中的空（1）～（4）补充完整。

【问题 3】（3 分）

销售关系的主键是 ___(5)___ ，生产关系的主键是 ___(6)___ ，工厂关系的外键是 ___(7)___ 。

【问题 4】（4 分）

a. 经销商关系属于第几范式？为什么？

b. 如果要使经销商关系满足第三范式，应如何修改？

试题一分析

本题考查数据库概念结构设计、概念模型向关系模型转换的方法及规范化处理过程的相关知识。

此类题目要求考生认真阅读题目对现实问题的描述，经过分类、聚集、概括等方法，从中确定实体及其联系。题目已经给出部分设计，但并不合理，需要根据需求描述进行优化的规范化设计。

【问题 1】

由题目描述"一个工厂只能有一个厂长，厂长也属于工厂的员工"及"每名员工只能在一个工厂工作"可知工厂与厂长（也是员工）间为 1∶1 联系；由"每个工厂雇佣多名员工，且每名员工只能在一个工厂工作"可知工厂与员工间为 1∶n 联系；由"经销商可以从不同的工厂销售各种产品"可知经销商、工厂及产品存在多对多的三元联系，完整的 ER 图如图 1-2 所示。

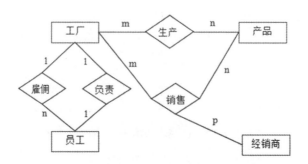

图 1-2   产品生产销售管理系统实体联系图

【问题 2】

由"一个工厂可以生产多种产品"和"一种产品也可以在多个工厂生产"，可知工厂与产品之间的生产关系是多对多联系，按照概念模型向关系模型转换的原则，新建一个关系，命名为"生产"，其中包括工厂的主码及产品的主码；销售是一个工厂、产品、经销商之间的多对多三元联系，同理，新建一个名为"销售"的关系，包括工厂编号、产品编号、经销商编号。完整的关系模式如下：

工厂（工厂编号，厂名，地址，厂长）

员工（员工号，姓名，电话）

产品（产品编号，产品名称，规格，单价）

经销商（经销商编号，公司名称，联系人，联系电话，所属区域，区域负责人）

生产（工厂编号，产品编号，任务数量，生产时间）

销售（工厂编号，产品编号，经销商编号，销售时间，数量）

【问题 3】

按照概念模型向关系模型转换的原则，创建的生产关系中，工厂编号和产品编号都是生产关系的外键，而（工厂编号，产品编号）是生产关系的联合主键；工厂编号、产品编号和经销商编号都是销售关系的外键，而（工厂编号，产品编号，经销商编号）是销售关系的联合主键；工厂关系中，厂长也是员工，因此厂长是工厂关系的外键。

【问题 4】

a. 经销商（经销商编号，公司名称，联系人，联系电话，所属区域，区域负责人）关系的主码是经销商编号，而存在函数依赖：

经销商编号→所属区域，所属区域→区域负责人，经销商编号→区域负责人

因此存在传递函数依赖，但不存在部分依赖，因此经销商关系属于 2NF。

b. 根据规范化定义，第三范式不能存在非主属性对码的部分函数依赖及传递函数依赖，一般消除函数依赖的方法是模式分解，因此需将经销商关系分解为：

经销商（经销商编号，公司名称，联系人，联系电话，所属区域）

区域（所属区域，区域负责人）

分解后的经销商关系主码是经销商编号，存在函数依赖：经销商编号→公司名称，经销商编号→联系人，经销商编号→联系电话，经销商编号→所属区域；

分解后的区域关系主码是所属区域，存在函数依赖：所属区域→区域负责人；

分解后的两个关系均不存在非主属性对码的部分函数依赖及传递函数依赖。

参考答案

【问题 1】

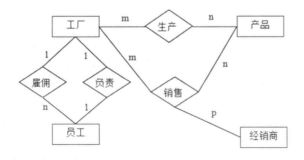

　　注：1. 画出"雇佣""负责""销售"联系；

　　　　 2. 写出联系类型。

【问题 2】

　　（1）产品编号

　　（2）工厂编号

　　（3）经销商编号

　　（4）产品编号

　　注：（2）～（4）顺序可以互换。

【问题 3】

　　（5）工厂编号，经销商编号，产品编号，销售时间

　　（6）工厂编号，产品编号，生产时间

　　（7）厂长

【问题 4】

　　a. 经销商关系属于第 2 范式；

　　经销商（经销商编号，公司名称，联系人，联系电话，所属区域，区域负责人）关系的主码是经销商编号，而存在函数依赖：

　　经销商编号→所属区域，所属区域→区域负责人，经销商编号→区域负责人

　　因此存在传递函数依赖，但不存在部分依赖，属于第 2 范式。

　　b. 第三范式不能存在部分函数依赖及传递函数依赖，需将经销商关系分解为：

　　经销商（经销商编号，公司名称，联系人，联系电话，所属区域）

　　区域（所属区域，区域负责人）

试题二（共 15 分）

　　阅读以下说明，回答问题 1 至问题 3，将解答填入答题纸的对应栏内。

【说明】

　　某软件公司服务端采用 JSP+SQL Server 技术，前端采用 HTML5+CSS3+JavaScript 技术，开发一个在线购物网站，主要包含商品信息管理、商品展示与销售、用户管理、订单处理等功能。

【问题 1】（4 分）

　　在 SQL Server 中创建一个数据库（库名为 store），库中包含了在线购物网站中所需要的所有表。与商品基础信息相关的数据都存储在商品信息表中，商品信息表（表名为 goods）结构如表 2-1 所示。

表 2-1　商品信息表

字段名	数据类型	描述	是否为空	备注
code	char(10)	商品编号	否	主键
name	nchar(30)	商品名称	否	
sort	char(10)	商品类型	是	默认值"日用品"
factory	nvarchar(40)	生产厂家	是	
price	numeric(10, 2)	价格	否	

使用 SQL 语句创建商品信息表并设置主键、表字段的约束。请根据题目说明，将 SQL
语句补充完整。

```
  (1)   TABLE goods (
    code  char(10)   (2)  ,
    name  nchar(30)   (3)  ,
    sort  char(10)   (4)  ,
    factory  nvarchar(40),
    price  numeric(10,2)   (3)
)
```

【问题 2】（2 分）

为便于管理，Web 应用程序部署在 Tomcat 服务器时，需要设置虚拟目录访问 Web 服务
目录中的 JSP 页面。假设要将 D:\MyJsp\start 作为 Web 服务目录，并让用户使用 online 虚拟
目录访问 Web 服务目录下的 JSP 页面。需要在 Tomcat 的配置文件 server.xml 中的<HOST>
标记内添加如下内容。

< (5) path=" (6) " docBase= "D:\MyJsp\start " debug= "0 " reloadable="true "/>

【问题 3】（9 分）

DBHandle 类的主要功能是网站后台商品信息管理。操作数据库使用 JDBC 技术来完成，
数据库管理员为网站分配了访问商品信息表的用户和相应的操作权限（假如用户名为 user，
用户密码为 password）。根据描述，完成 DBHandle 类中添加商品信息方法的程序片段。

```
import   (7)  ;
public class DBHandle {
    private static Connection  cnn;
    private static PreparedStatement  pst;
    //商品信息表增加操作
    public  int  InsertSQL(String[] parameter) throws SQLException{
        int  flag = 0,i=0;
        String  sql = "insert into goods values(?,?,?,?,?)";
        try {
            cnn = DriverManager.getConnection(
                "jdbc:sqlserver://localhost:1433;databaseName= (8) ",
                " (9) ", " (10) ");
            pst = cnn.prepareStatement(  (11)  );
            for(i=0;i<parameter.length-1;i++)
                pst.setString(  (12)  , parameter[i]);
            pst.setFloat(  (13)  , Float.parseFloat(  (14)  ));
            flag = pst.executeUpdate();
        } catch (SQLException e) {
            e.printStackTrace();
        }  (15)  {
            pst.close();
```

```
                cnn.close();
            }
        return  flag;
    }
    //商品信息表其他操作
    /**……**/
}
```

试题二分析

　　本题考查基于 Java 技术平台的在线购物网站开发，涉及 Web 应用部署、SQL 语句、业务逻辑编码处理、编程语言应用情况等知识点。

【问题 1】

　　在系统开发中，应能正确使用 SQL 语句完成系统所需表的创建。在标准 SQL 中，使用 Create 语句来创建数据库中的表、库以及视图等。在创建表的语句中，除了可以指定数据库表的字段名及数据类型外，在创建表时还可以规定约束。例如，not null 约束强制字段不接收 null 值，强制字段始终包含值，意味着如果不向字段添加值，就无法插入新记录或更新记录。unique 约束确保在非主键列中不输入重复的值。每个表中可以有多个 unique 约束，但每个表中只能有一个 primary key 约束。primary key 约束唯一标识数据库表中的每条记录，主键必须包含唯一的值，主键列不能包含 null 值。每个表都应该有一个主键，并且每个表只能有一个主键。foreign key 约束用于预防破坏表之间连接的动作，防止非法数据插入外键列，一个表中的 foreign key 指向另一个表中的 primary key。default 约束用于向列中插入默认值，如果没有规定其他的值，那么会将默认值添加到所有的新记录。

　　根据表 2-1 商品信息表可知商品信息表中每一个字段的类型以及部分约束信息，题目要求使用 SQL 语句的方式来创建 goods 表，所以空（1）应填写 CREATE；商品编号 code 字段是该表的主键，空（2）应填写 PRIMARY　KEY；商品名称 name 字段和价格 price 字段在插入或更新记录时不允许为空，空（3）应填写 NOT　NULL；商品类型 sort 字段的默认值为"日用品"，空（4）空应填写 default　'日用品'，需要注意的是，在 SQL 语句中 default 后边的值应使用单引号或者是 SQL 的函数调用。

　　例如，创建 Orders 表时，字段 OrderDate 的类型为日期型，其默认值为当前系统的日期，因此在 default 后应使用 GETDATE() 函数调用。具体如下：

```
CREATE TABLE Orders
(
    O_Id int NOT NULL,
    OrderNo int NOT NULL,
    P_Id int,
    OrderDate date DEFAULT GETDATE()
)
```

【问题 2】

　　在 Web 应用开发中，基于安全和管理方便的考虑，通常将 Tomcat 服务器所在计算机的某个目录设置成一个 Web 服务目录，并为该 Web 服务目录指定虚拟目录，即隐藏 Web 服务目录的实际位置，用户只能通过虚拟目录访问 Web 服务目录中的页面。通常的做法是，修改 Tomcat 服务器安装目录下 conf 目录中的 server.xml 文件，来设置新的 Web 服务目录。

要将 D:\MyJsp\start 作为 Web 服务目录，并让用户使用 online 虚拟目录访问 Web 服务目录下的 JSP 页面，首先需要用记事本打开文件夹 Tomcat\conf 中的主配置文件 server.xml 文件，找到出现"</HOST>"的部分（server.xml 文件尾部），然后在"</HOST>"的前面加入：

```
< Context path="/online" docBase= "D:\MyJsp\start " debug= "0 " reloadable="true "/>
```

【问题 3】

在基于 Java 技术平台中，能正确操作数据库实现业务逻辑。题目描述中已经说明程序代码中使用的是 JDBC 方式来操作数据库。在 JDBC 操作数据库方式中，为防止 SQL 注入问题，程序代码将 SQL 语句传入 PreparedStatement 对象中，将要传入到 SQL 语句中的参数使用"?"（占位符）来代替，该 SQL 语句就会进行预编译，将获取的参数通过 PreparedStatement 对象中的 set（类型）方法传入编译后的 SQL 语句中，这样 SQL 语句就会先被编译再进行传值，用户输入的信息不会直接参与到 SQL 语句的编译当中，防止了 SQL 注入的问题。

在使用 JDBC 方式操作数据库时，涉及的主要接口和类包括 DriverManager 类、Connection 接口、Statement 接口、CallableStatement 接口、PreparedStatement 接口和 ResultSet 接口等，这些类和接口都包含在 java.sql 包中，所以空（7）填写 java.sql.*。

Connection 接口代表与特定数据库的连接，在连接的上下文中可以执行 SQL 语句并返回结果；DriverManager 类负责管理 JDBC 驱动程序的基本服务，是 JDBC 的管理层，用于用户和驱动程序之间，负责跟踪可用的驱动程序，并在数据库和驱动程序之间建立连接。当调用 DriverManager 类的 getConnection()方法请求建立数据库连接时，3 个入口参数依次为要连接数据库的 URL、用户名和密码，返回值的类型为 Connection，因此空（8）填写 store，空（9）填写 user，空（10）填写 password。

Connection 接口提供的 prepareStatement()方法用在执行包含参数的 SQL 语句时创建该实例，并对 SQL 语句进行了预编译处理，因此空（11）填写 sql。

程序代码中的 for 循环用于通过 setXxx()方法为 SQL 语句中的参数赋值。由于参数的值存放在字符数组 parameter 中，商品信息表中前 4 个字段都为字符类型，价格 price 字段为数值型，考虑到给参数赋值时与字段类型匹配的原则，所以参数赋值分两部分来完成，循环终止的条件为 parameter.length-1。因此空（12）填写 i+1，空（13）填写 i+1，分别代表参数的索引（参数的索引从 1 开始），空（14）填写 parameter[i]，代表参数的值；通过 SQL 语句可以看出每个占位符对应的索引值，空（13）也可以填写 5，表示对 SQL 语句中第 5 个占位符赋值，空（14）也可以填写 parameter[4]，表示将数组第 5 个元素的值赋给它。

在操作数据库时，通常会因为 SQL 语句语法错误、驱动不匹配等原因，产生各种异常，程序代码中使用 try…catch…finally 语句，实现对各类异常的处理，所以空（15）填写 finally。

参考答案

【问题 1】

　　（1）CREATE

　　（2）PRIMARY　KEY

　　（3）NOT　NULL

　　（4）default　'日用品'

　　注：（1）～（4）不区分大小写

【问题 2】

　　（5）Context

　　（6）/online

【问题 3】

　　（7）java.sql.*

　　（8）store

　　（9）user

　　（10）password

　　（11）sql

　　（12）i+1

　　（13）i+1 或　5

　　（14）parameter[i]或 parameter[4]

　　（15）finally

试题三（共 15 分）

　　阅读以下说明，回答问题 1 至问题 4，将解答填入答题纸的对应栏内。

【说明】

　　在开发某大型电子商务系统项目过程中，为保证项目的开发质量，需要进行软件测试。某测试员需要完成用户登录模块的测试任务，该项目使用 JavaScript+HTML5+CSS3 完成前端页面的开发，使用 AJAX 技术实现前后端数据的交互。

【问题 1】（5 分）

　　为提高系统的安全性能，要求用户设置密码时必须遵循以下规则：第一个字符必须为"#"或大写字母，第二个字符必须是数字。满足此规则，才将信息提交服务器进行处理。为使用户快速了解错误的原因，系统给出提示信息，具体提示消息是：如果第一个字符不是"#"或大写字母时，则提示"第一个字符输入出错"；如果第二个字符不是数字时，则提示"第二个字符必须是数字"。

　　现采用因果图方法进行分析，完成该功能模块的测试。根据因果关系表（表 3-1）完成因果图（图 3-1）中的空（1）～（5）。

表 3-1　因果关系表

编号	原因（Cause）	编号	结果（Effect）
C1	第一个字符是 "#"	E1	提交服务器处理
C2	第一个字符是大写字母	E2	提示消息 "第一个字符输入出错"
C3	第二个字符是数字	E3	提示消息 "第二个字符必须是数字"
11	中间原因		

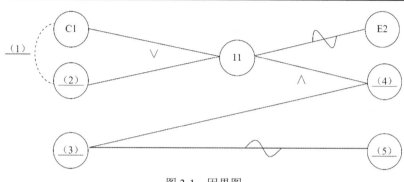

图 3-1　因果图

【问题 2】（1 分）

根据问题描述，测试人员设计判定表，在未做优化前判定表含有 __(6)__ 条规则。

【问题 3】（5 分）

由图 3-1 所示的因果图，可以得到表 3-2 的部分优化判定表。根据题意，填写空（7）～（11）处的内容。

表 3-2　部分优化判定表

序号		1	2	3	4	5	6
原因	C1	0	0	0	1	0	1
	C2	1	0	1	0	0	0
	C3	0	0	1	1	1	(7)
中间原因	11	1	0	(8)	1	0	1
结果	E1	0	0	1	(9)	0	0
	E2	0	1	0	0	1	0
	E3	1	(10)	0	0	(11)	1

说明："0" 代表状态不出现，"1" 代表状态出现

【问题 4】（4 分）

在登录页面测试过程中，已完成功能测试，现针对 "双十一" 期间大批量用户同时登录的情况，需要做的测试是 __(12)__；除了以上测试以外，该页面还必须进行的测试是 __(13)__，其原因是 __(14)__。

试题三分析

本题考查软件测试方法及应用，使用因果图测试完成程序中功能的测试；使用判定表来

描述程序输入条件组合与相应的程序处理动作之间的对应关系；使用兼容性测试完成软件之间能否正确地进行交互和共享信息的测试；使用性能测试完成用户在同一时刻做同一件事情或同样操作时 Web 服务器负载监控的各项指标的获取。

【问题 1】

　　因果图法是一种利用图解法分析输入的各种组合情况，从而设计测试用例的方法，它适合于检查程序输入条件的各种组合情况。

　　因果图中通过使用一些简单的逻辑符号，用直线来连接左右节点。其中左节点表示输入状态，也就是因果图的原因；右节点表示输出状态，即结果。因果图的基本符号为：

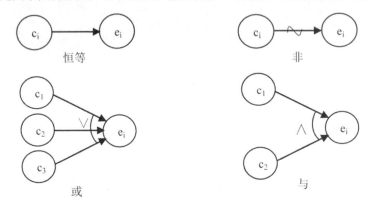

　　在实际问题中，约束状态间可能存在某些依赖关系，称为"约束"，类型包括：E（互斥）、I（包含）、O（唯一）、R（要求）和 M（强制）。在因果图中，用特定的符号表明这些约束。

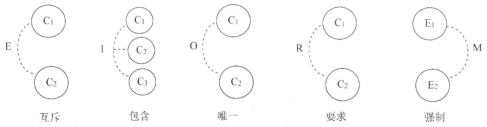

　　根据题目描述，可以分析出原因分别为 C1、C2 和 C3，以及由 C1 和 C2 产生的中间原因 11，结果分别为 E1、E2 和 E3。因为原因 C1 和原因 C2 不可能同时为 1，即第一个字符不能既是"#"，又是大写字母，因此在因果图上对它们施加 E 约束；原因 C1 和原因 C2 是"或"的逻辑关系（如果几个原因中有一个出现，则结果出现；如果几个原因均不出现，则结果不出现），所以因果图中的第（1）空填写 E，第（2）空填写 C2，推断出第（3）空填写 C3。

　　由题目描述"如果第二个字符不是数字时，则提示'第二个字符必须是数字'"可知，原因 C3 和结果 E3 是"非"的逻辑关系（如果原因出现，则结果不出现；如果原因不出现，则结果出现），推断出第（5）空填写 E3；由题目描述"第一个字符必须为'#'或大写字母，第二个字符必须是数字。满足此规则，才将信息提交服务器进行处理"可知，中间原因 11 与原因 C3 是与的逻辑关系（如果几个原因都出现，那么结果才出现；如果几个原因中有一个不出现，那么结果就不出现），因此要得到结果 E1，必须中间原因 11 的值为 1，且 C3 的值为 1 时，才满足条件。所以第 4 空填写 E1。

【问题 2】

判定表又称为决策表，经常用于描述复杂的程序输入条件组合与相应的程序处理动作之间的对应关系。由表 3-1 可以看出，题目中涉及 3 个条件（分别为 C1、C2 和 C3，中间原因 11 是 C1 和 C2 进行"或"逻辑运算的结果，不应作为 1 个条件来看待），每个条件有 2 个取值，因此未做优化前判定表含有 8 条规则。

【问题 3】

在"C1 和 C2 状态都出现，C3 状态出现或者 C3 状态不出现"的条件组合中，产生的 2 条规则是无效的，因此可以对含有 8 条规则的判定表进行优化，优化后的判定表如表 3-2 所示。

当 C1 和 C2 中任意一个状态出现时（即 C1 或 C2 的取值为 1），中间原因 11 的值都为 1，所以第（8）空应填写 1；结果 E3 是否执行，与 C3 是否出现刚好是相反的，即 C3 状态出现（取值为 1）时，结果 E3 不执行（取值为 0），C3 状态不出现（取值为 0）时，结果 E3 执行（取值为 1）。所以第（7）空填写 0，第（10）空填写 1，第（11）空填写 0。

结果 E1 的取值是中间原因 11 和 C3 进行"与"逻辑运算的结果，因此想要结果 E1 执行（取值为 1），则中间原因 11 和 C3 都必须同时出现，否则，结果 E1 不执行（取值为 0）。所以第（9）空应填写 1。

【问题 4】

由题目描述可知，除了需要对网站登录页面进行功能测试外，针对"双十一"期间大批量用户同时登录的情况，还应进行性能测试。所谓性能测试，是为描述测试对象与性能相关的特征并对其进行评价而实施和执行的一类测试。它主要通过自动化的测试工具模拟多种正常、峰值，以及异常负载条件来对系统的各项性能指标进行测试。而针对"双十一"期间大批量用户同时登录的情况，实际上需要进行性能测试中涉及的负载测试，通过逐步增加系统负载，测试系统性能的变化，并最终确定在满足系统的性能指标的情况下，系统所能够承受的最大负载量。

在软件测试中，经常需要验证软件与所依赖的硬件平台和软件平台的依赖程度，以此来验证软件的可移植性，这就需进行兼容性测试。在 B/S 开发中，浏览器的兼容性测试是必不可少的测试项目，由于目前市场上的主流浏览器种类繁多，对于不同的浏览器，以及浏览器的不同版本经常会出现兼容性问题，不同厂家的浏览器对 JavaScript、CSS3、Active 或不同版本 HTML 提供了不同程度的支持。例如，某些特定的 HTML 标签只能在某些特定的浏览器上使用；某些特定的脚本和插件只适用于特定的浏览器。

参考答案

【问题 1】

　　（1）E

　　（2）C2

　　（3）C3

　　（4）E1
　　（5）E3

【问题 2】
　　（6）8
【问题 3】
　　（7）0
　　（8）1
　　（9）1
　　（10）1
　　（11）0
【问题 4】
　　（12）性能测试
　　（13）兼容性测试
　　（14）HTML5、CSS3 和 Ajax 在不同浏览器上兼容性有差异

试题四（共 15 分）

　　阅读下列说明，回答问题 1 至问题 2，将解答填入答题纸的对应栏内。

【说明】

　　某公司要建立一个电子商务平台，项目网络计划如图 4-1 所示。当项目进展到第 10 天时进行进度检查，检查结果是工作任务 D 完成了 4 天，工作任务 G 完成了 1 天，工作任务 L 完成了 2 天，现分析项目进度情况。

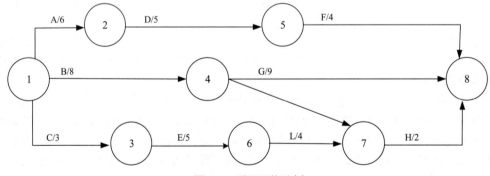

图 4-1　项目网络计划

【问题 1】（7 分）

　　请根据图 4-1 的项目网络计划，计算工作代码 D、E、G、L、H 的部分网络时间参数信息（如图 4-2），填写空（1）～（14）处的内容。

6	(1)	11
D/5		
(2)	0	(3)

3	(4)	8
E/5		
6	0	(5)

最早开始时间	总时差	最早结束时间
任务代号/持续时间		
最晚开始时间	自由时差	最晚结束时间

(6)	(7)	(8)
G/9		
(9)	0	(10)

8	(11)	12
L/4		
(12)	0	(13)

12	3	14
H/2		
(14)	3	17

图 4-2　网络时间参数

【问题 2】（8 分）

项目进展到第 10 天时进行检查，分析项目进度情况。请根据检查结果，完成如表 4-1 所示的项目进度比较分析表，计算并填写（15）～（22）处的空缺。

表 4-1　项目进度比较分析表

工作编号	需要检查工作代码	检查尚需作业时间	到计划最迟完成前尚需剩余时间	原有总时差	尚需剩余总时差	分析判断
2—5	D	1	(15)	(1)	(16)	(17)
4—8	G	8	(18)	(7)	(19)	(20)
6—7	L	2	(21)	(11)	(22)	正常

试题四分析

本题考查电子商务项目的网络计划调整与进度监测和控制的问题。

此类题目考查网络计划图的画法和计算过程，要求考生能够根据电子商务项目任务完成单代号、双代号网络图等。在项目实施过程中，为了收集反映项目进度实际状况的信息，掌握项目进展动态，应对项目进展状态进行观测，这一过程称为项目进度动态监测。

【问题 1】

本题是运用网络计划，并加注时间参数而编制的进度计划。

网络时间参数是指网络计划及其工作、节点所具有的各种时间值。网络时间参数的计算应在各项工作的持续时间确定之后进行。

（1）网络时间参数及含义。

工作持续时间是指一项工作从开始到完成的时间。

工作的最早开始时间（ES）是指在其所有紧前工作全部完成后，本工作有可能开始的最早时刻。工作的最早完成时间（EF）是指在其所有紧前工作全部完成后，本工作有可能完成的最早时刻。工作的最早完成时间等于本工作的最早开始时间与其持续时间之和。

工作的最迟完成时间（LS）是指在不影响整个任务按期完成的前提下，本工作必须完成的最迟时刻。工作的最迟开始时间（LF）是指在不影响整个任务按期完成的前提下，本工作必须开始的最迟时刻。工作的最迟开始时间等于本工作的最迟完成时间与其持续时间之差。

工作的总时差（TF）是指在不影响总工期的前提下，本工作可以利用的机动时间。工作的自由时差（FF）是指在不影响其紧后工作最早开始时间的前提下，本工作可以利用的机动时间。对于同一项工作而言，自由时差不会超过总时差。当工作的总时差为零时，其自由时差必然为零。

（2）网络时间参数的计算。

网络时间参数的计算应在确定各项工作的持续时间之后进行，网络计划的起点节点的最早开始时间为零。

网络计划中各项工作的最早开始时间（ES）和最早完成时间（EF）的计算应从网络计划的起点节点开始，顺着箭线方向依次逐项计算。工作的最早开始时间等于该工作的各个紧前工作的最早完成时间的最大值，ES=max{紧前工作的 EF}；工作的最早完成时间等于该工作的最早开始时间加上其持续时间，EF=ES+本工作持续时间。

网络计划中各项工作的最迟开始时间（LS）和最迟完成时间（LF）的计算应以项目规定或计算的工期为基准，从网络计划的终止节点，逆着箭线方向依次逐项计算。工作的最迟完成时间等于该工作的各项紧后工作的最迟开始时间的最小值，LF=min{紧后工作的 LS}；工作的最迟开始时间等于该工作的最迟完成时间减该工作的持续时间，LS=LF-本工作的持续时间。

某项工作的总时差（TF）等于该工作最迟完成时间与最早完成时间之差，或该工作最迟开始时间与最早开始时间之差，TF=LF-EF 或 TF=LS-ES。

某项工作的自由时差（FF）的计算有两种情况：对于有紧后工作的工作，其自由时差等于本工作的紧后工作的最早开始时间减本工作最早完成时间所得之差的最小值，FF=min{ES（紧后工作）}–EF；对于无紧后工作的工作，也就是以网络计划终止节点为完成节点的工作，其自由时差等于计划工期与本工作最早完成时间之差。

根据题目中的描述，利用最早开始时间、最晚开始时间、最早结束时间、最晚结束时间、自由时差、总时差等相关知识，可得到 D、E、G、L、H 的完整的网络时间参数，如图 4-3 所示。

6	2	11
D/5		
8	0	13

3	3	8
E/5		
6	0	11

最早开始时间	总时差	最早结束时间
任务代号/持续时间		
最晚开始时间	自由时差	最晚结束时间

8	0	17
G/9		
8	0	17

8	3	12
L/4		
11	0	15

12	3	14
H/2		
15	3	17

图 4-3　完整的网络时间参数

根据图 4-1 的项目任务逻辑关系，计算可得（1）～（14）处应分别填写：

（1）2　　　　（2）8　　　　（3）13　　　　（4）3　　　　（5）11

（6）8　　　　（7）0　　　　（8）17　　　　（9）8　　　　（10）17

（11）3　　　（12）11　　　（13）15　　　（14）15

【问题 2】

进度控制的核心是进度更新。根据实际进度与计划进度比较分析结果，寻找拖延原因并做出有效对策，进行进度更新，在保持项目工期不变的情况下，保证项目质量和所耗费用最少是进度控制和管理的宗旨。

项目进度更新主要包括两方面工作，即分析进度偏差的影响和进行项目进度计划的调整。

（1）分析进度偏差的影响。当出现进度偏差时，应分析该偏差对后续工作及总工期的影响。若出现偏差的工作是关键工作，必须进行进度计划更新。若出现偏差的工作为非关键工作，则需根据偏差值与总时差和自由时差的大小关系，确定其对后续工作和总工期的影响程度。如果工作的进度偏差大于总时差，应采取相应的调整措施；若工作的进度偏差小于或等于总时差，但大于自由时差，则会对后续工作产生影响，应进行相应调整；若工作的进度偏差小于或等于该工作的总时差和自由时差，则对后续工作无影响，进度计划可不做调整更新。

（2）项目进度计划的调整。一是关键工作的调整，这是项目进度更新的重点。当前序关键工作的实际进度较计划进度提前或推后时，首先应选择后续关键工作进行进度修正调节，如优先选择资源消耗量大或直接费用高的工作进行调节；其次也可以在后续工作之间的逻辑关系允许改变的条件下，改变关键线路和超过计划工期的非关键线路上有关工作之间的逻辑关系，达到缩短工期的目的；当采用其他方法仍不能奏效时，则应根据工期的要求，将剩余工作重新编制网络计划，使其满足工期要求。二是非关键工作的调整。首先可以在总时差范围内延长非关键工作的持续时间，或缩短工作的持续时间，或调整工作的开始或完成时间。三是因工作项目、资源供应或工期要求发生变化，则需重新调整网络计划，计算网络时间参数。需要注意的是增减工作只能改变局部的逻辑关系，不应影响原计划总的逻辑关系和工期；因资源原因调整，原则上应通过资源优化保证工期不变或使工期更加合理。

进度监测和控制的问题可采用列表比较法。根据检查结果及网络时间参数计算的结果，在第 10 天，工作 D、G、L 的尚需作业时间、到计划最迟完成前尚需剩余时间、尚需剩余总时差等数值列于表 4-2 中。根据表中所列数值对项目进度状况加以判断，结果也列于表 4-2 中。

表 4-2　完整的项目进度比较分析表

工作编号	需要检查工作代码	检查尚需作业时间	到计划最迟完成前尚需剩余时间	原有总时差	尚需剩余总时差	分析判断
2—5	D	1	13−10=3	2	3−1=2	正常
4—8	G	8	17−10=7	0	7−8=−1	拖延 1 天
6—7	L	2	15−10=5	3	5−2=3	正常

参考答案

【问题1】

（1）2	（2）8	（3）13	（4）3	（5）11
（6）8	（7）0	（8）17	（9）8	（10）17
（11）3	（12）11	（13）15	（14）15	

【问题2】

（15）3 或 13-10=3

（16）2 或 3-1=2

（17）正常

（18）7 或 17-10=7

（19）-1 或 7-8=-1

（20）拖延1天

（21）5 或 15-10=5

（22）3 或 5-2=3

试题五（共15分）

阅读下列说明，回答问题1至问题5，将解答填入答题纸的对应栏内。

【说明】

在Web 3.0技术基础上，增强现实（Augmented Reality，简称AR）以及虚拟现实（Virtual Reality，简称VR）等数字技术得到快速发展。AR能够将虚拟信息融合到现实情境中，极大地丰富了现实世界。随着技术的发展，添加到现实世界中的虚拟物品越来越真实，使得人们可以在现实世界中通过设备来感知虚拟的物体，谷歌眼镜就是一种AR的典型应用实例。VR是利用计算机技术创造一个虚拟空间，并使用虚拟现实电子设备沉浸在虚拟世界中，目前虚拟现实技术通过VR眼镜、VR头盔等设备在游戏、模拟训练、规划设计等领域有了诸多应用。AR和VR本质都是建立人与机器的连接，但采用了两条完全不同的技术路线，分别为人类和机器连接增加了可能。

AR技术的用途广泛，目前常用于游戏娱乐、教育和体育赛事等领域，极大丰富了人们的生活。例如，A游戏公司2019年推出一款基于AR技术的宠物养成对战游戏，玩家可以通过智能手机在现实世界里发现宠物小精灵，进行抓捕和战斗。该游戏具有非常高的可玩性，一经推出便风靡全球。

AR技术使用灵活，便于推广、展示，AR设备可以完全独立使用，无需线缆的连接，不需要同步电脑或智能手机，非常便捷。这些特性决定了AR在营销方面的效果远胜于娱乐。例如，B咖啡公司2020年进行了多次AR关联的营销活动，首先推出了近3000平方米的AR咖啡烘焙厂，使用3D物体识别技术，在店面中的十几个关键位置隐藏AR线索，顾客使用AR扫描功能，沉浸式体验"从一颗咖啡豆到一杯香醇咖啡"的过程。随后B咖啡公司又推出支付宝"AR扫一扫"玩萌友领福利活动，参与人次在百万级别。另外AR技术为广告创意带来很多创新思路，借助AR产生的新颖视听感受，能迅速吸引受众的注意。2021年C公司推出AR广告，在美国文化中心纽约市曼哈顿街头出现了形形色色的米老鼠、唐老鸭、白雪公主等动画形象，行人站在贴有 AR 标记的地板上可以与这些经典形象互动，并欢乐地做出平时稍显"出格"的行为，这类 AR 广告吸聚了大量的人流。

【问题 1】（4 分）

案例中涉及 AR 和 VR 数字技术，AR 技术是计算机在现实影像上叠加相应的图像技术，利用　(1)　套在现实世界并与之进行　(2)　，达到"增强"现实的目的。VR 技术是在计算机上生成一个　(3)　，并利用这个空间提供给使用者视觉、听觉、触觉等感官的虚拟，让使用者仿佛身临其境一般。AR 较 VR 对硬件的要求　(4)　，无需头盔和手套等设备，仅需利用移动摄像头和显示屏将计算机生成的虚拟物体准确地叠加到真实场景中，并实现真实与虚拟场景无缝融合，进而完成对真实场景的增强。

【问题 2】（3 分）

结合案例材料分析 AR 的技术特点：　(5)　、　(6)　、　(7)　。

【问题 3】（3 分）

案例材料中涉及 AR 的应用领域包括：　(8)　、　(9)　、　(10)　。

空（8）～（10）备选答案：

A. 游戏　　　　　　B. 零售　　　　　　C. 军事

D. 医疗　　　　　　E. 广告　　　　　　F. 虚拟换装

【问题 4】（2 分）

结合案例材料，分析 B 咖啡公司利用 AR 技术开展的营销活动包括：　(11)　、　(12)　。

空（11）～（12）备选答案：

A. 促销　　　　　　B. 体验　　　　　　C. 公共关系　　　　　　D. 广告

【问题 5】（3 分）

结合案例材料，C 公司 AR 广告吸聚人流的重要因素是：　(13)　、　(14)　、　(15)　。

试题五分析

本题考查 AR 技术在营销应用方面的特征、领域及开展的营销活动。

【问题 1】

AR 是增强现实 Augmented Reality 的英文缩写。增强现实是一种实时地计算摄影机影像的位置及角度并加上相应图像的技术，这种技术的目标是在屏幕上把虚拟世界套在现实世界并进行互动。这种技术最早于 1990 年提出。随着随身电子产品运算能力的提升，增强现实的用途越来越广。VR 是虚拟现实 Virtual Reality 的英语缩写。虚拟现实技术是一种可以创建和体验虚拟世界的计算机仿真系统。它利用计算机生成一种模拟环境，是一种多源信息融合的交互式的三维动态视景和实体行为的系统仿真，使用户沉浸到该环境中。AR 较 VR 对硬件的要求低，无需头盔和手套等设备，仅需利用移动摄像头和显示屏将计算机生成的虚拟物体准确地叠加到真实场景中，并实现真实与虚拟场景无缝融合，进而完成对真实场景的增强。

【问题 2】

AR 技术应用的三大特征：

（1）真实世界和虚拟世界的信息集成；

（2）具有实时交互性；

（3）是在三维尺度空间中增添定位虚拟物体，给用户沉浸式的体验感。

【问题3】

AR技术的用途广泛，案例中涉及了游戏、零售和广告。案例的材料显示：A游戏公司2019年推出一款基于AR技术的宠物养成对战游戏，玩家可以通过智能手机在现实世界里发现宠物小精灵，进行抓捕和战斗。另外，B咖啡公司2020年推出了近3000平方米的AR咖啡烘焙厂，使用3D物体识别技术，在店面中的十几个关键位置隐藏AR线索，顾客使用AR扫描功能，沉浸式体验"从一颗咖啡豆到一杯香醇咖啡"的过程。最后，2021年C公司推出AR广告，在美国文化中心纽约市曼哈顿街头出现了形形色色的米老鼠、唐老鸭、白雪公主等动画形象，吸聚了大量的人流。

【问题4】

B咖啡公司利用AR技术开展的营销活动包括促销和体验。案例的材料显示：B咖啡公司2020年进行了多次AR关联的营销活动，首先推出了近3000平方米的AR咖啡烘焙厂，使用3D物体识别技术，在店面中的十几个关键位置隐藏AR线索，顾客使用AR扫描功能，沉浸式体验"从一颗咖啡豆到一杯香醇咖啡"的过程。随后B咖啡公司又推出支付宝"AR扫一扫"玩萌友领福利活动，参与人次在百万级别。

【问题5】

C公司AR广告吸聚人流的重要因素有：知名IP、优势地段和创意互动。案例的材料显示：2021年C公司推出AR广告，在美国文化中心纽约市曼哈顿街头出现了形形色色的米老鼠、唐老鸭、白雪公主等动画形象，行人站在贴有AR标记的地板上可以与这些经典形象互动，并欢乐地做出平时稍显"出格"的行为，这类AR广告吸聚了大量的人流。

参考答案

【问题1】

（1）虚拟世界

（2）互动

（3）三维空间

（4）低

【问题2】

（5）信息的虚实结合

（6）实时交互性

（7）沉浸式的体验

注：（5）～（7）答案可互换

【问题3】

（8）A 或 游戏

（9）B 或 零售

（10）E 或 广告

注：（8）～（10）答案可互换

【问题 4】

（11）A 或 促销

（12）B 或 体验

注：（11）～（12）答案可互换

【问题 5】

（13）知名 IP

（14）优势地段

（15）创意互动

注：（13）～（15）答案可互换